단원별 기출 문제집

한권으로 끝내기

군무원

경영학

SD에듀
(주)시대고시기획

군무원 채용 필수체크

응시자격

구분	내용	
응시연령	• **7급 이상** : 20세 이상	• **8급 이하** : 18세 이상
학력 및 경력	제한 없음	

군무원 채용과정

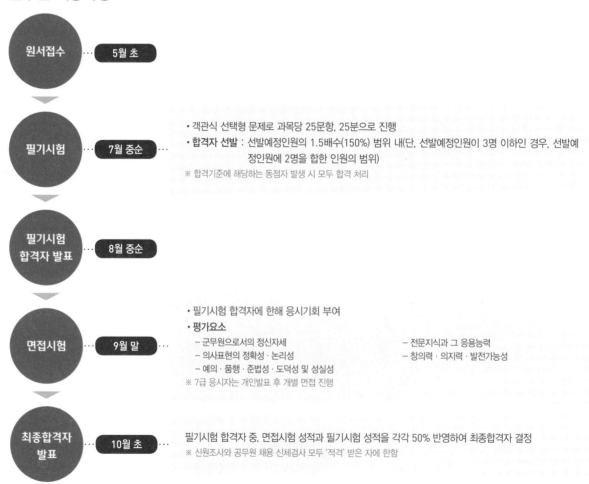

원서접수 — 5월 초

필기시험 — 7월 중순
• 객관식 선택형 문제로 과목당 25문항, 25분으로 진행
• **합격자 선발** : 선발예정인원의 1.5배수(150%) 범위 내(단, 선발예정인원이 3명 이하인 경우, 선발예정인원에 2명을 합한 인원의 범위)
※ 합격기준에 해당하는 동점자 발생 시 모두 합격 처리

필기시험 합격자 발표 — 8월 중순

면접시험 — 9월 말
• 필기시험 합격자에 한해 응시기회 부여
• **평가요소**
  – 군무원으로서의 정신자세   – 전문지식과 그 응용능력
  – 의사표현의 정확성·논리성   – 창의력·의지력·발전가능성
  – 예의·품행·준법성·도덕성 및 성실성
※ 7급 응시자는 개인발표 후 개별 면접 진행

최종합격자 발표 — 10월 초
필기시험 합격자 중, 면접시험 성적과 필기시험 성적을 각각 50% 반영하여 최종합격자 결정
※ 신원조사와 공무원 채용 신체검사 모두 '적격' 받은 자에 한함

❖ 위 채용일정은 2023년 군무원 국방부 주관 채용공고를 기준으로 작성하였으므로 세부 사항은 반드시 확정된 채용공고를 확인하시기 바랍니다.

영어능력검정시험 기준점수

구분	7급	9급
토익(TOEIC)	570점	470점
토플(TOEFL)	PBT 480점 IBT 54점	PBT 440점 IBT 41점
新텝스(新TEPS) 2018.5.12. 이후 실시된 시험	268점	211점
지텔프(G-TELP)	Level 2 47점	Level 2 32점
플렉스(FLEX)	500점	400점

※ 당해 공개경쟁채용 필기시험 시행 예정일부터 역산하여 3년이 되는 해의 1월 1일 이후에 실시된 시험으로서 필기시험 전일까지 점수(등급)가 발표된 시험에 한해 기준점수 인정
※ 응시원서 작성 시 본인이 취득한 영어능력검정시험명, 시험일자 및 점수 등을 정확히 기재
※ 응시원서 접수 시 입력한 사항에 변동이 있거나 원서 접수 후 발표된 성적 등록 시 추가등록 필수

한국사능력검정시험 기준점수

구분	7급	9급
한국사능력검정시험	3급	4급

※ 2020년 5월 이후 한국사능력검정시험 급수체계 개편에 따른 시험종류의 변동(초·중·고급 3종 → 기본·심화 2종)과 상관없이 기준(인증)등급을 그대로 적용
※ 당해 공개경쟁채용 필기시험 시행 예정일부터 역산하여 4년이 되는 해의 1월 1일 이후에 실시된 시험으로서 필기시험 전일까지 점수(등급)가 발표된 시험에 한해 기준점수(등급) 인정
※ 응시원서 작성 시 본인이 취득한 한국사능력검정시험의 등급인증번호와 급수(성적)를 정확히 기재
※ 응시원서 접수 시 입력한 사항에 변동이 있거나 원서 접수 후 발표된 성적 등록 시 추가등록 필수

❖ 위 기준점수는 군무원인사법시행령을 기준으로 작성하였으므로 세부 사항은 반드시 확정된 채용공고를 확인하시기 바랍니다.

이 책의 구성과 특징

군무원 6개년 기출문제와 3회분 최종모의고사

문제편

단원별 기출문제

최종모의고사

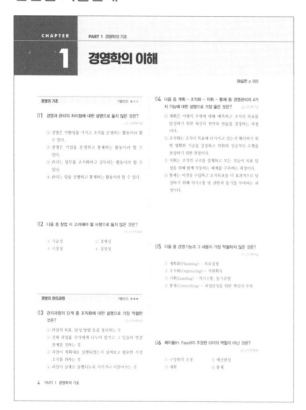

9·7급 군무원의 모든 기출문제를 영역별로 분류하여 수록하였습니다.

기출 동형의 최종모의고사로 마무리 학습을 할 수 있고, QR코드를 활용하여 합격 가능성을 예측할 수 있습니다.

OMR 입력   **채점결과**   **성적분석**

⏱ 00:24:27
시간측정 가능!!

풀이 시간 측정, 자동 채점 그리고 결과 분석까지!

모바일 OMR 답안분석 서비스

문제편에 수록된 기출문제에 대한 객관적인 결과(점수, 순위)를 종합적으로 분석

❶ 스마트폰을 활용하여 QR코드 접속
❷ 시험 시간에 맞춰 풀고, 모바일 OMR로 답안 입력 (3회까지 가능)
❸ 종합적 결과 분석으로 현재 나의 합격 가능성 예측

QR코드 찍기 ▶ 로그인 ▶ 시작하기 ▶ 응시하기 ▶ 모바일 OMR 카드에 답안 입력 ▶ 채점결과&성적분석 ▶ 내 실력 확인하기

깔끔하고 빈틈없는 정확한 해설

해설편

단원별 기출문제

❶ 가독성을 높인 깔끔한 구성

해설에 집중할 수 있도록 불필요한 요소는 없애고 해설에 꼭 필요한 난도, 정답 분석, 오답 분석을 담았습니다.

❷ PLUS+

이해도를 높일 수 있도록 문제와 관련된 핵심 이론과 개념을 요약 정리했습니다.

최종모의고사

❸ 영역 세분화

문항별 세분화된 출제 영역과 난도 분석으로 효율적인 학습이 가능합니다.

이 책의 차례

합격의 공식 Formula of pass | SD에듀 www.sdedu.co.kr

SD에듀가 추천하는

단원별 기출 6Week 회독법

1회독 가이드

Point. 문제 유형을 익히고, 정답 선지 암기하기

1회독은 느려도 괜찮다! 문제를 풀어본 후 정답 및 해설편을 활용하여 지문과 선지를 이해하며 문제를 풀어본다. 정답 선지는 다음 시험에서 어떤 식으로든 활용해 출제될 가능성이 높으므로 이해하며 암기한다. 이해와 암기가 완벽한 선지는 번호 옆에 ×표시를 하고 이해가 어려운 선지는 다음 회독을 위해 가볍게 암기한다.

1 Week	2 Week	3 Week
PART 1 ~ PART 2	PART 3 ~ PART 5	PART 6 ~ PART 9

2회독 가이드

Point. 정답의 패턴 파악과 집중 암기하기

1회독 시 ×표시한 선지는 빠르게 복습하며 넘어가고 표시가 되어 있지 않은 선지를 위주로 학습한다. 기출 회독의 목적은 단순 암기가 아니라 자주 출제되는 주제들 내에서 정답이 될 수 있는 포인트를 암기하는 것이다. 따라서 정답의 패턴을 파악하고 집중 암기를 해야 한다. 이번에는 1회독과는 다르게 이해와 암기가 어려운 선지는 번호 옆에 O표시를 해둔다.

4 Week	5 Week
PART 1 ~ PART 3	PART 4 ~ PART 9

3회독 가이드

Point. 마지막 마무리

1주 안에 전체 문제를 풀어야 하므로 알고 있는 문제는 빠르게 복습하고 O표시된 선지에 집중한다. 여전히 암기가 부족한 문제가 있다면 좌절하지 말고 부족한 부분을 찾아냈다는 생각으로 학습에 임해야 한다.

6 Week
PART 1 ~ PART 9

단원별 기출 문제집

군무원

경영학

PART 1

경영학의 기초

챕터별 출제 비중

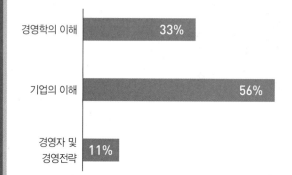

경영학의 이해   33%

기업의 이해   56%

경영자 및 경영전략   11%

※ 2022년 출제기준

학습 포인트

경영학의 기초는 2022년 군무원 9급에서 5문제, 7급에서 4문제 총 9문제가 출제되었다. 2022년 9·7급을 통틀어 비교적 많이 출제된 파트로 기초 학문의 내용이 주를 차지한다.

2022년 시험에서 가장 많이 출제된 챕터는 '기업의 이해'로, 규모의 경제 및 범위의 경제와 기업의 사회적 책임 그리고 기업 집중·집단화(카르텔)가 빈출 유형이므로 절대 틀려서는 안 된다.

'경영학의 이해'는 경영의 전반을 이해하는 챕터로 경영의 관리과정의 단계별 특징과 과학적 관리론과 인간관계론의 학자 및 특징을 비교 암기하여야 하며, 심화 내용이 출제될 수 있으므로 주의하여 학습하여야 한다.

'경영자 및 경영전략'에서 新경영전략인 자원기반이론은 딱 한 번 출제되었으나, 추후에 충분히 나올 가능성이 있으므로 기본서로 학습하고 넘어가는 것이 좋다.

CHAPTER 1 　경영학의 이해
CHAPTER 2 　기업의 이해
CHAPTER 3 　경영자 및 경영전략

회독체크

구분	1회독	2회독	3회독
CHAPTER 1 경영학의 이해	☐	☐	☐
CHAPTER 2 기업의 이해	☐	☐	☐
CHAPTER 3 경영자 및 경영전략	☐	☐	☐

☐ 칸에 학습진도를 체크하세요.

1 경영학의 이해

해설편 p. 002

경영의 기초　　　　　　　　기출빈도 ★☆☆

01 경영과 관리의 차이점에 대한 설명으로 옳지 않은 것은?

21 군무원 9급

① 경영은 지향성을 가지고 조직을 운영하는 활동이라 할 수 있다.

② 경영은 기업을 운영하고 통제하는 활동이라 할 수 있다.

③ 관리는 업무를 조직화하고 감독하는 활동이라 할 수 있다.

④ 관리는 일을 진행하고 통제하는 활동이라 할 수 있다.

02 다음 중 창업 시 고려해야 할 사항으로 옳지 않은 것은?

19 군무원 복원

① 기술성　　　　② 경제성

③ 시장성　　　　④ 성장성

경영의 관리과정　　　　　　기출빈도 ★★★

03 관리과정의 단계 중 조직화에 대한 설명으로 가장 적절한 것은?

22 군무원 9급

① 과업의 목표, 달성 방법 등을 정리하는 것

② 전체 과업을 각자에게 나누어 맡기고 그 일들의 연결 관계를 정하는 것

③ 과업이 계획대로 실행되었는지 살펴보고 필요한 시정 조치를 취하는 것

④ 과업이 실제로 실행되도록 시키거나 이끌어가는 것

04 다음 중 계획 – 조직화 – 지휘 – 통제 등 경영관리의 4가지 기능에 대한 설명으로 가장 옳은 것은?

22 군무원 7급

① 계획은 미래의 추세에 대해 예측하고 조직의 목표를 달성하기 위한 최선의 전략과 전술을 결정하는 과정이다.

② 조직화는 조직이 목표에 다가가고 있는지 확인하기 위한 명확한 기준을 설정하고 직원의 성공적인 수행을 보상하기 위한 과정이다.

③ 지휘는 조직의 구조를 설계하고 모든 것들이 목표 달성을 위해 함께 작동하는 체계를 구축하는 과정이다.

④ 통제는 비전을 수립하고 조직목표를 더 효과적으로 달성하기 위해 의사소통 및 권한과 동기를 부여하는 과정이다.

05 다음 중 경영기능과 그 내용이 가장 적절하지 않은 것은?

21 군무원 9급

① 계획화(Planning) – 목표설정

② 조직화(Organizing) – 자원획득

③ 지휘(Leading) – 의사소통, 동기유발

④ 통제(Controlling) – 과업달성을 위한 책임의 부과

06 페이욜(H. Fayol)이 주장한 리더의 역할이 아닌 것은?

20 군무원 복원

① 구성원의 조정　　　② 예산편성

③ 계획　　　　　　　④ 통제

07 다음 중 조직의 경영관리과정에 관한 설명으로 옳지 않은 것은? 19 군무원 복원

① '계획 – 조직 – 지휘 – 통제' 순서로 이어진다.
② 조직화는 수행 업무와 수행방법 및 담당자(리더)를 정한다.
③ 지휘는 갈등을 해결하고 업무 수행을 감독하는 역할을 한다.
④ 계획은 목표와 전략 수립을 하면서 조정을 한다.

과학적 관리론·인간관계론   기출빈도 ★★☆

08 다음 중 인간관계론에 대한 설명으로 가장 옳은 것은? 22 군무원 9급

① 과학적 관리법이라고도 한다.
② 차별적 성과급을 핵심 수단으로 삼고 있다.
③ 비공식집단의 중요성을 발견했다.
④ 조직을 관리하는 최선의 관리방식은 회사의 규모나 시장 상황 등에 따라 상이할 수 있음을 발견했다.

09 테일러의 과학적 관리법의 설명으로 가장 옳지 않은 것은? 21 군무원 9급

① 내적 보상을 통한 동기부여
② 표준화를 통한 효율성 향상
③ 선발, 훈련, 평가의 합리화
④ 계획과 실행의 분리

10 경영학의 역사적 흐름에 따라 제시된 이론의 설명으로 가장 옳지 않은 것은? 21 군무원 7급

① 테일러의 과학적 관리법에서 차별적 성과급제란 표준을 설정하고 표준을 달성한 작업자에게 높은 임금을 지급하는 것을 말한다.
② 베버(Weber)가 주장한 관료주의(Bureaucracy)란 합리적이고 이상적이며 매우 효율적인 조직은 분업, 명쾌하게 정의된 조직의 위계, 공식적인 규칙과 절차, 인간적(개인적)인 면을 최대한 고려한 관계 등의 원칙에 근거한다는 것이다.
③ 페이욜의 관리과정론에서는 관리활동을 계획화, 조직화, 지휘, 조정, 통제의 5단계로 구분했다.
④ 길브레스 부부는 모션픽쳐(Motion Picture)를 통해 과업을 기본동작으로 분해했다.

11 다음 중 포드 시스템의 현대적 대량생산 공정 원리에 해당하지 않는 것은? 17 군무원 복원

① 기계의 전문화
② 제품의 단순화
③ 작업의 복잡화
④ 부품의 표준화

시스템이론   기출빈도 ★☆☆

12 개방시스템의 구조적 절차로 옳은 것은? 20 군무원 복원

① 피드백 – 투입 – 과정 – 산출
② 투입 – 피드백 – 과정 – 산출
③ 투입 – 과정 – 산출 – 피드백
④ 투입 – 과정 – 피드백 – 산출

2 기업의 이해

해설편 p. 004

| 기업의 종류 | 기출빈도 ★☆☆ |

01 중소기업의 특징으로 옳지 않은 것은? 20 군무원 복원

① 작은 시장규모
② 소유와 경영의 미분리
③ 시장수요 변동에 대한 탄력적 대응
④ 자본의 비한계성

02 다음 중 주식회사의 특징으로 옳지 않은 것은? 19 군무원 복원

① 투자자로부터 거액의 자본 조달이 용이하다.
② 주식회사의 3대 기구는 주주총회, 이사회, 감사이다.
③ 소유자가 경영에 참가해야만 하므로 소유와 경영이 일치한다.
④ 주주는 출자액 한도 내에서만 자본 위험에 대해 책임을 진다.

| 기업 집중(결합) 및 기업 집단화 | 기출빈도 ★★☆ |

03 기업 집단화에 대한 설명으로 가장 옳지 않은 것은?

21 군무원 7급

① 카르텔(Cartel)은 동종기업 간 경쟁을 배제하고 시장을 통제하는 데 그 목적을 두고 있으며, 경제적, 법률적으로 봤을 때 독립성을 유지하고 있지 않다.
② 기업집단화의 방법으로는 수직적 통합과 수평적 통합이 있으며, 그중 수평적 통합은 같은 산업에서 활동단계가 비슷한 기업 간의 결합을 의미한다.
③ 자동차 제조 회사에서 자동차 판매에 필요한 금융리스사를 인수한다면 이는 수직적 통합 중 전방 통합에 속한다.
④ 기업 집단화는 시장통제와 경영합리화라는 목적을 지니고 있으며, 이는 시장의 과점적 지배와 규모의 경제 실현과 같은 경제적 영향을 미치게 된다.

04 다음 중 자동차 완제품 회사와 자동차 부품 업체 간의 결합 유형으로 옳은 것은? 19 군무원 복원

① 수직적 결합
② 수평적 결합
③ 구조적 결합
④ 통합적 결합

05 다음 중 카르텔에 대한 설명으로 옳지 않은 것은?

17 군무원 복원

① 각각의 기업은 완전한 독립성을 유지한다.
② 동종산업이 수평적으로 결합한 형태이다.
③ 기업결합 중 가장 강력한 형태이다.
④ 카르텔 등을 방지하기 위해 우리나라에는 공정거래위원회가 존재한다.

기업의 다각화   기출빈도 ★★☆

06 다음 중 다각화(Diversification)에 대한 설명으로 가장 옳은 것은?

22 군무원 7급

① 수직적 통합에서 후방 통합(Backward Integration)은 판매 및 마케팅 경로를 통합하여 안정적인 유통경로를 확보할 수 있다.
② 관련다각화는 기존의 제품이나 시장을 벗어나 새로운 사업으로 진출하는 것을 의미한다.
③ 비관련다각화는 특정 기업이 현재의 사업 범위와 서로 관련성이 큰 사업에 진출하는 것을 의미한다.
④ 수직적 통합에서 통합된 기업 중 어느 한 기업이 비효율성을 나타내는 경우, 전체 기업으로 비효율성이 확대될 가능성이 높다.

---

07 다음 중 비관련다각화의 특징으로 옳지 않은 것은?

19 군무원 복원

① 핵심 역량을 활용할 수 있다.
② 내부의 자원을 효율적으로 활용할 수 있다.
③ 범위의 경제에 효과가 있다.
④ 현금흐름이 좋다.

규모의 경제 및 범위의 경제   기출빈도 ★★☆

08 다음 중에서 일정 기간 내의 생산의 절대량이 증가할수록 제품(또는 제품을 생산하는 작업)의 단가가 저하되는 현상을 설명한 것으로 가장 옳은 것은?

22 군무원 9급

① 규모의 경제
② 범위의 경제
③ 경험효과
④ 시너지

---

09 규모의 불경제(Diseconomies of Scale)의 원인으로 가장 적절하지 않은 것은?

21 군무원 7급

① 설비규모의 과도한 복잡성에서 초래되는 비효율성
② 과도한 안전 비용에서 초래되는 비효율성
③ 과도한 고정비에서 초래되는 비효율성
④ 과도한 근로인력 규모에서 초래되는 비효율성

---

10 다음 중 복제 가능한 범위의 경제의 효과로 옳지 않은 것은?

18 군무원 복원

① 위험 감소
② 시장지배력
③ 세금 혜택
④ 종업원 보상

11 기업의 지속가능경영을 구성하는 3가지 요소에 해당하지 않는 것은?   22 군무원 7급

① 경제적 수익성
② 환경적 건전성
③ 대외적 공헌성
④ 사회적 책임성

기업의 사회적 책임(CSR) 및 사회적 책임 투자(SRI) 기출빈도 ★★★

12 다음 중 기업의 사회적 책임의 유형들에 대한 설명으로 가장 옳지 않은 것은?   22 군무원 9급

① 경제적 책임: 이윤을 창출하는 것으로 가장 기초적인 수준의 사회적 책임에 해당됨
② 법적 책임: 법규를 준수하는 것
③ 윤리적 책임: 법적 책임의 범위 내에서 기업을 경영하는 것
④ 자선적 책임: 자발적으로 사회에 이바지하여 훌륭한 기업시민이 되는 것

13 다음 중 기업의 사회적 책임에 대한 설명으로 가장 옳지 않은 것은?   22 군무원 7급

① 사회적 책임은 기업의 소유주뿐만 아니라 기업의 모든 이해관계 당사자들의 복리와 행복에 대한 기업의 관심과 배려에 바탕을 두고 있다.
② 사회적 책임은 청렴, 공정, 존중 등의 기본 원칙을 충실히 이행하려는 책임감에서 비롯된다.
③ 미국 경제학자인 밀턴 프리드먼(Milton Friedman)은 시장에서의 경쟁과 이윤 추구뿐만 아니라 기업의 사회적 책임을 강조했다.
④ 자선 재단 운영, 사회적 약자 고용, 환경 보호 등은 기업의 사회적 책임 성과라고 할 수 있다.

14 기업의 사회적 책임에 대한 설명들 중 바르지 않은 것은?   20 군무원 복원

① 법적 책임: 회계의 투명성, 성실한 세금 납부, 소비자의 권익 보호 등의 책임이다.
② 자선적 책임: 사회공헌 활동에 대한 기업의 지원을 의미한다.
③ 윤리적 책임: 정해진 법 안에서 기업 활동하는 것을 뜻한다.
④ 경제적 책임: 이윤 극대화와 고용 창출 등의 책임을 말한다.

15 다음 중 기업의 사회적 책임 투자(SRI)에 해당하지 않는 것은?   19 군무원 복원

① 중소기업벤처에 투자한다.
② 기업지배구조를 고려해 투자한다.
③ 유해행위를 하는 기업에게 투자를 철회한다.
④ 지역 기금에 투자한다.

3 경영자 및 경영전략

해설편 p. 007

경영자의 역할 　　　　　　기출빈도 ★★☆

01 다음 중 경영자에 대한 내용으로 옳지 않은 것은?

19 군무원 추가 복원

① 소유경영자는 단기이익을 추구한다.
② 소유경영자는 위험을 부담하고 상대적 높은 수익을 추구한다.
③ 전문경영자는 소유자와 독립하여 기업을 경영하는 자로서 기업 경영상의 결정에 대해 판단의 자유를 가진다.
④ 전문경영자는 이해집단으로부터 권한을 위임받아 기업의 존속과 성장을 위해 최고 의사를 결정하여 하부에 지시하는 기능을 가진 자이다.

02 다음 중 경영자에 대한 설명으로 옳지 않은 것은?

18 군무원 복원

① 최고경영자는 주로 기업의 전반적인 계획업무에 집중한다.
② 전문경영자는 소유경영자의 자산을 증식하기 위해 고용된 대리인이다.
③ 직능경영자는 재무, 회계, 인사 등 중에 특정 부서만을 전담한다.
④ 일선경영자는 현장실무능력이 요구된다.

03 다음 중 민츠버그(Mintzberg)가 주장한 경영자의 세 가지 역할에 해당하는 것으로 옳지 않은 것은? 17 군무원 복원

① 정보전달자로서의 역할
② 상품전달자로서의 역할
③ 의사결정자로서의 역할
④ 대인관계에서의 역할

경영전략의 개념 및 기법 　　　　기출빈도 ★★☆

04 다음 중에서 기업의 종합적인 관점에서 비전과 목표를 설정하고 각 사업분야에서 경영자원을 배분하고 조정하는 일련의 활동으로 가장 옳은 것은? 22 군무원 9급

① 기업전략
② 사업부전략
③ 기능별전략
④ 마케팅전략

05 다음 중 포터의 경쟁전략에 대한 설명으로 옳지 않은 것은?

19 군무원 추가 복원

① 소기업이 집중화전략을 쓰는 경우 저원가전략은 고려하지 않아도 된다.
② 소기업이 집중화전략을 사용하는 경우 차별화 전략은 고려할 수 있다.
③ 시장점유율이 높은 기업은 원가우위전략을 통하여 시장지배력을 강화할 수 있다.
④ 시장점유율이 낮은 기업은 차별화전략을 통하여 시장점유율의 확대를 모색할 수 있다.

06 기업의 경쟁우위에 대한 설명으로 가장 옳지 않은 것은?

21 군무원 7급

① 산업 등 외부환경 조건이 아닌 기업자원 수준의 요인이 기업의 경쟁력을 주로 결정한다고 설명하는 이론은 자원기반이론이다.

② 자원기반이론에 의하면 기업의 지속적 경쟁 우위는 높은 진입장벽으로 인해 창출된다.

③ 자원기반이론에 의하면 가치가 있지만 희소하지 않은 기업자원은 경쟁 등위를 창출할 수 있다.

④ 다섯 가지 세력 모형(Five-Force Model)은 산업 수준의 요인이 기업의 경쟁력을 주로 결정한다고 설명한다.

얼마나 많은 사람들이
책 한 권을 읽음으로써
인생에 새로운 전기를 맞이했던가.

– 헨리 데이비드 소로 –

PART 2
마케팅

챕터별 출제 비중

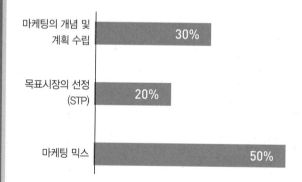

마케팅의 개념 및 계획 수립   30%

목표시장의 선정 (STP)   20%

마케팅 믹스   50%

※ 2022년 출제기준

학습 포인트

마케팅은 2022년 군무원 9급에서 4문제, 7급에서 6문제 총 10문제가 출제되었다. 2022년 9·7급을 통틀어 가장 많이 출제된 파트로, 암기 사항은 많지만 출제되는 키워드가 명확해 충분히 대비가 가능하다.

2022년 시험에서 가장 많이 출제된 챕터는 '마케팅 믹스'로 4P 전략(제품, 가격, 경로, 촉진)의 각 특징을 나누어 암기해야 하고, 제품수명주기와 수직적 통합은 심화 학습이 필요하다.

'마케팅 개념 및 계획 수립'에서 BCG Matrix는 절대 틀리면 안 되는 유형이고, 마케팅 전략의 경우 사례를 활용하여 출제하기 때문에 이해 위주의 암기를 하여야 한다.

'마케팅 시장기회 분석'은 2022년에 단 한 문제도 출제되지 않았지만, 마케팅 조사 및 표본추출 유형이 2019년도 이후로 출제된 적이 없으므로 다시 출제될 가능성이 높다.

'목표시장의 선정(STP)'에서는 시장세분화와 시장표적화를 비교 암기하여야 하고, 고득점 대비를 위해서 포지셔닝을 학습하는 게 좋다.

CHAPTER 1 마케팅의 개념 및 계획 수립
CHAPTER 2 마케팅 시장기회 분석
CHAPTER 3 목표시장의 선정(STP)
CHAPTER 4 마케팅 믹스

회독체크

구분	1회독	2회독	3회독
CHAPTER 1 마케팅의 개념 및 계획 수립	☐	☐	☐
CHAPTER 2 마케팅 시장기회 분석	☐	☐	☐
CHAPTER 3 목표시장의 선정(STP)	☐	☐	☐
CHAPTER 4 마케팅 믹스	☐	☐	☐

☐ 칸에 학습진도를 체크하세요.

1 마케팅의 개념 및 계획 수립

해설편 p. 010

마케팅의 기초 개념 기출빈도 ★☆☆

01 다음 중 고객의 입장과 가장 가까운 컨셉으로 옳은 것은?

19 군무원 복원

① 생산 컨셉
② 제품 컨셉
③ 판매 컨셉
④ 마케팅 컨셉

전략적 계획 수립: BCG Matrix 기출빈도 ★★☆

02 다음 중 제품 포트폴리오 관리 도구인 BCG 매트릭스가 제공하는 4가지 진단상황에 대한 설명으로 가장 옳지 않은 것은?

22 군무원 9급

① 별(Star): 시장성장률과 시장점유율이 모두 높은 제품
② 현금젖소(Cash Cow): 시장점유율은 낮지만 시장성장률이 높은 제품
③ 개(Dog): 시장성장률과 시장점유율이 모두 낮은 제품
④ 물음표(Question Mark): 시장성장률은 높지만 시장점유율이 낮은 제품

---

03 다음 중 BCG(Boston Consulting Group)의 성장–점유율 모형(Growth–Share Model)에서 BCG 매트릭스에 대한 설명으로 가장 옳지 않은 항목은?

22 군무원 7급

① 문제아(Problem Children)는 성장률이 높은 시장에서 상대적 시장점유율이 낮은 사업이다.
② 현금젖소(Cash Cow)는 상대적 시장점유율이 크지만 성장률이 둔화되고 투자의 필요성이 감소하여 현금잉여가 창출되는 사업이다.
③ 개(Dog)는 성장률이 낮은 시장에서 시장점유율이 취약한 사업이다.
④ 스타(Star)는 고도성장 시장에서 시장의 선도자가 되어 현금유출이 적고 현금흐름의 여유가 큰 사업이다.

---

04 다음 중 BCG 매트릭스에 대한 설명으로 옳지 않은 것은?

17 군무원 복원

① BCG 매트릭스는 산업이나 시장의 성장률과 상대적 시장점유율로 사업 기회를 분석하는 기법이다.
② 시장성장률은 보통 10%를 기준으로 고저를 나눈다.
③ Star 영역에서 현금흐름은 긍정적이다.
④ Cash Cow 영역일 때는 현상유지 전략이 필요하다.

05 기업의 경쟁전략에 있어서 경쟁우위는 차별화 우위와 비용 우위로 실현될 수 있는데, 다음 중 경쟁우위와 경쟁전략에 대한 설명으로 가장 옳지 않은 항목은?   22 군무원 7급

① 차별화우위는 경쟁기업과는 다른 차별화된 제품을 제공함으로써 소비자로 하여금 차별화를 하는 데 소요된 비용 이상의 가격프리미엄을 받는 것이다.

② 규모의 경제, 경험효과, 조직의 효율성 증대 등은 비용우위의 원천이 될 수 있다.

③ 다양한 제품의 기획이나 제품 품질에 대한 광고전략 등을 통해 비용우위전략을 추진할 수 있다.

④ 차별화우위는 소비자가 제품과 서비스에 대하여 느끼는 사회적, 감정적, 심리적 차이에서도 나타날 수 있다.

06 다음 중 차별화 전략에 해당하지 않는 것은?   19 군무원 복원

① 경쟁
② 제품
③ 서비스
④ 이미지

07 다음 중 마케팅 전략에 대한 설명으로 옳지 않은 것은?   18 군무원 복원

① 기존 제품으로 새로운 시장에 진출하는 경우는 시장개발 전략에 해당한다.

② 의류업체가 의류뿐만 아니라 액세서리, 가방, 신발 등을 판매하는 경우는 제품개발 전략에 해당한다.

③ 호텔이 여행사를 운영하는 경우 관련다각화 전략에 해당한다.

④ 아기비누를 피부가 민감한 성인에게 파는 경우 시장침투 전략에 해당한다.

08 다음 설명 중 옳지 않은 것은?   17 군무원 복원

① 제조 기업이 원재료의 공급업자를 인수 · 병합하는 것을 전방 통합이라 한다.

② 기업이 같거나 비슷한 업종의 경쟁사를 인수하는 것을 수평적 통합이라 한다.

③ 기업이 기존 사업과 관련이 없는 신사업으로 진출하여 여러 기업을 지배하에 두는 것을 복합기업이라 한다.

④ 제조 기업이 제품의 유통을 담당하는 기업을 인수 · 합병하는 것을 전방 통합이라 한다.

2 마케팅 시장기회 분석

해설편 p. 012

마케팅조사 및 표본추출　　　　기출빈도 ★☆☆

01 다음 중 마케팅조사를 위한 자료수집에 대한 설명으로 옳지 않은 것은?　　　　19 군무원 추가 복원

① 2차 자료는 1차 자료에 비하여 획득비용이 저렴하다.

② 2차 자료는 1차 자료에 비하여 직접 마케팅과 관련된 자료를 수집하는 것이므로 마케팅조사에 있어서 관련성이 높다.

③ 1차 자료는 2차 자료에 비하여 정보의 질이 우수하다.

④ 1차 자료는 2차 자료에 비해 시간과 비용이 많이 든다.

02 다음 중 탐색조사로 옳지 않은 것은?　　　　19 군무원 복원

① 관찰조사
② 패널조사
③ 사례조사
④ 면접조사

03 다음 중 절대 영점이 존재하는 척도로 옳은 것은?　　　　18 군무원 복원

① 명목척도
② 서열척도
③ 등간척도
④ 비율척도

소비자 행동분석　　　　기출빈도 ★★★

04 소비자 구매행동에 영향을 미치는 요인 중 내적인 동기요인과 가장 관련이 없는 것은?　　　　21 군무원 9급

① 소비자의 태도
② 가족
③ 학력
④ 나이

05 소비자가 특정 제품에 대해 가지는 중요성에 대한 관여도(Involvement)의 설명으로 가장 옳지 않은 것은?　　　　21 군무원 7급

① 저관여 제품의 구매 소비자는 불만족한 경우 다른 상표를 구매하는 다양성 추구의 경향을 보이며 구매 시 판매촉진에 많이 영향을 받는다.

② 고관여 제품의 구매 소비자는 다양한 정보를 이용해 능동적으로 제품 및 상표정보를 탐색하고 정보처리과정을 철저하게 수행하는 동기수준이 높게 나타난다.

③ 고관여 제품의 구매 소비자는 구매 후 인지부조화가 자주 일어나며 비교쇼핑을 선호해 구매 후 자신의 구매에 대해 인정받고 싶어한다.

④ 제품에 대한 소비자의 관여도가 높은 경우에는 소비자가 광고에 노출되었을 때 형성된 광고에 대한 태도가 광고 대상인 제품에 대한 소비자의 태도에 영향을 미치게 되어 광고를 좋아하는지 싫어하는지의 여부가 제품에 대한 태도형성에 큰 영향을 미친다.

06 의사결정과정을 순서대로 나열한 것은? 20 군무원 복원

> ㉠ 문제 인식 ㉡ 기준별 가중치 부여
> ㉢ 의사 결정 ㉣ 효과성평가 및 진단
> ㉤ 대안 탐색 ㉥ 대안 평가
> ㉦ 대안 선택 ㉧ 의사결정 기준 설정

① ㉠ - ㉡ - ㉧ - ㉤ - ㉥ - ㉦ - ㉢ - ㉣
② ㉠ - ㉡ - ㉧ - ㉤ - ㉦ - ㉥ - ㉢ - ㉣
③ ㉠ - ㉧ - ㉡ - ㉤ - ㉥ - ㉦ - ㉢ - ㉣
④ ㉠ - ㉧ - ㉡ - ㉤ - ㉦ - ㉥ - ㉢ - ㉣

07 다음 대안평가 방식 중 TV 제품을 구매하려고 할 때 특정 속성(예 TV의 화질)의 값을 우선적으로 고려하여 선택하는 방식으로 옳은 것은? 18 군무원 복원

① 사전편집식
② 분리식
③ 결합식
④ 순차적 제거식

08 다음 중 제품에 대하여 소비자가 높은 관여도(Involvement)를 보이는 경우 취할 수 있는 소비자 구매행동으로 옳은 것은? 17 군무원 복원

> ㉠ 복잡한 구매행동(Complex Buying Behavior)
> ㉡ 부조화 감소 구매행동(Dissonance-Reducing Buying Behavior)
> ㉢ 다양성 추구 구매행동(Variety-Seeking Buying Behavior)
> ㉣ 습관적 구매행동(Habitual Buying Behavior)

① ㉠, ㉡
② ㉡, ㉢
③ ㉡, ㉣
④ ㉠, ㉢

09 다음 중 소비자의 구매결정과정 5단계를 순서대로 바르게 나열한 것은? 17 군무원 복원

> ㉠ 대안평가
> ㉡ 구매 후 행동
> ㉢ 문제인식
> ㉣ 구매결정
> ㉤ 정보탐색

① ㉤ - ㉠ - ㉢ - ㉣ - ㉡
② ㉢ - ㉠ - ㉣ - ㉤ - ㉡
③ ㉤ - ㉢ - ㉠ - ㉡ - ㉣
④ ㉢ - ㉤ - ㉠ - ㉣ - ㉡

3 목표시장의 선정(STP)

해설편 p. 014

시장세분화   기출빈도 ★★☆

01 다음 중 시장세분화를 통해 기대할 수 있는 효과에 대한 설명으로 가장 옳지 않은 것은?   22 군무원 9급

① 고객들의 욕구를 보다 잘 이해할 수 있다.

② 마케팅 기회를 더 잘 발견할 수 있다.

③ 시장세분화를 하면 할수록 비용효율성이 높아지기 때문이다.

④ 기업들이 동일한 소비자를 놓고 직접 경쟁하지 않아도 되므로 가격경쟁이 완화될 수 있다.

03 다음 중 시장세분화에 대한 설명으로 옳지 않은 것은?   19 군무원 추가 복원

① 시장세분화는 동질적 시장을 가정하여 하위시장으로 구분하는 것이다.

② 시장세분화가 성공하기 위해서는 시장 사이에 충분한 차별성이 존재하여야 한다.

③ 시장세분화를 통해 경쟁자보다 해당시장에서 먼저 경쟁우위를 확보할 수 있다.

④ 제품구매고객을 분류하는 대표적 기준으로는 인구통계적 기준, 가치관·성격을 비롯한 심리특성적 기준 등이 있다.

02 다음은 시장세분화의 기준을 설명하는 내용이다. 아래의 사례에서 가장 옳은 것은?   22 군무원 7급

> • 제품편익: 제품을 구매하고 사용하여 어떤 편익을 얻고자 한다.
> • 브랜드 충성도: 어떤 특정 브랜드에 대해 선호하는 심리상태를 말한다.
> • 태도: 제품에 대한 소비자의 태도를 조사하여 시장을 세분화할 수 있다.

① 인구통계적 세분화

② 지리적 세분화

③ 행동적 세분화

④ 심리적 특성에 의한 세분화

04 STP 전략에 대한 설명으로 가장 옳지 않은 것은?

21 군무원 7급

① 시장세분화(Market Segmentation)란 전체시장을 일정한 기준에 의해 동질적인 세분시장으로 구분하는 과정이다.

② 지리적, 인구통계적, 심리특정적, 구매행동적으로 상이한 고객들로 구분하여 시장을 세분화한다.

③ 시장위치선정(Market Positioning)이란 각 세분시장의 매력성을 평가하고 여러 세분시장 가운데서 기업이 진출하고자 하는 하나 또는 그 이상의 세분시장을 선정하는 과정이다.

④ 제품의 구매나 사용이 사회적 관계 속에서 갖는 상징적(Symbolic) 의미를 강조하는 경우에 가장 적절한 포지셔닝은 제품사용자에 의한 포지셔닝이다.

05 시장표적화 전략 유형 중 시장 전문화 전략과 제품 전문화 전략의 특징으로 옳지 않은 것은?

20 군무원 복원

① 제품 전문화 전략은 새로운 기술 등장에 취약하다.

② 시장 전문화 전략은 생산, 유통, 촉진의 전문화로 높은 투자수익률을 낸다.

③ 시장 전문화 전략은 단일제품 복수 시장일 경우 유리하다.

④ 제품 전문화 전략을 통해 전문적인 제품 분야에서 강한 명성의 구축이 가능하다.

4 마케팅 믹스

해설편 p. 015

마케팅 믹스 기초 개념   기출빈도 ★★★

01 다음 중 마케팅 믹스(4P Mix)에 해당하지 않는 것은?

22 군무원 9급

① 상품(Product)
② 가격(Price)
③ 유통(Place)
④ 과정(Process)

02 다음 중 마케팅믹스(4P)로 옳지 않은 것은?

19 군무원 추가 복원

① 제품(Product)
② 가격(Price)
③ 장소(Place)
④ 포장(Package)

03 다음 중 마케팅믹스(Marketing Mix)의 4P 전략으로 옳지 않은 것은?

17 군무원 복원

① 포지셔닝(Positioning)
② 가격(Price)
③ 유통경로(Place)
④ 촉진(Promotion)

제품계열과 제품믹스   기출빈도 ★★☆

04 다음 내용은 제품믹스 및 제품계열관리와 관련된 것이다. 〈보기〉에 해당하는 개념 중 가장 옳은 것은?   22 군무원 7급

> ─────── 〈보 기〉 ───────
> ㉠ ( )은(는) 특정 판매자가 구매자들에게 제공하는 모든 제품계열과 품목을 합한 것이다.
> ㉡ ( )은(는) 동일 유형의 유통경로를 통해 동일한 고객집단에게 판매되는 서로 밀접한 관련이 있는 제품들의 집단이다.
> ㉢ ( )은(는) 하나의 제품계열 내에서 크기, 가격, 외형 또는 다른 속성에 따라 구분할 수 있는 하나의 독특한 단위이다.

① ㉠ 제품품목, ㉡ 제품계열, ㉢ 제품믹스
② ㉠ 제품계열, ㉡ 제품믹스, ㉢ 제품품목
③ ㉠ 제품믹스, ㉡ 제품계열, ㉢ 제품품목
④ ㉠ 제품계열, ㉡ 제품품목, ㉢ 제품믹스

신제품 개발절차 및 제품수명주기   기출빈도 ★★☆

05 신상품 개발 프로세스에 관한 설명으로 가장 적절한 것은?

21 군무원 9급

① 아이디어 창출단계에서 많은 수의 아이디어 창출에 중점을 둔다.
② 제품컨셉트 개발단계에서 시제품을 만든다.
③ 신상품 컨셉트는 아이디어를 소비자가 사용하는 언어나 그림 등을 통하여 추상적으로 표현한 것이다.
④ 시장테스트는 제품 출시 후에 소규모로 실시된다.

06 다음 제품수명주기 중 성장기에 대한 설명으로 옳은 것은?

19 군무원 추가 복원

① 제품의 품질에 대한 신뢰성을 확보하고 경쟁기업의 진입에 대비한다.
② 제품을 차별화하면서 기존고객의 점유율을 유지하고 새로운 고객을 창출한다.
③ 마케팅믹스를 수정하고 상품모델의 다양화를 추구한다.
④ 마케팅 전략을 통하여 수익성이 낮은 시장에서 철수하거나 시장 참여를 축소한다.

07 다음 중 제품수명주기 사이클에서 성숙기의 특징에 대한 설명으로 옳지 않은 것은?

18 군무원 복원

① 매출이 점점 증가한다.
② 광고 지출이 많다.
③ 연구개발비 지출이 증가한다.
④ 경쟁 기업은 가격 제품을 인하한다.

08 다음 중 제품수명주기(Product Life Cycle)에 따른 경쟁자, 이익, 고객층, 가격의 변화를 설명하는 것으로 옳지 않은 것은?

17 군무원 복원

	도입기	성장기	성숙기	쇠퇴기
① 경쟁자	적거나 소수	증가	다수	감소
② 이익	없거나 마이너스	창출되기 시작	최대 강점	잠식
③ 고객층	혁신층	조기 수용자	조기 다수자	후기 수용자
④ 가격	원가가산 가격	시장침투 가격	경쟁대응 가격	가격 인상

서비스 마케팅　　　　　　　　기출빈도 ★☆☆

09 서비스업은 제품 생산 및 제조업체와는 다른 특성을 가지고 있다. 다음 중 서비스 운영의 특징에 대한 설명으로 가장 옳지 않은 항목은?

22 군무원 7급

① 서비스는 무형적인 특성이 있어서 구매 전에 관찰 및 시험이 어렵다.
② 서비스는 생산과 동시에 소비되므로 저장될 수 없다.
③ 서비스는 시간소멸적인 특성이 있어서 서비스 능력을 저장할 수 없다.
④ 서비스 전달 시스템에 고객이 참여하기 때문에 고객마다 동일한 서비스가 제공된다.

10 다음 중 서비스 마케팅의 특징으로 옳지 않은 것은?

17 군무원 복원

① 서비스는 생산과 동시에 소비된다.
② 서비스는 무형적 특성을 가지므로 물리적 요소가 결합될 수 없다.
③ 서비스는 제공자에 따라 서비스의 품질이 달라지기 때문에 표준화하기 어렵다.
④ 서비스의 공급이 수요보다 많더라도 재고로 비축할 수 없다.

11 제품과 상표에 대한 설명으로 가장 옳지 않은 것은?

21 군무원 7급

① 제품믹스의 폭이란 전체 제품라인의 수를 말한다.

② 브랜드 인지도(Brand Awareness)란 소비자가 브랜드를 재인식하거나 회상할 수 있는 능력을 말한다.

③ 상표전략에서 라인 확장(Line Extension)이란 새로운 제품에 기존상표를 사용하는 전략으로 광고비용을 절약해 주지만 특정 제품이 실패할 경우 다른 제품에 영향을 준다.

④ 복수 상표(Multi Branding)란 동일제품범주에서 다수의 상표를 도입하는 것으로 특성에 따른 상표를 제공하고 진열공간을 많이 확보할 수 있으나 마케팅 비용이 많이 발생할 수 있다.

12 다음 설명 중 옳지 않은 것은?   18 군무원 복원

① 구체적 이미지의 브랜드가 추상적 이미지의 브랜드보다 확장 범위가 넓다.

② 라인 확장은 기존의 제품범주에 속하는 신제품에 그 브랜드명을 그대로 사용하는 전략이다.

③ 복수브랜드는 동일한 제품범주 내에서 여러 개의 브랜드를 사용하는 전략이다.

④ 카테고리 확장은 기존 브랜드와 다른 제품범주에 속하는 신제품에 기존 브랜드를 사용하는 전략이다.

13 다음 중에서 가격책정방법이 아닌 것은?   22 군무원 9급

① 원가가산의 방법

② 수요지향적 방법

③ 경쟁지향적 방법

④ 재고지향적 방법

14 경쟁의 역동성에 관한 설명으로 옳지 않은 것은?

20 군무원 복원

① 경영주기는 기업마다 다르게 나타난다.

② 저속 주기순환은 타기업의 모방이 느리기 때문에 안정적으로 대응 가능하다.

③ 고속 주기순환은 매출 극대화를 위해 고객 충성도를 높이는 것을 시도한다.

④ 평균 주기순환은 모방을 상쇄한다.

15 다음 중 생산자가 원가를 가장 중요한 기준으로 하여 가격을 책정하는 방식으로 옳은 것은?   19 군무원 복원

① 지각기준 가격결정

② 목표이익률 가격결정

③ 모방 가격결정

④ 입찰참가 가격결정

16 다음 중 소비자들에게 면도기를 저렴한 가격으로 구매하게 한 다음 면도날을 비싼 가격으로 판매하는 가격 전략으로 옳은 것은? 18 군무원 복원

① 부산물 가격결정
② 선택사양제품 가격결정
③ 종속제품 가격결정
④ 묶음제품 가격결정

17 제품의 현재가격은 2,000원이고, 웨버상수(K)는 0.2이다. 소비자가 차이를 느끼지 못하도록 가격인상을 최대화하고자 할 때 가능한 가격대로 옳은 것은? 18 군무원 복원

① 현재가격 < 2,300원
② 2,300원 ≤ 현재가격 < 2,400원
③ 2,400원 ≤ 현재가격 < 2,500원
④ 2,500원 ≤ 현재가격 < 2,600원

18 다음 중 가격전략에 대한 설명으로 옳지 않은 것은? 17 군무원 복원

① 유인 가격전략이란 잘 알려진 제품의 가격을 저렴한 가격으로 판매하는 전략이다.
② 결합제품 가격전략이란 두 가지 이상의 제품 또는 서비스 등을 결합하여 하나의 특별한 가격으로 판매하는 방식이다.
③ 옵션제품 가격전략에서는 옵션제품에 대하여 높은 가격이 책정되는 경향이 있다.
④ 단수 가격전략은 비용 단위를 단순화할 수 있는 장점을 가진다.

---

19 다음 내용은 어떤 기업전략의 사례를 설명하는 것이다. 아래의 사례에 가장 옳은 것은? 22 군무원 7급

> N사는 운동화를 만드는 과정 중에서 제품 디자인과 판매와 같이 가치사슬의 처음과 끝부분만 자신이 담당하고 나머지 생산부문은 전세계의 하청기업에 맡기고 있다. 하청기업들 간에 서로 비용절감 및 품질향상 경쟁을 유도하여 그중에서 가장 낮은 가격과 높은 품질의 제품을 구매한다.

① 전략적 아웃소싱
② 전략적 제휴
③ 다각화 전략
④ 수직적 통합

20 유통과정에서 수직적 통합의 단점이 아닌 것은? 20 군무원 복원

① 기업 활동의 유연성이 낮아진다.
② 각 경로 구성원이 가진 특허권 보호가 어려워진다.
③ 유통경로 내에서 한 경로구성원에 의한 권력 횡포가 발생할 수 있다.
④ 관련 활동 간의 불균형으로 원가열위가 발생할 수도 있다.

21 다음 중 수직적 통합에 대한 설명으로 옳지 않은 것은? 18 군무원 복원

① 자전거 부품업체가 자전거 제조업체를 통합하면 수직적 전방 통합이다.
② 수직적 통합은 자원이 분산되어 전문성이 감소될 수 있다.
③ 수직적 통합 시 관리에 유연성이 증가한다.
④ 수직적 통합은 제품의 생산과정상이나 유통경로상에서 공급자나 수요자를 통합하는 전략이다.

22 다음 중 제품 판매에 있어서 소매와 도매로 나누는 기준으로 옳은 것은?
　　　　　　　　　　　　　　　　　　19 군무원 복원

① 제품별　　　　　② 고객별
③ 기능별　　　　　④ 지역별

24 다음 중 소비자 대상 판매촉진활동에 해당하지 않는 것은?
　　　　　　　　　　　　　　　　　　18 군무원 복원

① 샘플 제공
② 푸시 지원금
③ 사은품 제공
④ 현금 환급

23 10,000명이 인터넷 광고를 열람하였고 그중 100명이 그 회사 홈페이지를 방문하였다. 그 100명 중 50명이 제품을 구매하였고 그중 12명만이 제품을 재주문하였을 때 이 회사 제품의 재구매율로 옳은 것은?
　　　　　　　　　　　　　　　　　　17 군무원 복원

① 24%　　　　　② 5%
③ 1%　　　　　④ 0.05%

25 다음 중 산업재에서 가장 많이 활용되는 마케팅 방법으로 옳은 것은?
　　　　　　　　　　　　　　　　　　18 군무원 복원

① 광고
② 홍보(PR)
③ 판매촉진
④ 인적판매

내일은 우리가 어제로부터 무엇인가 배웠기를 바란다.

– 존 웨인 –

PART 3

조직행위

챕터별 출제 비중

조직행위론의
개인행위 **40%**

집단행위의
리더십이론 **60%**

※ 2022년 출제기준

학습 포인트

조직행위는 2022년 군무원 9급에서 3문제, 7급에서 2문제 총 5문제가 출제되었고, 2021년에 비해 출제율이 매우 낮았다.

'조직행위론의 개인행위'에서는 동기부여의 내용이론과 과정이론의 기출빈도가 높으므로 완벽히 대비하여야 한다.

'조직행위론의 집단행위'에서는 의사소통 네트워크의 종류를 구분할 줄 알아야 한다.

'집단행위의 리더십이론'은 출제 유형이 명확해 학습에 어려움은 없지만 이론을 종합하여 출제할 수 있다.

'조직구조 및 직무설계'에서 주의할 점은 유기적 조직과 기계적 조직의 비교이다. 2019년 군무원 시험에서는 간단한 문제가 출제되었으나 추후에는 두 조직의 차이점을 심화하여 출제할 가능성이 높다.

CHAPTER 1	조직행위론의 개인행위
CHAPTER 2	조직행위론의 집단행위
CHAPTER 3	집단행위의 리더십이론
CHAPTER 4	조직구조 및 직무설계

회독체크

구분	1회독	2회독	3회독
CHAPTER 1 조직행위론의 개인행위	☐	☐	☐
CHAPTER 2 조직행위론의 집단행위	☐	☐	☐
CHAPTER 3 집단행위의 리더십이론	☐	☐	☐
CHAPTER 4 조직구조 및 직무설계	☐	☐	☐

☐ 칸에 학습진도를 체크하세요.

1 조직행위론의 개인행위

해설편 p. 020

| 조직행위론의 이해 | 기출빈도 ★☆☆ |

01 조직이론에서의 동형화(Isomorphism)에 대한 설명으로 옳은 것은?

21군무원 7급

① 조직이 중요한 자원을 공급받기 위해 자원을 공급하는 조직과 유사하게 변화하는 것
② 조직이 주어진 환경에서 생존하기 위해 해당 환경 내의 다른 조직들과 유사하게 변화하는 것
③ 조직 내 구성원들이 응집력을 갖기 위해 유사하게 변화하는 것
④ 조직 내 상위계층과 하위계층의 구성원들이 유사한 전략적 방향을 갖게 되는 것

| 성격·지각·학습 및 태도 | 기출빈도 ★★☆ |

02 성격과 가치관에 대한 설명으로 가장 옳지 않은 것은?

21군무원 7급

① 성격의 유형에서 내재론자(Internals)와 외재론자(Externals)는 통제의 위치(Locus of Control)에 따라 분류된다.
② 성격측정도구로는 MBTI와 빅파이브 모형이 있다.
③ 가치관은 개인의 판단기준으로 인간의 특성을 구분 짓는 요소 중 가장 상위개념으로 생각할 수 있다.
④ 로키치(Rokeach)는 가치관을 수단적 가치(Instrumental Value)와 궁극적 가치(Terminal Value)로 분류하고, 궁극적 가치로서 행동방식, 용기, 정직, 지성 등을 제시했다.

03 지각과정과 지각이론에 대한 설명으로 옳지 않은 것은?

21군무원 7급

① 지각의 정보처리 과정은 게스탈트 과정(Gestalt Process)이라고도 하며 선택, 조직화, 해석의 3가지 방법으로 이루어진다.
② 일관성은 개인이 일정하게 가지는 방법이나 태도에 관련된 것으로 한 번 형성을 하게 된다면 계속적으로 같은 습성을 유지하려 한다.
③ 켈리(Kelly)의 입방체이론은 외적 귀인성을 일관성(Consistency)이 높고, 일치성(Consensus), 특이성(Distincitiveness)이 낮은 경우로 설명했다.
④ 지각의 산출물은 개인의 정보처리 과정과 지각적 선택에 의해서 달라지는데 이는 개인의 심리적 특성과 연관이 있다.

04 태도와 학습에 대한 설명으로 가장 옳지 않은 것은?

21군무원 7급

① 강화이론에서 부정적 강화(Negative Reinforcement)는 바람직하지 못한 행위를 소멸시키기 위한 강화방법이다.
② 단속적 강화 유형에서 빠른 시간 내에 안정적인 성과 달성을 하기 위해서는 고정비율법이 효과적이다.
③ 레빈(Lewin)은 태도의 변화과정을 해빙, 변화, 재동결의 과정을 거쳐 이루어진다고 했으며 이러한 태도 변화는 개인수준 뿐만 아니라 집단, 조직 수준에서도 같은 방법으로 나타나게 된다.
④ 마이어와 알렌(Meyer & Allen)은 조직몰입(Organization Commitment)을 정서적(Affective) 몰입, 지속적(Continuance) 몰입, 규범적(Normative) 몰입으로 나누어 설명했다.

05 다음 중 매슬로우의 욕구로 옳지 않은 것은?

19 군무원 추가 복원

① 자아실현 욕구
② 성장 욕구
③ 존경 욕구
④ 생리적 욕구

07 다음 중 매슬로우(Maslow)의 욕구단계이론의 욕구들을 낮은 단계에서 높은 단계의 순서대로 바르게 나열한 것은?

17 군무원 복원

> ㉠ 안전 욕구
> ㉡ 생리적 욕구
> ㉢ 사회적 욕구
> ㉣ 자아실현 욕구
> ㉤ 존경 욕구

① ㉠ - ㉡ - ㉢ - ㉣ - ㉤
② ㉠ - ㉡ - ㉢ - ㉤ - ㉣
③ ㉡ - ㉠ - ㉢ - ㉤ - ㉣
④ ㉡ - ㉢ - ㉠ - ㉣ - ㉤

06 다음 중 동기부여이론에 대한 설명으로 옳은 것은?

18 군무원 복원

① 매슬로우(Maslow)는 욕구를 '생리적 욕구 – 사회적 욕구 – 안전 욕구 – 존경 욕구 – 자아실현 욕구'로 구분하였다.
② 앨더퍼(Alderfer)의 ERG 이론에 따르면 현재 욕구가 좌절되면 상위 욕구가 증가된다.
③ 맥클리랜드(McClelland)는 3가지 욕구 중 성취 욕구를 가장 중요시했다.
④ 허츠버그(Herzberg)의 2요인이론에 따르면 임금은 동기요인에 해당한다.

08 다음 중 허츠버그(Herzberg)의 2요인이론에 대한 설명으로 옳은 것은?

17 군무원 복원

① 위생요인의 예로는 고용안정성, 업무조건, 회사정책, 성취감 등이 있다.
② 허츠버그는 만족과 관련된 요인을 불만족 해소와 만족 증진 차원으로 나누었다.
③ 위생요인의 관리를 통해 직원의 동기수준(만족도)을 높일 수 있다.
④ 허츠버그는 불만족 원인의 제거를 통해 만족의 상승을 이끌어낼 수 있다고 보았다.

09 동기부여이론 중에서 빅터 브룸(Victor Vroom)의 기대이론 (Expectancy Theory)에 대한 설명으로 가장 옳은 것은?

22 군무원 7급

① 높은 수준의 노력이 좋은 성과를 가져오고 좋은 성과 평가는 임금상승이나 조직적 보상으로 이어진다.

② 강화요인이 바람직한 행동을 반복할 가능성을 높이고 행동이 그 결과의 함수라고 주장하는 이론이다.

③ 직무만족을 가져오는 요인은 직무 불만족을 가져오는 요인과는 서로 분리되고 구별된다.

④ 자기효능감은 어떤 과업을 수행할 수 있다는 개인의 믿음을 의미하며, 자기효능감이 높을수록 성공할 능력에 더 큰 확신을 가진다.

11 다음 중 목표에 의한 관리(MBO)의 성공요건이 아닌 것은?

22 군무원 9급

① 목표의 난이도
② 목표의 구체성
③ 목표의 유연성
④ 목표의 수용성

10 다음 중 동인(Drive)이론에 대한 설명으로 옳지 않은 것은?

18 군무원 복원

① 동인이론에서 개인의 행동은 후천적 학습을 통하여 배워진 동기와 행동경향에 의하여 형성된다고 가정한다.

② 2차적 동인은 학습된 이론이다.

③ 동인은 욕구의 결핍 정도의 영향을 받는다.

④ 일반적 동인은 1차적 동인과 2차적 동인 사이에 있으면서 학습된 이론이다.

2 조직행위론의 집단행위

해설편 p. 023

집단 응집성(Cohesiveness)   기출빈도 ★☆☆

01 다음 중 생산성이 저하될 위험이 가장 큰 상황에 해당되는 것은?   21 군무원 9급

① 집단 응집력이 높고 집단과 조직목표가 일치하는 경우
② 집단 응집력이 높지만 집단과 조직목표가 일치하지 않는 경우
③ 집단 응집력이 낮지만 집단과 조직목표가 일치하는 경우
④ 집단 응집력이 낮고 집단과 조직목표가 일치하지 않는 경우

집단 의사결정   기출빈도 ★★☆

02 경영자들이 내리는 의사결정에는 다양한 오류들이 존재한다. 다음 중 매몰비용 오류에 해당하는 것은?   21 군무원 9급

① 선별적으로 정보를 구성하고 선택하는 오류
② 과거의 선택과 부합되는 정보만을 선택하는 오류
③ 실패 원인을 내부가 아닌 외부에서만 찾는 오류
④ 과거의 선택에 매달리고 집착하는 오류

03 다음 중 자신의 문제를 말하기 껄끄러울 때 남의 얘기에 빗대어 말하게 하는 방법으로 옳은 것은?   19 군무원 복원

① 프로빙 기법
② 래더링 기법
③ 투사법
④ 에스노그라피

04 다음 중 의사소통 네트워크에 대한 설명으로 옳지 않은 것은?   19 군무원 복원

① 수레바퀴형은 집단 내 강력한 리더가 존재하고, 모든 정보는 리더를 중심으로 집중되며 이를 통해 다른 사람에게 전달된다.
② 원형은 의사소통 속도가 빠르다.
③ 라인조직과 스텝조직이 혼합된 조직에 적합한 유형은 Y형이다.
④ 사슬형과 원형이 만족도가 가장 높다.

권력과 갈등   기출빈도 ★☆☆

05 개인적 권력에 해당하는 것은?   21 군무원 9급

① 부하 직원의 휴가 요청을 받아들이지 않을 수 있는 영향력
② 다른 직원에게 보너스를 제공하는 것을 결정할 수 있는 영향력
③ 높은 지위로 인해 다른 직원에게 작업 지시를 내릴 수 있는 영향력
④ 다른 직원에게 전문지식을 제공하여 발생하는 영향력

06 다음 중 피셔와 유리의 협상갈등 해결이론에 대한 설명으로 옳지 않은 것은?   18 군무원 복원

① 사람과 문제를 분리시킨다.
② 상황보다 이익에 집중한다.
③ 둘 다 이익을 볼 수 있는 합의점을 찾는다.
④ 객관적 기준에 근거한 결과를 주장한다.

집단행위의 리더십이론

해설편 p. 025

리더십의 행동이론: 가치사슬　　　　기출빈도 ★★★

01 가치사슬 분석에서 본원적 주된 활동에 해당하지 않는 것은?
　　　　　　　　　　　　　　　　　　　21 군무원 9급

① 구매
② 생산
③ 판매
④ 연구개발

02 포터의 가치사슬 모형에 대한 설명으로 옳지 않은 것은?
　　　　　　　　　　　　　　　　　　　21 군무원 7급

① 직접적으로 이윤을 창출하는 활동을 기간활동(Primary Activities)이라 한다.
② 가치 사슬은 다른 기업과 연계될 수 없다.
③ 판매 후 서비스 활동은 하류(Downstream) 가치사슬에 포함된다.
④ 기업의 하부 구조는 보조 활동(Support Activities)에 포함된다.

03 다음 중 기업 내·외부 환경을 분석하여 기회와 위협에 대한 분석 및 기업 역량에 대한 강점과 약점을 분석하는 기법으로 옳은 것은?
　　　　　　　　　　　　　　　　　　　19 군무원 추가 복원

① 가치사슬분석
② 시장침투 전략
③ 사업포트폴리오 분석
④ SWOT분석

04 다음 중 마이클 포터의 가치사슬 모형에서 보조 활동에 해당하지 않는 것은?
　　　　　　　　　　　　　　　　　　　19 군무원 복원

① 인프라 기반시설
② 기술개발
③ 제품의 사후지원
④ 인적자원 개발

리더십의 행동이론: 암묵지와 형식지　　　　기출빈도 ★★☆

05 조직 내부에서 지식을 증폭 및 발전시키는 과정에 대한 설명 중 가장 옳지 않은 것은?
　　　　　　　　　　　　　　　　　　　22 군무원 9급

① 이식(공동화 Socialization): 각 개인들이 가진 형식지(Explicit Knowledge)를 조직 안에서 서로 나누어 가지는 과정
② 표출(명료화 Externalization): 머릿속의 지식을 형식지로 옮기면서 새로운 지식이 얻어지는 과정
③ 연결(통합화 Combination): 각자의 단편지식들이 연결되면서 통합적인 새로운 지식들이 생성되는 과정
④ 체화(내재화 Internalization): 구성원들이 얻은 형식지를 머릿속에 쌓아 두면서 자신의 지식과 경험으로 만드는 과정

06 암묵지에 예시로 옳지 않은 것은?　　　　20 군무원 복원

① 개인만의 노하우
② 몸에 체화된 지식
③ 컴퓨터 매뉴얼
④ 주관적 측면의 지식

07 다음 노나카(Nonaka)의 지식경영에서, 형식지와 암묵지의 변동과정 4가지 중 옳은 것은? 　17 군무원 복원

① 암묵지 → 암묵지: 내재화(Internalization)

②.암묵지 → 형식지: 사회화(Socialization)

③ 형식지 → 형식지: 통합화(Combination)

④ 형식지 → 암묵지: 외재화(Externalization)

리더십의 상황이론　　　　　　　　기출빈도 ★★★

08 다음 중에서 리더십의 관점이 아닌 것은? 　22 군무원 9급

① 전술이론

② 특성이론

③ 행동이론

④ 상황이론

09 상황이론에서 고려하는 상황요인이 아닌 것은?

22 군무원 복원

① 전략기술

② 기업의 구조

③ 기업의 규모

④ 유일·최선의 관리방식

10 다음 중 리더십이론으로 옳지 않은 것은? 　19 군무원 추가 복원

① 특성이론

② ERG이론

③ PM이론

④ 상황이론

리더십의 새로운 패러다임　　　　　기출빈도 ★★★

11 다음 중 변혁적 리더십(Transformational Leadership)의 특징에 대한 설명으로 가장 옳지 않은 것은? 　22 군무원 7급

① 부하들의 관심사와 욕구 등에 관하여 개별적인 관심을 보여준다.

② 부하들에게 즉각적이고 가시적인 보상으로 동기 부여한다.

③ 부하들에게 칭찬과 격려를 함으로써 부하들의 사기를 진작시켜 업무를 추진한다.

④ 부하들이 모두 공감할 수 있는 바람직한 목표를 위해 노력하도록 동기 부여한다.

12 진성 리더십(Authentic Leadership)의 내용과 관련이 없는 것은? 　21 군무원 9급

① 명확한 비전제시

② 리더의 자아인식

③ 내재화된 도덕적 신념

④ 관계의 투명성

13 다음 중 리더십에 관련된 이론에 대한 설명으로 가장 옳지 않은 것은? 21 군무원 7급

① 하우스(House)의 경로목표이론에서 상황적 변수는 집단의 과업내용, 부하의 경험과 능력, 부하의 성취욕구이다.

② 거래적 리더십(Transaction Leadership)은 장기적인 목표를 강조해 부하들이 창의적 성과를 낼 수 있게 환경을 만들어 주며, 새로운 변화와 시도를 추구하게 된다.

③ 변혁적 리더십(Transformational Leadership)은 영감적동기와 지적자극과 같은 방법을 통해서 부하들의 행동에 변화를 일으키는 리더십이다.

④ 리더-멤버 교환이론(LMX)이론에서 내집단(In-Group)은 리더와 부하와의 교환관계가 높은 집단으로 승진의 기회가 생기면 리더는 내집단을 먼저 고려하게 된다.

14 다음 중 리더십에 대한 설명으로 옳은 것은? 17 군무원 복원

① 변혁적 리더십은 부하가 미래에 대한 비전을 받아들이고 추구하도록 격려한다.

② 서번트 리더십은 리더와 구성원 간의 교환 관계에 기반을 두고, 부하들을 보상·처벌의 연속선에서 통제하는 리더십이다.

③ 거래적 리더십에서 리더는 부하들이 자기통제에 의해 자신을 스스로 이끌어 나가도록 역할모델이 된다.

④ 변혁적 리더십은 감정에 호소하여 의사나 가치관을 변혁시킨다.

4 조직구조 및 직무설계

해설편 p. 028

조직구조 이론의 형태   기출빈도 ★★★

01 다음 제시된 조직구조 형태에 대한 설명 중 매트릭스 조직이 가지는 특징에 해당되는 것만을 모두 고르면?

21 군무원 7급

> ⓐ 두 개 이상의 조직 형태가 목적에 의해 결합한 형태이다.
> ⓑ 프로젝트를 수행하기 위해 만들어지는 한시적인 조직 형태이다.
> ⓒ 기존 조직구성원과 프로젝트 구성원 사이에 갈등이 생길 가능성이 크다.
> ⓓ 업무 참여 시 전문가와 상호작용이 가능하므로 창의적인 업무 수행이 가능하다.
> ⓔ 명령일원화의 원칙이 적용되며 조직 운영의 비용이 작게 발생한다.

① ⓐ, ⓓ
② ⓐ, ⓑ
③ ⓒ, ⓓ, ⓔ
④ ⓑ, ⓒ, ⓓ

02 프로젝트 조직의 특성으로 옳은 것은?   20 군무원 복원

① 단순한 환경에 어울리는 조직형태이다.
② 업무가 줄어들어 조직의 효율성이 극대화된다.
③ 프로젝트 조직의 특성상 대체로 장기적으로 유지된다.
④ 프로젝트 규모에 따라 인력의 수를 유동적으로 조정할 수 있다.

03 기능식 조직과 사업부제 조직을 비교한 설명으로 옳지 않은 것은?

20 군무원 복원

① 기능식 조직은 사업부제 조직에 비해 자원의 효율성이 낮다.
② 기능식 조직은 사업부제 조직에 비해 부서 간 상호조정의 어려움이 있다.
③ 사업부제 조직은 기능식 조직에 비해 목표관리가 용이하다.
④ 사업부제 조직은 기능식 조직에 비해 빠른 환경변화 대응이 용이하다

04 다음 중 단위생산과 대량생산에 해당하는 조직유형으로 옳은 것은?

19 군무원 복원

	단위생산	대량생산
①	유기적 조직	유기적 조직
②	유기적 조직	기계적 조직
③	기계적 조직	유기적 조직
④	기계적 조직	기계적 조직

05 다음 〈보기〉에서 설명하고 있는 것으로 옳은 것은?

17 군무원 복원

> ─── 〈보 기〉 ───
> 특정 과제나 목표를 달성하기 위해 구성하는 임시조직으로서, 조직의 유연성, 구성원의 전문성, 동태성 등을 특징으로 한다.

① 기능별 조직
② 사업부제 조직
③ 매트릭스 조직
④ 프로젝트 조직

06 조직을 구축할 때 분업을 하는 이유로 가장 옳지 않은 것은?

21 군무원 9급

① 업무몰입의 지원
② 숙련화의 제고
③ 관찰 및 평가 용이성
④ 전문화의 촉진

07 다음 중 직무설계의 네 가지 접근법에 대한 설명으로 틀린 것은?　　　20 군무원 복원

① 기계적 접근 – 기술다양성
② 동기부여적 접근 – 직무확대화
③ 인간공학적 접근 – 작업환경
④ 정신능력적 접근 – 정보관리

08 해크먼(R. Hackman)과 올드햄(G. Oldham)이 제시한 직무특성모형의 핵심직무특성이 아닌 것은?　　20 군무원 복원

① 기술다양성
② 과업정체성
③ 동기부여
④ 피드백

09 다음 중 직무충실화의 내용으로 옳은 것은?

19 군무원 추가 복원

① 과업량을 늘리고 권한은 그대로 유지한다.
② 과업량을 늘리고 그에 따른 권한과 책임 및 자율성을 추가한다.
③ 과업을 주기적으로 변경함으로써 과업의 단조로움을 극복한다.
④ 직원들 간에 담당하는 직무의 교환을 통해 다른 직무를 경험하게 한다.

10 해크먼(R.Hackman)과 올드햄(G.Oldham)의 직무특성이론 중 직무에 대한 의미와 관련 있는 요소로 옳지 않은 것은?　　18 군무원 복원

① 기술다양성
② 직무정체성
③ 자율성
④ 직무중요성

11 조직문화의 구성요소에 대한 7S 모형은 맥킨지(Mckinsey)가 개발한 모형으로 조직문화에 영향을 주는 조직내부요소를 7가지 요인으로 나타낸 것이다. 이 7가지 요인에 해당하지 않는 것은?　21 군무원 7급

① 조직구조(Structure)
② 학습(Study)
③ 관리기술(Skill)
④ 공유가치(Shared Value)

12 작업집단(Work Group)에 대한 설명이 아닌 것은?　20 군무원 복원

① 공통된 리더십이 존재한다.
② 개별적 책임 영역 내에서 결과물을 산출해낸다.
③ 집단의 목표는 정보공유로서 기술적 성격이 강하다.
④ 업무시너지가 비교적 크지 않다.

13 다음 중 파스칼과 피터스의 7S모형으로 옳지 않은 것은?　19 군무원 복원

① 공유가치
② 전략
③ 구성원
④ 소프트웨어

PART 4

회계학

챕터별 출제 비중

회계의 개념 및 거래   **50%**

재무제표   **50%**

학습 포인트

회계학은 2022년 군무원 9급에서 3문제, 7급에서 1문제 총 4문제가 출제되었다. 9급과 7급 모두 전년과 출제율이 비슷하며, 직관적으로 풀 수 있는 쉬운 계산 문제가 출제되었다. 회계학은 돈의 흐름에 대한 이론이므로 각 챕터를 유기적으로 학습해야 한다.

'회계의 개념 및 거래'에서는 기본적이 내용이 주로 출제되므로 큰 어려움이 없는 챕터이다.

'재무제표 및 자산 · 자본 · 수익과 비용'에서는 특징뿐 아니라 간단한 계산 위주의 문제가 출제된다.

CHAPTER 1 회계의 개념 및 거래
CHAPTER 2 재무제표
CHAPTER 3 자산 · 자본 · 수익과 비용

회독체크

구분	1회독	2회독	3회독
CHAPTER 1 회계의 개념 및 거래	☐	☐	☐
CHAPTER 2 재무제표	☐	☐	☐
CHAPTER 3 자산 · 자본 · 수익과 비용	☐	☐	☐

☐ 칸에 학습진도를 체크하세요.

1

회계의 개념 및 거래

해설편 p. 032

회계의 기초이론   기출빈도 ★★☆

01 다음 중에서 관리회계에 대한 설명 중 가장 옳지 않은 것은?

22 군무원 9급

① 기업 외부의 이해관계자들이 필요한 정보를 제공한다.
② 사업부별 성과분석을 제공한다.
③ 원가절감을 위한 원가계산 정보를 제공한다.
④ 기업회계기준이나 국제회계기준 등의 규칙을 준수하지 않아도 된다.

02 재무회계와 관리회계에 대한 설명으로 옳은 것은?

20 군무원 복원

① 재무회계는 기업의 특성에 따라 보고서 형식이 다양한 반면, 관리회계는 일정한 회계원칙 형식에 따라 보고서를 작성한다.
② 재무회계는 외부정보이용자를 주 고객으로 하는 반면, 관리회계는 내부정보이용자를 주 고객으로 한다.
③ 재무회계는 미래지향 정보를 주로 다루는 반면, 관리회계는 과거관련 정보를 주로 다룬다.
④ 재무회계는 경영자에게 유용한 정보를 제공하는 반면, 관리회계는 주주 및 채권자에게 정보를 제공하는 데 목적을 두고 있다.

03 다음 중 주주에 대한 설명으로 옳지 않은 것은?

19 군무원 추가 복원

① 주주는 채권자보다 앞서 이자비용을 받는다.
② 주주는 출자한도 내에서 유한책임을 진다.
③ 주주는 회사의 궁극적인 주인이다.
④ 주주는 주식을 양도하여 주주의 지위를 벗어날 수 있다.

04 다음 회계정보의 질적 특성 중 신뢰성에 해당하지 않는 것은?

18 군무원 복원

① 적시성
② 검증가능성
③ 표현의 충실성
④ 중립성

회계상의 거래   기출빈도 ★☆☆

05 다음 중 거래에 대한 분개로 가장 옳은 것은?   22 군무원 9급

> 거래내용: 40,000원의 상품을 구매하였는데, 이 중 10,000원을 현금으로 지급하였으며, 나머지는 외상으로 하였다.

	(차변)	(대변)
①	현금 10,000 매출채권 30,000	상품 40,000
②	상품 40,000	현금 10,000 매입채무 30,000
③	상품 40,000	현금 10,000 매출채권 30,000
④	현금 10,000 매입채무 30,000	상품 40,000

2 재무제표

해설편 p. 033

재무제표(F/S)　　　　　기출빈도 ★★★

01 A클리닝(주)의 8월 한 달 동안 세탁으로 벌어들인 수익은 1,000,000원이고, 임차료 300,000원, 급여 400,000원, 운송비 50,000원, 소모품 및 기타 비용 100,000원이다. 다음 중 8월 한 달 A클리닝(주)의 당기순이익은 얼마인가?

22 군무원 7급

① 100,000원
② 150,000원
③ 200,000원
④ 300,000원

02 이익을 계산하는 방법에 대한 설명으로 옳지 않은 것은?

21 군무원 7급

① 매출액에서 총비용을 차감
② 판매가격에서 단위변동비를 차감
③ 공헌이익에서 총고정비를 차감
④ 총변동비와 총고정비의 합을 매출액에서 차감

03 다음 중 영업순이익으로 옳은 것은?

19 군무원 추가 복원

- 총매출액: 2,000,000원
- 매출원가: 1,000,000원
- 판매관리비용: 400,000원
- 이자비용: 30,000원
- 법인세비용: 240,000원

① 1,000,000원
② 600,000원
③ 570,000원
④ 330,000원

04 세탁기 1대를 만드는 데 제조원가가 140만 원이고, 매출총이익률이 30%일 때 세탁기 1대의 가격으로 옳은 것은?

18 군무원 복원

① 180만 원
② 190만 원
③ 200만 원
④ 210만 원

05 다음 중 총자산이 2,800만 원이며, 자본금이 1,000만 원, 이익잉여금이 300만 원일 때, 부채의 값으로 옳은 것은?

17 군무원 복원

① 0원
② 1,300만 원
③ 1,500만 원
④ 1,800만 원

06 다음 중 법인세비용 차감 이후의 이익으로 가장 옳은 것은?

22 군무원 9급

① 당기순이익
② 매출총이익
③ 영업이익
④ 법인세비용차감전순이익

07 재무상태표에 대한 설명으로 가장 옳지 않은 것은?

21 군무원 9급

① 재무상태표는 자산, 부채 및 자본으로 구분한다.
② 재무상태표를 통해 기업의 유동성과 재무상태를 파악할 수 있다.
③ 재무상태표는 일정기간 동안의 경영성과를 나타낸 재무제표이다.
④ 재무상태표의 자산항목은 유동자산과 비유동자산으로 구분한다.

08 다음 중 손익계산서에 대한 설명으로 옳은 것은?

19 군무원 추가 복원

① 수익에서 비용을 차감하지 않고 기업의 경영 성과를 보여준다.
② 기업의 재무 상태를 나타내는 보고서이다.
③ 일정기간 동안의 경영성과를 보여주는 것이다.
④ 기업의 현금이 어떻게 조달되는지 보여주는 것이다.

09 다음 중 현금흐름표(Statement of Cash Flows)에 나타나는 3가지 구성 요소로 옳지 않은 것은?

17 군무원 복원

① 재무활동 현금흐름
② 영업활동 현금흐름
③ 투자활동 현금흐름
④ 정보활동 현금흐름

자산·자본·수익과 비용

해설편 p. 035

자산

기출빈도 ★★☆

01 손익분기점을 파악하기 위해 반드시 필요한 정보에 해당하지 않는 것은? 21 군무원 9급

① 총고정비용
② 제품단위당 변동비용
③ 제품가격
④ 영업이익

02 감가상각의 옳은 방법이 아닌 것은? 21 군무원 7급

① 대상 자산의 원가에서 잔존가치를 차감한 금액을 추정 내용연수로 나누어 매년 동일한 금액을 차감하는 방법
② 추정내용연수의 합계와 잔여내용연수의 비율을 이용하여 구한 금액을 차감하는 방법
③ 대상 자산의 기초 장부가액에 일정한 상각률을 곱하여 구한 금액을 차감하는 방법
④ 대상 자산의 잔존가치를 매년 동일하게 차감하는 방법

03 감가상각방법에 해당하는 것이 아닌 것은? 20 군무원 복원

① 정률법
② 이중체감법
③ 생산성비율법
④ 연수합계법

04 A회사는 재고자산에 대해 이동평균법을 적용하고 있다. 이동평균법으로 계산한 기말재고자산금액은 얼마인가? (단, 소수점 이하는 버림으로 한다) 20 군무원 복원

기초자산		
1월 매입 10개	단위당 200원
2월 매입 30개	단위당 220원
3월 매출 20개	단위당 250원
4월 매입 50개	단위당 230원
5월 매출 40개	단위당 280원
기말재고 30개	

① 약 6,510원
② 약 6,600원
③ 약 6,771원
④ 약 6,900원

05 다음의 정보가 주어졌을 때 매출원가와 판매가능자산 값으로 옳은 것은? 17 군무원 복원

- 기초재고자산 150만 원
- 기말재고자산 180만 원
- 당기상품매입액 800만 원

	매출원가	판매가능자산
①	770만 원	180만 원
②	770만 원	950만 원
③	830만 원	180만 원
④	830만 원	950만 원

06 다음 중 우선주에 대한 설명으로 옳은 것은? 19 군무원 복원

① 회사의 이익과 관계없이 미리 배당금이 정해져 있다.

② 이자가 미리 정해져 있다.

③ 세금 감면 혜택이 있다.

④ 우선주에 대해서 비용을 공제하기 전이라도 우선 배당이 이루어진다.

07 A회사에서 세탁기를 제조할 때 단위당 변동비는 20만 원이고, 총고정비는 2천만 원이다. 1,000개를 팔아서 2천만 원의 이익을 얻기 위해서는 원가가산방식으로 할 때 제품의 단위당 가격으로 옳은 것은? (단, 고정비용은 비용에 포함한다) 19 군무원 복원

① 20만 원

② 22만 원

③ 24만 원

④ 26만 원

08 A기업에서는 최근에 개발한 B상품의 판매가격을 개당 1,000원으로 정하였다. B상품을 생산하는 데 필요한 개당 변동비는 800원, 고정비는 600,000원이라고 할 때 B상품의 손익분기점 매출량으로 옳은 것은? 17 군무원 복원

① 1,000개

② 1,500개

③ 3,000개

④ 5,000개

미래가 어떻게 전개될지는 모르지만
누가 그 미래를 결정할지는 안다.

– 오프라 윈프리 –

PART 5
재무관리

챕터별 출제 비중

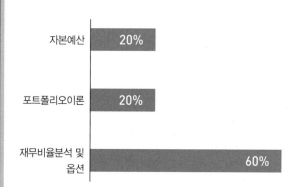

자본예산	20%
포트폴리오이론	20%
재무비율분석 및 옵션	60%

※ 2022년 출제기준

학습 포인트

재무관리는 2022년 군무원 9급에서 3문제, 7급에서 4문제 총 7문제가 출제되었다. 매년 출제율이 비슷한 파트로 다른 파트에 비해 난도가 높은 문제들이 출제되는 경향이 있다.

2022년 시험에서 가장 많이 출제된 챕터는 '재무비율분석 및 옵션'으로, 주요 재무비율의 특성을 묻는 문제뿐 아니라 난도를 높여 관계식을 묻는 문제가 출제되므로 주의하여야 한다. 옵션 유형은 출제율이 낮지만, 고득점을 대비해 암기하면 좋다.

'재무관리의 개념'은 기초 개념을 묻는 등 학습에 큰 어려움이 없으나 '화폐의 시간가치' 유형은 난도가 높고 출제율이 낮다. 하지만 타 직렬 7급에서 출제된 적이 있으므로 7급을 준비하는 수험생은 학습하고 넘어가야 한다.

'자본예산'에서는 화폐의 시간가치를 고려하는가 여부에 따른 투자안 채택 여부를 비교 구분하여 학습해야 한다.

'채권 및 효율적 자본시장'은 전반적으로 어렵지 않게 출제되고 있으며 레버리지 효과를 집중 학습해야 한다.

'포트폴리오이론'에서는 체계적·비체계적 위험이 주로 출제된다. 아직 군무원 시험에서는 기대수익률을 계산하는 문제가 출제된 적이 없지만 공식이 매우 간단하기 때문에 기본서로 짚고 넘어가는 게 좋다.

회독체크

구분	1회독	2회독	3회독
CHAPTER 1 재무관리의 개념	☐	☐	☐
CHAPTER 2 자본예산	☐	☐	☐
CHAPTER 3 채권 및 효율적 자본시장	☐	☐	☐
CHAPTER 4 포트폴리오이론	☐	☐	☐
CHAPTER 5 재무비율분석 및 옵션	☐	☐	☐

☐ 칸에 학습진도를 체크하세요.

1 재무관리의 개념

해설편 p. 038

재무관리의 기초 개념   기출빈도 ★☆☆

01 재무분석에 관한 설명으로 가장 옳지 않은 것은?

                                     21 군무원 9급

① 재무분석은 기업과 관련된 의사결정에 필요한 정보를 제공하기 위하여 설계된 일종의 정보가공 시스템이다.
② 재무분석은 경영자가 내부통제 또는 재무예측을 위하여 기업의 재무상태와 경영성과의 적정성 여부를 검토하는 것을 의미한다.
③ 재무분석을 좁은 의미로 말할 때는 주로 재무비율분석을 지칭한다.
④ 재무분석 시 주로 회계적 자료를 이용한다.

02 다음 중 재무관리자의 역할이 아닌 것은?   21 군무원 9급

① 투자결정
② 자본조달결정
③ 회계처리
④ 배당결정

화폐의 시간가치   기출빈도 ★☆☆

03 다음 중 일정 금액을 투자했을 때 2년 후 6,050만 원을 만들기 위해 투자해야 할 원금으로 옳은 것은? (단, 연이율은 10%이며, 천 원 단위에서 반올림한다)   17 군무원 복원

① 5,050만 원
② 5,000만 원
③ 4,850만 원
④ 4,800만 원

자본예산

해설편 p. 039

자본예산의 기초   기출빈도 ★☆☆

01 다음 〈보기〉 중 간접적 자본 조달 수단으로 옳은 것을 모두 고른 것은?   19 군무원 복원

─── 〈보 기〉 ───

ㄱ 주식 발행   ㄴ 기업어음 발행

ㄷ 은행차입   ㄹ 회사채 발행

① ㄱ, ㄴ

② ㄴ, ㄷ

③ ㄴ, ㄹ

④ ㄷ, ㄹ

순현재가치법(NPV법)   기출빈도 ★★☆

02 순현가(NPV)의 특성으로 옳지 않은 것은?   21 군무원 9급

① 투자안의 모든 현금흐름을 사용한다.

② 모든 개별 투자안들 간의 상호관계를 고려한다.

③ 가치의 가산원칙이 성립한다.

④ 화폐의 시간가치를 고려한다.

03 다음 중 순현가법에 대한 설명 중 옳지 않은 것은?   19 군무원 추가 복원

① 화폐시간가치를 고려한다.

② 모든 현금흐름을 고려한다.

③ 할인율이 필요하다.

④ 매출액을 기준으로 한다.

내부수익률법(IPR법) 및 수익성지수법(PI법)   기출빈도 ★★☆

04 다음 중 자본예산의 의사결정준칙에 대한 설명으로 가장 옳지 않은 것은?   22 군무원 9급

① 회수기간법

② 순현가법

③ 내부수익률법

④ 선입선출법

05 다음 중 투자안 평가방법에 대한 설명으로 가장 옳지 않은 것은?   22 군무원 7급

① 회계적 이익률법은 화폐의 시간적 가치를 고려하지 않는다.

② 회수기간법에서는 원금 회수기간이 목표 회수기간보다 긴 투자안을 선택한다.

③ 내부수익률법에서는 내부수익률(r)이 투자자 요구 수익률보다 큰 투자안을 선택한다.

④ 순현가법에서는 순현가(NPV)가 투자자 요구 수익률보다 큰 투자안을 선택한다.

06 다음 〈보기〉에서 설명하고 있는 것으로 옳은 것은?   17 군무원 복원

─── 〈보 기〉 ───

어떤 사업에 대해 사업기간 동안의 현금수익 흐름을 현재가치로 환산하여 합한 값이 투자지출과 같아지도록 할인하는 이자율을 말한다.

① 평균이익률

② 내부수익률

③ 순현재가치

④ 수익성지수

3 채권 및 효율적 자본시장

해설편 p. 041

채권   기출빈도 ★☆☆

01 부채를 통하여 자금을 조달받는 경우에 해당하는 설명으로 옳지 않은 것은?   20 군무원 복원

① 부채 조달 시 소유권을 포기하지 않게 된다.
② 부채 조달 시 기업의 현금 흐름이 나빠질 수 있다.
③ 채권에 대한 이자 지급은 법인세 상승을 가져온다.
④ 이율이 낮아지면 대출의 기회비용이 낮아진다.

02 다음 중 채권에 대한 설명으로 옳지 않은 것은?

19 군무원 추가 복원

① 채권이란 회사에서 발행하는 유가증권으로 일정한 이자의 지급을 예정하여 발행하는 타인자본이다.
② 채권은 주식과는 다르게 만기가 정해져 있다.
③ 채권의 발행기관은 정부와 지자체, 특수법인 등이 있다.
④ 영구채권(Perpetual Bond)은 일정한 기간 동안 이자만 지급하는 채권으로 만기가 도래했을 때 이자와 원금을 모두 지급해야 하는 채권이다.

효율적 자본시장   기출빈도 ★☆☆

03 타인자본비율에 따라 기업의 수익에 차이가 발생하는 현상을 의미하는 용어로 가장 적절한 것은?   21 군무원 9급

① 레버리지 효과
② 가중 효과
③ 톱니바퀴 효과
④ 비례 효과

04 다음 중 적대적 M&A 수단으로 옳지 않은 것은?

19 군무원 복원

① 위임장경쟁
② 공개시장매수
③ 주식공개매수
④ 역매수 제의

---

4 포트폴리오이론

해설편 p. 042

체계적 위험과 비체계적 위험　　　기출빈도 ★★☆

01 다음 중 유가증권이나 투자안의 위험(Risk) 중 특정기업에만 해당하는 수익률변동성(위험)으로 가장 옳은 것은?

　　　　　　　　　　　　　　　　　　22 군무원 9급

① 포트폴리오 효과
② 체계적 위험
③ 변동계수
④ 비체계적 위험

---

03 포트폴리오를 통한 분산투자에 대한 설명으로 틀린 것은?

　　　　　　　　　　　　　　　　　　20 군무원 복원

① 상관계수가 1일 때 위험 분산 효과가 크다.
② 여러 종목에 투자할수록 위험이 낮아진다.
③ 체계적 위험(Systematic Risk)이란 분산투자로 제거되지 않는 위험을 뜻한다.
④ 종업원 파업, 법적 문제는 비체계적 위험(Unsystematic Risk)에 속한다.

---

02 다음 중 분산투자를 함으로써 제거할 수 있는 비체계적 위험으로 옳은 것은?　　　　　　22 군무원 7급

① 기업의 노사분규나 소송발생 등과 같은 요인에서 발생하는 위험
② 이자율과 같은 금리 인상 요인에서 발생하는 위험
③ 물가 상승 요인에 의해 발생하는 위험
④ 정부의 경기 정책에 의해 발생하는 위험

5 재무비율분석 및 옵션

해설편 p. 043

해설편 p. 043

주요 재무비율   기출빈도 ★★★

01 다음 중에서 안전성비율로 옳지 않은 것은?   22 군무원 9급

① 부채비율
② 유동비율
③ 당좌비율
④ 자본이익률

02 다음 중 기업의 장기 채무 지급능력인 레버리지비율에 대한 설명으로 가장 옳지 않은 것은?   22 군무원 7급

① 부채비율은 타인자본 의존도를 나타나며, 타인자본을 총자산으로 나누어 계산한다.
② 자기자본비율(Capital Adequacy Ratio)이란 총자산 중에서 자기자본이 차지하는 비율을 의미한다.
③ 비유동비율은 비유동자산의 자기자본에 대한 비율로서 자기자본이 자금의 회전율이 낮은 비유동자산에 얼마나 투자되어 있는가의 정도를 나타낸다.
④ 이자보상비율은 영업이익을 이자비용으로 나눈 값으로 기업이 경영을 통해 벌어들인 영업이익으로부터 이자를 얼마나 갚을 수 있는지 측정하는 지표이다.

03 다음 중 주가수익비율(PER)에 대한 설명으로 가장 옳지 않은 것은?   22 군무원 7급

① 주가수익비율(PER)은 주가를 주당순이익(EPS)으로 나눈 값을 의미한다.
② 기업의 이익 대비 주가가 몇 배인가를 의미하며, 상대 가치평가에 사용된다.
③ 당기순이익이 증가하면 PER는 작아지게 된다.
④ PER가 높을수록 투자원금을 더욱 빨리 회수할 수 있다는 것이고 투자수익율이 높다.

04 재무비율 용어와 분류내용을 올바르게 짝 지은 것은?   20 군무원 복원

재무비율		분류내용	
수익성비율	활동성비율	당좌비율	부채비율
유동성비율	레버리지비율	투자수익률	재고회전율

① 레버리지비율 – 부채비율
② 수익성비율 – 재고회전율
③ 활동성비율 – 당좌비율
④ 유동성비율 – 투자수익률

05 다음 중 재무비율이 높아질 때, 개선되는 것으로 옳지 않은 것은?   19 군무원 추가 복원

① 부채비율
② 총자본순이익률
③ 매출액순이익률
④ 이자보상비율

06 다음 중 자산의 효율적 활용도를 알 수 있는 것으로 옳은 것은? 19 군무원 복원

① 수익성비율
② 유동성비율
③ 활동성비율
④ 안전성비율

07 다음 중 재무제표에 대한 설명으로 옳은 것으로만 묶인 것은? 18 군무원 복원

> ㉠ 부채비율$=\dfrac{\text{유동부채}+\text{비유동부채}}{\text{자기자본}}$
>
> ㉡ 자기자본비율$=\dfrac{\text{자본}}{\text{총부채}}$
>
> ㉢ 총자산회전율$=\dfrac{\text{매출액}}{\text{평균총자산}}$
>
> ㉣ 주당순이익$=\dfrac{\text{당기순이익}}{\text{주식수}}$
>
> ㉤ 주가수익률$=\dfrac{\text{우선주 1주당 주가}}{\text{주당순이익}}$

① ㉠, ㉢, ㉣
② ㉠, ㉢, ㉤
③ ㉡, ㉢, ㉤
④ ㉡, ㉣, ㉤

08 투자안 평가를 위한 실물옵션 접근법과 순현재가치법의 차이에 대한 설명으로 옳은 것은? 21 군무원 7급

① 실물옵션 접근법에서는 불확실성, 순현재가치법에서는 위험의 개념을 사용한다.
② 실물옵션 접근법에서는 확장옵션, 순현재가치법에서는 포기옵션에 초점을 맞춘다.
③ 실물옵션 접근법에서는 현금흐름이 고정되어 있지 않다고 가정하지만 순현재가치법에서는 현금흐름이 고정되어 있다고 가정한다.
④ 실물옵션 접근법에서는 만기가 고정되어 있지 않다고 가정하지만 순현재가치법에서는 만기가 고정되어 있다고 가정한다.

09 다음 중 파생상품에 대한 설명으로 옳지 않은 것은? 19 군무원 추가 복원

① 콜옵션은 사는 것을 의미하고, 풋옵션은 파는 것을 의미 한다.
② 미국형은 만기에만 결제가 가능하고 유럽형은 언제든지 결제가 가능하다.
③ 선물, 옵션 스왑계약은 대표적인 파생상품에 해당한다.
④ 파생상품은 거래 장소에 따라 장내거래와 장외거래로 구분된다.

PART 6
생산관리

챕터별 출제 비중

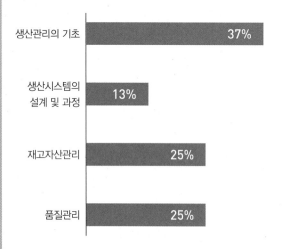

생산관리의 기초 — 37%

생산시스템의
설계 및 과정 — 13%

재고자산관리 — 25%

품질관리 — 25%

※ 2022년 출제기준

학습 포인트

생산관리는 2022년 군무원 9급에서 4문제, 7급에서 4문제 총 8문제가 출제되었다. 2022년 9·7급에서 비교적 많이 출제된 파트로 각 챕터가 유기적으로 연결되어 있음을 생각하며 학습하여야 한다.

'생산관리의 기초'에서 핵심 유형은 수요예측의 질적·양적 방법으로 비교·암기하여야 하고 더 나아가 지수평활법 공식 만큼은 기억해야 한다.

'생산시스템의 설계 및 과정'은 9급에서 생산시스템의 전반적인 과정을 간단하게 묻는 문제가 난도 있게 출제되었고, 생산능력과 총괄생산계획이 7급에서 출제되었기 때문에 기출된 문제는 학습하고 넘어가야 한다.

'재고자산관리'에서는 다양한 재고관련 비용의 특징뿐 아니라 해당되는 비용의 예시를 숙지하고 넘어가야 한다.

'자재소요계획 및 적시생산시스템'에서는 둘을 비교하는 문제가 출제 포인트로, 학습에 큰 어려움이 없는 파트이다.

'품질관리'에서는 비교적 신유형의 문제가 2년간 반복 출제되고 있기 때문에 추후에는 심화된 내용이 출제될 것으로 예상된다.

CHAPTER 1	생산관리의 기초
CHAPTER 2	생산시스템의 설계 및 과정
CHAPTER 3	재고자산관리
CHAPTER 4	자재소요계획 및 적시생산시스템
CHAPTER 5	품질관리

회독체크

구분	1회독	2회독	3회독
CHAPTER 1 생산관리의 기초	☐	☐	☐
CHAPTER 2 생산시스템의 설계 및 과정	☐	☐	☐
CHAPTER 3 재고자산관리	☐	☐	☐
CHAPTER 4 자재소요계획 및 적시생산시스템	☐	☐	☐
CHAPTER 5 품질관리	☐	☐	☐

☐ 칸에 학습진도를 체크하세요.

1 생산관리의 기초

해설편 p. 046

생산관리의 목표   기출빈도 ★☆☆

01 다음 중에서 생산관리의 목적으로 가장 옳지 않은 것은?

22 군무원 9급

① 원가절감
② 최고의 품질
③ 유연성 확보
④ 촉진강화

---

03 다음 중 수요예측기법에 대한 설명으로 가장 옳지 않은 것은?

22 군무원 7급

① 주관적 모형의 델파이기법은 주어진 분야의 전문가들에게 반복적인 질의와 응답을 통한 합의를 도출한다.
② 일반적으로 예측기간은 주관적 모형에서 인과형 모형, 그리고 시계열 모형을 이동함에 따라 점점 짧아진다.
③ 주관적 모형의 상호영향분석 기법은 미래의 사건이 이전 사건의 발생과 관련이 있다고 가정하고 미래사건의 발생가능성을 추정한다.
④ 주관적 모형의 역사적 유추법은 독립변수와 종속변수 간의 관계를 파악하여 수요를 예측한다.

---

04 다음 중 수요예측에 대한 설명 중 옳지 않은 것은?

19 군무원 추가 복원

① 수요예측의 대상이 되는 수요는 독립수요이다.
② 주문생산에서 수요예측은 중요시된다.
③ 수요예측기법의 평가기준에는 정확성, 간편성, 충실성 등이 있다.
④ 수요예측을 할 때 우연변동은 고려대상이 아니다.

수요예측의 질적·양적 방법   기출빈도 ★★☆

02 다음 중 시계열분석기법에 속하는 수요예측방법과 가장 옳지 않은 것은?

22 군무원 9급

① 델파이법
② 이동평균법
③ 지수평활법
④ 추세분석법

---

05 어떤 제품의 실제수요는 110만 대이고 예측수요가 100만 대이다. 지수평활계수가 0.6일 때 올해 예측수요로 옳은 것은?

19 군무원 추가 복원

① 104만 대
② 106만 대
③ 96만 대
④ 94만 대

2 생산시스템의 설계 및 과정

해설편 p. 047

제품설계	기출빈도 ★★☆

01 다음 제품설계와 관련된 내용에서 (   )에 해당하는 설명으로 가장 옳은 것은?

22 군무원 7급

> ㉠ (   )은(는) 원가를 올리지 않으면서 제품의 유용성을 향상시키거나 또는 제품의 유용성을 감소시키지 않으면서 원가를 절감하는 방법이다.
> ㉡ (   )은(는) 제품의 다양성은 높이면서도 동시에 제품생산에 사용되는 구성품의 다양성은 낮추는 제품설계 방법이다.
> ㉢ (   )은(는) 제품의 성능특성이 제조 및 사용 환경의 변화에 영향을 덜 받도록 제품을 설계하는 방법이다.
> ㉣ (   )은(는) 마케팅, 생산, 엔지니어링 등 신제품 관련 부서와 경우에 따라서는 외부 공급자까지 참여시켜 제품을 설계하는 방법이다.

① ㉠ 가치분석, ㉡ 모듈러 설계, ㉢ 로버스트 설계, ㉣ 동시공학

② ㉠ 로버스트 설계, ㉡ 모듈러 설계, ㉢ 가치분석, ㉣ 동시공학

③ ㉠ 동시공학, ㉡ 가치분석, ㉢ 모듈러 설계, ㉣ 로버스트 설계

④ ㉠ 동시공학, ㉡ 로버스트 설계, ㉢ 가치분석, ㉣ 모듈러 설계

02 제품설계의 방법에 대한 설명으로 가장 옳지 않은 것은?

21 군무원 7급

① 최종제품 설계는 기능설계, 형태설계, 생산설계로 구분하며 그중 형태설계는 제품의 모양, 색깔, 크기 등과 같은 외형과 관련된 설계이다.

② 가치분석(Value Analysis)은 불필요하게 원가를 유발하는 요소를 제거하고자 하는 방법을 의미한다.

③ 동시공학(Concurrent Engineering)은 제품개발 속도를 줄이기 위해 각 분야의 전문가들이 기능식 팀(Functional Team)을 구성하고 모든 업무를 각자 동시에 진행하는 제품개발 방식이다.

④ 품질기능전개(QFD)는 품질개선의 방법으로 표준화된 의사소통을 통해 고객의 요구를 각 단계에서 전달하는 기법으로 시행착오를 줄이는 데 그 목적이 있다.

03 생산시스템 설계과정에 해당하지 않는 것은?   21 군무원 9급

① 생산입지선정
② 자원계획
③ 설비배치
④ 제품설계

04 생산능력(Capacity)에 대한 설명으로 가장 옳지 않은 것은?

21 군무원 7급

① 규모의 경제(Economic of Scale)는 생산량이 고정비를 흡수하게 됨으로써 단위당 고정비용이 감소하는 것을 의미한다.
② 실제생산능력(Actual Output Rate)은 생산시스템이 실제로 달성하는 산출량이다.
③ 병목(Bottleneck)을 고려한 정상적인 조건하에서 보여지는 산출량은 유효생산능력(Effective Capacity)이다.
④ 생산능력 이용률(Capacity Utilization)은 설계생산능력(Design Capacity)이 커지면 함께 증가한다.

05 다음 중 총괄생산계획에서 고려하지 않는 비용으로 옳은 것은?   21 군무원 7급

① 채용과 해고비용
② 재고유지비용
③ 초과근무비용
④ 생산입지 선정비용

3 재고자산관리

해설편 p. 049

재고관련비용   기출빈도 ★★☆

01 다음 중 재고관련비용의 유형에 대한 설명으로 가장 옳지 않은 것은?   22 군무원 9급

① 품목비용: 재고품목 그 자체의 구매비용 또는 생산비용
② 주문비용: 재고품목을 외부에 주문할 때 발생하는 경비와 관리비
③ 재고유지비용: 한 번의 조업을 위한 생산설비의 가동 준비에 소요되는 비용
④ 재고부족비용: 재고가 소진된 후 보충될 때까지 기다리는 과정에서 발생하는 비용

02 재고비용에 대한 설명으로 옳지 않는 것은?   20 군무원 복원

① 재고비용은 창고비용을 포함하지 않는다.
② 생산라인 가동을 준비하는 비용을 준비비용이라고 한다.
③ 재고비용은 재고부족과 관련된 비용도 포함한다.
④ 재고량을 조사하는 데 소요하는 비용은 재고비용에 포함된다.

03 다음 중 재고비용으로 옳지 않은 것은?   19 군무원 추가 복원

① 자본의 기회비용
② 창고유지비용
③ 진부화비용
④ 매출손실비용

재고관리모형   기출빈도 ★☆☆

04 다음 중 재고(Inventory) 및 재고관리에 대한 설명으로 가장 옳지 않은 항목은?   22 군무원 7급

① 재고는 제품의 생산이나 고객 수요의 충족을 위해 보유하고 있는 자재이며, 완제품, 재공품, 각종 원자재 등이 포함된다.
② 재고관련비용 중에서 추후납품비용이나 품절비용은 재고부족비용에 해당된다.
③ 경제적 주문량 모형은 연간 주문비용 및 연간 재고유지비용 등의 연간 총비용을 최소화하는 주문량을 산출한다.
④ 일반적으로 고정주문량 모형은 정기주문모형보다 더 많은 안전재고를 요구한다.

4 자재소요계획 및 적시생산시스템

해설편 p. 050

자재소요계획(MRP)   기출빈도 ★★☆

01 자재소요계획(MRP)의 구성요소가 아닌 것은? 20 군무원 복원

① 자재명세서(BOM)
② 재고기록철(IR)
③ 주일정계획(MPS)
④ 생산능력소요계획(CRP)

02 다음 중 자재소요계획(MRP)의 구성요소로 옳지 않은 것은?

19 군무원 추가 복원

① 기준생산계획(MPS)
② 자재명세서(BOM)
③ 재고기록(IR)
④ 작업일정계획(OP)

적시생산시스템(JIT System)   기출빈도 ★★☆

03 JIT(Just-In Time) 생산시스템의 특징에 해당하지 않는 것은? 21 군무원 9급

① 적시구매
② 소로트의 반복생산
③ 안전재고의 저장
④ 다기능공의 존재

04 다음 중 적시생산시스템(JIT)과 자재소요계획(MRP)의 차이에 대한 설명으로 옳지 않은 것은? 19 군무원 복원

① JIT는 푸시(Push)시스템, MRP는 풀(Pull)시스템이다.
② JIT의 재고는 부채, MRP의 재고는 자산이다.
③ JIT는 무결점을, MRP는 소량의 결점을 인정한다.
④ JIT는 일본의 도요타 자동차에서 개발한 기법이다.

5 품질관리

해설편 p. 051

---

01 다음 중 서비스 품질의 5가지 차원에 대한 설명으로 가장 옳은 항목은?　　　　　　　　22 군무원 7급

① 신뢰성(Reliability)은 고객에 대한 배려와 개별적인 관심을 보일 준비자세를 의미한다.

② 공감성(Empathy)은 약속한 서비스를 정확하게 수행할 수 있는 능력을 의미한다.

③ 대응성(Responsiveness)은 고객을 돕고 신속한 서비스를 제공하겠다는 의지를 의미한다.

④ 확신성(Assurance)은 물리적인 시설이나 설비, 직원 등 외형적인 수단을 의미한다.

02 생산전략과 경쟁우선순위에 대한 설명으로 가장 옳지 않은 것은?　　　　　　　　21 군무원 7급

① 품질(Quality)경쟁력은 산출된 제품과 설계된 사양의 일치정도인 설계품질(Quality of Design)의 측면으로 생각해 볼 수 있다.

② 유연성(Flexibility)경쟁력은 제품 수량의 유연성과 고객화의 2가지 측면으로 구분할 수 있으며, 고객이 원하는 시점에 제품을 전달하는 능력은 적시인도(On-Time Delivery)를 의미한다.

③ 경쟁우선순위의 상충모형에서는 품질(Quality)은 원가(Cost)와 상충되며 신뢰성(Reliability)은 유연성(Flexibility)과 상충되는 관계를 가진다.

④ 라인흐름전략(Product-Focused Strategy)은 저원가에 대한 강조를 중요시 여기며 대량의 표준화된 제품을 만들기 위한 전략이다.

03 다음 중 가빈의 8가지 품질에 대한 설명으로 옳지 않은 것은?　　　　　　　　19 군무원 추가 복원

① 성능 – 제품이 가지고 있는 운영적 특성

② 특징 – 제품이 가지고 있는 기능을 보충하는 보조적인 차이

③ 적합성 – 제품이 정해진 규격에 맞는 정도

④ 신뢰성 – 소비자가 받아들이는 제품에 대한 만족도

04 다음 중 전통적 품질관리(QC)와 전사적 품질경영(TQC)에 대한 비교가 가장 옳지 않은 것은?　　22 군무원 9급

	구분	품질관리 (QC)	전사적 품질경영 (TQC)
가	대상	제조부문 위주	기업 내 전 부문
나		모든 업종에 적용됨	제조업 중심
다	목표	생산관리면에 국한 (불량률 감소, 원가절감, 품질의 균일화 등)	기술혁신, 불량예방, 원가절감 등을 통한 총체적 생산성 향상 및 고객만족
라	성격	생산현장에 정통한 품질관리 담당자 중심의 통제	생산직, 관리자, 최고경영자까지 전사적으로 참여

① 가　　　　　　　　② 나

③ 다　　　　　　　　④ 라

05 품질경영에 관한 설명으로 가장 옳은 것은?　21군무원9급

① 지속적 개선을 위한 도구로 데밍(E. Deming)은 PDAC (Plan-Do-Act-Check) 싸이클을 제시하였다.

② 싱고 시스템은 통계적 품질관리 기법을 일본식 용어로 표현한 것이다.

③ 품질과 관련하여 발생하는 비용은 크게 예방 및 검사 등 사전조치에 관련된 비용과 불량이 발생한 이후의 사후조치에 관련된 비용으로 분류해 볼 수 있다.

④ 품질의 집 구축과정은 기대품질과 지각품질의 차이를 측정하고 차이분석을 하는 작업이다.

06 서비스 품질측정 도구인 SERVQUAL과 종합적 품질경영인 TQM에 대한 설명으로 가장 옳지 않은 것은?　21군무원7급

① SERVQUAL은 기대 서비스와 인지된 서비스 차이를 통해 고객만족을 조사하기 위한 도구이다.

② SERVQUAL의 서비스 품질을 판단하는 차원에는 신뢰성(Reliability), 보증성(Assurance), 유형성(Tangible), 공감성(Empathy), 반응성(Responsiveness)이 있다.

③ TQM에서 '원천에서의 품질관리(Quality at the Source)'의 의미는 제품의 원재료 품질이 중요하므로 납품업체의 품질관리에 힘쓰라는 것을 의미한다.

④ TQM은 경영시스템으로 최고경영자의 장기적인 열의가 필요하고 지속적인 개선을 통해 종업원들이 주인의식을 가져야 한다.

07 식스 시그마와 관련된 내용으로 옳지 않은 것은?

21군무원9급

① 매우 높은 품질을 확보하기 위한 혁신활동이다.

② 백만 개 중에 8개 정도의 불량만을 허용하는 수준이다.

③ 시그마는 정규분포에서의 표준편차를 의미한다.

④ 모토로라가 시작해서 GE에 의해 널리 알려졌다.

행운이란 100%의 노력 뒤에 남는 것이다.

– 랭스턴 콜먼 –

PART 7

인사관리

챕터별 출제 비중

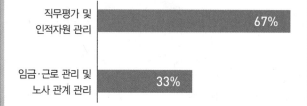

직무평가 및
인적자원 관리 — 67%

임금·근로 관리 및
노사 관계 관리 — 33%

※ 2022년 출제기준

학습 포인트

인사관리는 2022년 군무원 7급에서만 총 3문제가 출제되었다. 올해 9급 시험에서는 한 문제도 출제되지 않았기 때문에 내년 시험에는 최소 1문제 정도 출제될 가능성이 있다.

'직무평가 및 인적자원 관리'에서는 OJT와 비교해서 Off-JIT를 기본서를 통해 비교 학습해야 하고, 타 직렬에서 직무평가 방법은 빈출 영역이므로 반드시 암기해야 한다.

'임금·근로 관리 및 노사 관계 관리'에서 눈에 띄는 유형은 노동조합 가입 방법과 단체교섭제도이다. 과거에 해당 영역의 정의를 묻는 문제가 간단한게 출제되었기 때문에 추후에는 제도와 기본 권리를 상세하게 물어볼 가능성이 높다.

CHAPTER 1 직무평가 및 인적자원 관리
CHAPTER 2 임금 · 근로 관리 및 노사 관계 관리

회독체크

구분	1회독	2회독	3회독
CHAPTER 1 직무평가 및 인적자원 관리	☐	☐	☐
CHAPTER 2 임금 · 근로 관리 및 노사 관계 관리	☐	☐	☐

☐ 칸에 학습진도를 체크하세요.

1 직무평가 및 인적자원 관리

해설편 p. 054

직무평가 방법　　　　　　　　　　기출빈도 ★☆☆

01 다음 직무평가(Job Evaluation)의 방법 중에서 점수법에 대한 설명으로 가장 옳은 것은?　　22 군무원 7급

① 평가자가 포괄적인 지식을 사용하여 직무전체를 서로 비교해서 순위를 결정한다.

② 직무를 여러 평가요소로 분리하여 그 평가요소에 가중치(중요도) 및 일정 점수를 배분한 뒤, 각 직무의 가치를 점수로 환산하여 상대적 가치를 평가하는 방법이다.

③ 사전에 직무에 대한 등급을 미리 정해 놓고 각 등급을 설명하는 서술을 준비한 다음, 각 직무가 어느 등급에 속하는지 분류하는 방법이다.

④ 여러 직무들을 전체적으로 비교하여 직무들 간의 서열을 결정하고, 기준직무의 내용이 변하면 전체 직무를 다시 재평가한다.

선발도구의 평가　　　　　　　　　기출빈도 ★☆☆

03 다음 중 신뢰성 검사방식에 대한 설명으로 옳지 않은 것은?　　18 군무원 복원

① 실시-재실시 검사는 동일한 대상에게 동일한 시험을 시간을 두고 재실시하는 방법이다.

② 양분법은 하나의 검사를 양쪽으로 나누어 측정하는 방법이다.

③ 대체형식법은 같은 시험을 다시 실시하는 방법이다.

④ 복수양식법은 대등한 2개 이상의 측정도구로 동일한 대상을 검사하는 방법이다.

인력계획　　　　　　　　　　　　　기출빈도 ★☆☆

02 다음 중 인력 자원 예측 접근법에 대한 설명으로 옳지 않은 것은?　　18 군무원 복원

① 하향적 접근법은 주로 인력수요를 예측하는 데 있어 상위계층의 주도하에 수요를 예측하는 것이다.

② 인적 자원의 조절은 인력의 수급이 일치하지 않을 때 수요 및 공급이 시행된다.

③ 델파이기법은 회귀식을 만들어낸다.

④ 마코브 분석은 공급량을 예측하는 기법이다.

교육훈련　　　　　　　　　　　　　기출빈도 ★☆☆

04 직장 내 교육훈련(OJT)에 관한 설명으로 가장 옳지 않은 것은?　　21 군무원 9급

① 교육훈련 프로그램 설계 시 가장 먼저 해야 할 것은 필요성 분석이다.

② 직장상사와의 관계를 돈독하게 만들 수 있다.

③ 교육훈련이 현실적이고 실제적이다.

④ 많은 종업원들에게 통일된 훈련을 시킬 수 있다.

05 행위기준고과법(BARS)에 대한 설명이 아닌 것은?

20 군무원 복원

① 주요사건 서술법과 평정척도법을 결합한 평가법이다.

② 비교적 개발이 간단하고 적은 시간과 비용이 투입되기 때문에 실무에 많이 적용된다.

③ 피고과자 행위의 지속적인 관찰이 곤란하다.

④ 척도개발과정에 주관성 개입의 여지가 있다.

06 다음 중 인사평가의 신뢰성을 떨어뜨릴 수 있는 오류에 대한 설명으로 가장 옳지 않은 항목은?   22 군무원 7급

① 연공오류는 피평가자가 가지고 있는 연공적 속성인 연령, 학력, 근속년수가 평가에 영향을 미치는 경우이다.

② 후광효과는 평가자와 피평가자 간의 가치관, 행동패턴 그리고 태도 면에서 유사한 정도에 따라 평가결과가 영향을 받는 경우이다.

③ 대비오류는 평가자가 여러 명을 평가할 때 우수한 피평가자 다음에 평가되는 경우 실제보다 낮게 평가하고 낮은 수준의 피평가자 다음에는 높게 평가하는 경우를 말한다.

④ 자존적편견은 자신의 자기존중감이 위협받는 상황에 처하면, 자기 존중감을 높이고 유지하려는 경우를 말한다.

07 다음 중 고과자가 피고과자를 평가할 때 다른 피고과자나 고과자 자신과 비교하여 평가함으로써 나타나는 오류로 옳은 것은?   18 군무원 복원

① 대비효과

② 시간오류

③ 투사효과

④ 후광효과

2 임금·근로 관리 및 노사 관계 관리

해설편 p. 056

임금 체계 및 임금 형태의 관리   기출빈도 ★☆☆

01 다음 중 임금배분의 기준에 대한 설명으로 가장 옳은 것은?

22 군무원 7급

① 직무급은 종업원이 달성한 성과의 크기를 기준으로 임금액을 결정하는 제도이다.

② 직능급은 종업원이 보유하고 있는 직무수행능력을 기준으로 임금을 결정하는 제도이다.

③ 연공급은 해당기업에 존재하는 직무들을 평가하여 상대적인 가치에 따라 임금을 결정하는 제도이다.

④ 성과급은 종업원의 근속년수를 기준으로 임금을 차별화하는 제도이다.

03 다음 중 성과급의 특징에 대한 설명으로 옳지 않은 것은?

19 군무원 복원

① 집단성과급에는 스캔론플랜, 럭커플랜, 임프로쉐어플랜이 있다.

② 노동자에게 동기부여를 주고, 공평성과 합리성을 준다.

③ 작업량에만 치중하여 제품의 품질 저하를 초래할 우려가 있다.

④ 기본급이 고정되어 있어서 계산이 쉽다.

02 다음 중 집단성과급을 도입함으로써 기대할 수 있는 장점으로 옳은 것은?

19 군무원 추가 복원

① 표준작업량과 표준작업시간 등의 설정에 있어 노사 간의 갈등을 줄일 수 있다.

② 기업이 적정한 생산량을 유지하는 데 있어 감독비용을 줄일 수 있다.

③ 집단의 응집성을 완화할 수 있다.

④ 업무 프로세스가 측정 가능해 개인별 성과 측정이 용이하다.

근로시간 관리   기출빈도 ★☆☆

04 다음 설명 중 옳지 않은 것은?

18 군무원 복원

① 탄력근무제는 회사 측의 요구로 실시될 수 있으며 회사의 상황이 급할 때 유용하다.

② 유연시간근무제는 워크숍, 회의시간 등의 일정관리 조정이 용이하다.

③ 선택시간제는 회의시간의 일정을 맞추기가 힘들다.

④ 교대근무제는 생활패턴이 망가질 수 있다.

05 다음 중 노조가입의 유무와 상관없이 조합원과 비조합원 중 임의로 채용 가능한 제도로 옳은 것은?   18 군무원 복원

① 오픈 숍

② 클로즈드 숍

③ 유니온 숍

④ 에이전시 숍

06 헌법이 보장하고 있는 노동자의 3가지 기본 권리에 해당하지 않는 것은?   21 군무원 9급

① 단결권

② 단체협의권

③ 단체교섭권

④ 단체행동권

PART 7

인사관리

PART 8

경영정보시스템

챕터별 출제 비중

경영정보시스템 및
e비즈니스 시스템 모델 ████████████████████ 100%

※ 2022년 출제기준

학습 포인트

경영정보시스템은 2022년 군무원 9급에서 2문제, 7급에서 1문제 총 3문제가 출제되었다. 매년 출제율은 적으나 결코 쉬운 파트가 아니다.

'e비즈니스 시스템 모델'에서는 균형성과표 시스템과 공급사슬관리 시스템 유형의 기출 빈도가 제일 높기 때문에 절대 틀리면 안 된다.

CHAPTER 1 경영정보시스템 및 e비즈니스 시스템 모델

회독체크

구분	1회독	2회독	3회독
CHAPTER 1 경영정보시스템 및 e비즈니스 시스템 모델	☐	☐	☐

☐ 칸에 학습진도를 체크하세요.

경영정보시스템 및 e비즈니스 시스템 모델

해설편 p. 060

경영정보시스템의 기초 개념	기출빈도 ★☆☆

01 다음 중 소프트웨어 개발 시 관리방법에 대한 설명으로 옳지 않은 것은?　18 군무원 복원

① 폭포수이론은 자원을 순차적으로 배분하는 관리방법이다.
② 애자일이론은 반복 · 점진적 방식을 통해 지속적으로 요구사항 개발과 변경을 수용한다.
③ 폭포수이론은 유연성이 높고 비용이 적게 든다.
④ 애자일이론은 이터레이션이라는 일정 기간 단위를 반복한다.

경영정보시스템의 관리지원	기출빈도 ★☆☆

02 다음 중 의사결정지원시스템에 대한 설명 중 옳지 않은 것은?　19 군무원 추가 복원

① 관련성 있는 데이터를 포함하고 있는 데이터 베이스에 접근을 용이하게 해주는 기능을 수행한다.
② 구조적인 의사결정에만 쓰인다.
③ 의사결정지원시스템을 통한 효과적인 문제해결은 사용자와 시스템 간의 대화를 통해 향상된다.
④ 기업경영에 당면하는 여러 가지 문제를 해결하기 위해 복수의 대안을 개발하고 비교 평가하여 최적안을 선택하도록 하는 시스템이다.

전사적 자원관리 시스템(ERP)	기출빈도 ★☆☆

03 전사적 자원관리(ERP)의 장점으로 가장 옳지 않은 것은?　21 군무원 9급

① 경영자원의 통합적 관리
② 자원의 생산성 극대화
③ 차별화된 현지 생산
④ 즉각적인 의사결정 지원

균형성과표 시스템(BSC)	기출빈도 ★★★

04 다음 중 균형성과표(BSC)의 4가지 관점에 해당하지 않는 것은?　22 군무원 9급

① 학습과 성장 관점
② 내부 비즈니스 프로세스 관점
③ 경쟁자 관점
④ 재무적 관점

05 전략의 통제 기법인 균형성과표(BSC)와 경영혁신 기법에 관련된 설명으로 가장 옳지 않은 것은? 21 군무원 7급

① 균형성과표에서는 주주와 고객을 위한 외부적 측정치와 내부프로세스인 학습과 성장의 균형이 필요하다.

② 시간기반경쟁(Time Based Competition)은 고객이 원하는 재화와 서비스를 가장 빨리, 그리고 적당한 시점에 제공하는 활동을 의미한다.

③ 노나카 이쿠지로(Nonaka Ikuziro)의 지식경영에서는 지식을 형식지와 암묵지로 구분했으며, 암묵지는 지식 전파속도가 늦은 반면에 형식지는 전파속도가 빠르다.

④ 전략적 제휴(Strategic Alliance)에서는 경쟁이 무의미하기 때문에 차별화와 저비용을 동시에 추구하도록 전략을 구성한다.

06 균형성과표(BSC)에서 고려하지 않는 관점은? 20 군무원 복원

① 고객 관점

② 경영전략 관점

③ 재무 관점

④ 학습 및 성장 관점

07 다음 중 균형성과표(BSC)의 구성요소로 옳지 않은 것은?
17 군무원 복원

① 학습과 성장 관점

② 내부 프로세스 관점

③ 고객 관점

④ 환경 관점

08 다음 중 공급사슬관리(SCM; Supply Chain Management)의 기대효과에 해당하지 않는 것은? 22 군무원 9급

① 거래 비용의 절감

② 채찍효과(Bullwhip Effect)의 증폭

③ 거래의 오류 감소

④ 정보 전달과 처리의 편의성 증대

09 다음 중 공급사슬관리의 개념과 내용에 대한 설명으로 가장 옳지 않은 항목은? 22 군무원 7급

① 공급사슬관리는 기업 내 변환과정과 유통망을 거쳐 최종 고객에 이르기까지 자재, 서비스 및 정보의 흐름을 전체 시스템에서 설계하고 관리하는 것이다.

② 채찍효과란 최종 소비자의 수요 변동에 따라 공급사슬의 상류에 있는 주체로 갈수록 하류에 있는 주체로부터 주문을 받는 양의 변동성이 더 커지는 현상을 말한다.

③ 공급사슬의 성과는 총공급사슬원가, 정시납품비율, 재고충족률 등 원가, 품질, 납품, 유연성 및 시간의 측면에서 측정할 수 있다.

④ 공급사슬의 주체들 간 상호작용을 감소시킴으로써 어느 한 주체의 의사결정이 나머지 다른 주체에 영향을 미치지 않는다.

PART 8 경영정보시스템

10 공급사슬관리에 대한 설명으로 가장 옳지 않은 것은?

21 군무원 7급

① 채찍효과(Bullwhip Effect)는 수요변동의 폭이 도매점, 소매점, 제조사, 공급자의 순으로 점점 커지는 것을 의미한다.

② 지연차별화(Delayed Differentiation)의 개념은 제품의 차별화가 지연되면 고객의 불만족을 야기하므로 초기에 차별화된 제품 및 서비스를 개발 및 제공하자는 것이다.

③ 신속반응시스템(Quick Response System)을 갖추기 위해서는 POS(Point Of Sale)나 EDI(Electronic Data Interchange)와 같이 정보를 신속하게 획득, 공유할 수 있는 프로그램이 필요하다.

④ 판매자가 수송된 상품을 입고시키지 않고 물류센터에서 파레트 단위로 바꾸어 소매업자에게 배송하는 것을 크로스 도킹(Cross Docking)이라고 한다.

11 다음 〈보기〉에서 설명하고 있는 것으로 옳은 것은?

17 군무원 복원

─── 〈보 기〉 ───

공급자로부터 최종소비고객에게 제품 및 서비스가 도달하기까지의 전체 시스템을 최적화하여 관리하는 작업흐름으로서 채찍효과를 보완하기 위해 등장하였다.

① SCM
② ERM
③ 6시그마
④ JIT

우리 인생의 가장 큰 영광은
결코 넘어지지 않는 데 있는 것이 아니라
넘어질 때마다 일어서는 데 있다.

– 넬슨 만델라 –

PART 9

계량의사결정론 &
국제경영과 국제경제

챕터별 출제 비중

계량의사결정론 &
국제경영과 국제경제 ███████████ 100%

※ 2022년 출제기준

학습 포인트

2022년 군무원 9급 시험에서 국제경영과 국제경제를 묻는 문제가 1문제 출제되었다. 매년 해당 파트의 출제율은 적으나 난도 상의 문제가 출제되어 변별력을 가리기도 한다.
'계량의사결정론'에서는 상충하의 의사결정 유형을 세분화하여 학습하고, '국제경영과 국제경제'에서는 기업의 해외진출, 해외 투자가 타 직렬에 출제된 적이 있으므로 기본서로 학습하는 게 좋다.

CHAPTER 1 계량의사결정론 & 국제경영과 국제경제

회독체크

구분	1회독	2회독	3회독
CHAPTER 1 계량의사결정론 & 국제경영과 국제경제	☐	☐	☐

☐ 칸에 학습진도를 체크하세요.

1 계량의사결정론 & 국제경영과 국제경제

해설편 p. 064

상충하의 의사결정   기출빈도 ★☆☆

01 다음 중 첫 테스트에서 먹은 것 때문에 두 번째 먹었을 때 맛있는지 모르는 효과로 옳은 것은?   19 군무원 복원

① 성숙효과
② 매개효과
③ 상호작용효과
④ 시험효과

국제경영전략   기출빈도 ★★☆

02 다음 중 글로벌경영의 필요성에 대한 설명으로 가장 옳지 않은 것은?   22 군무원 9급

① 해외시장 확보를 통한 매출액 증대
② 지리적 다변화를 통한 위험집중
③ 국내 규제의 회피
④ 해외조달을 통한 투입요소 비용의 절감

---

03 다음은 기업이 세계화를 추진하는 과정에서 취할 수 있는 다양한 방법들이다. 이 중에서 경영관리를 위한 이슈나 의사결정이 가장 많이 발생하는 것은?   21 군무원 9급

① 글로벌 소싱(Global Sourcing)
② 전략적 제휴(Strategic Alliance)
③ 해외 자회사(Foreign Subsidiary)
④ 프랜차이즈(Franchise)

---

04 다음 중 국제경영에 대한 설명으로 옳은 것은?

19 군무원 추가 복원

① 라이센싱계약은 해외시장에 이미 진입해 있는 자회사와는 이루어질 수 없다.
② 프랜차이징을 통해 해외 지역의 빠른 성장을 위한 자원 확보가 가능하며, 상대적으로 많은 비용이 든다.
③ 계약생산은 외국의 기업과 계약을 맺어 생산을 한 뒤 마케팅과 판매를 해당 외국 기업에서 직접 담당하도록 하는 것을 말한다.
④ 전략적 제휴는 장기적인 관점에서 협력을 유지하는 경우이다.

---

05 다음 중 환경오염의 원인으로 옳지 않은 것은? 19 군무원 복원

① 인구증가
② 도시화
③ 국제화
④ 산업화

최종모의고사

모바일 OMR

해설편 p. 066

01 SWOT분석 결과 S–T상황이라고 판단될 때 대처법으로 옳은 것은?

① 회사의 규모를 줄이고 필요하다면 청산까지 고려한다.
② 내부적인 강점을 적극 활용하면서 안정적인 성장을 도모한다.
③ 외부로부터 기술이나 인적 자원을 적극 도입하는 우회전략을 추진한다.
④ 조직 내의 강점과 외부기회를 이용할 수 있는 기회이므로 사업을 적극 다각화한다.

02 다음 중 정보시스템의 구성 요소에서 조직화된 사실 및 정보들의 집합을 의미하는 것으로 옳은 것은?

① 하드웨어
② 소프트웨어
③ 데이터베이스
④ 사람

03 다음 중 〈보기〉에서 현대적 직무설계 방안 사항에 해당하는 것으로 옳은 것은?

─────〈보 기〉─────
세계 최초로 자동차 생산에 있어서 모듈생산 방식을 채택한 작업장은 스웨덴의 볼보(Volvo)자동차 회사의 칼마르 공장이 효시이다. 1970년대 말부터 볼보 칼마르 공장에서는 컨베이어 벨트라는 조립라인을 사용하여 자동차를 대량 생산하는, 이른바 포디즘(Fordism)이 '노동의 비인간화'를 초래하여 생산현장에서 근로자들에게 부정적인 영향을 미친다는 데 주목하고 조립라인 생산방식을 지양하고 생산공정의 일부를 '준 자율적 작업집단(Semi-autonomous Work Group)'에 의한 모듈생산 방식으로 전환하였다. 이 작업집단에서는 원자재의 확보와 생산 방법의 선택, 검사 등 제한된 범위 내에서 자율적으로 생산방식을 결정할 수 있었고 구성원에 대한 작업할당도 집단에서 결정하였다. 그 결과 생산성은 과거 컨베이어 벨트 작업 시절보다 향상되었을 뿐만 아니라 작업자들 간의 의사소통이 원활해지고 사회적, 심리적인 벽도 허물어져 노동소외가 해소되고 근로자들의 직무만족도 향상되는 등 전반적으로 사회, 심리학적 측면에서 작업자간 인간관계 등 공장 내 사회적 분위기가 획기적으로 개선되는 효과를 거두게 되었다.

① 직무순환(Job Rotation)
② 직무확대(Job Enlargement)
③ 직무충실화(Job Enrichment)
④ 준자율적 작업집단(Semi-autonomous Work Group)

04 다음 중 〈보기〉에서 의사소통(Communication)의 과정으로 옳은 것은?

───── 〈보 기〉 ─────
㉠ 발신자   ㉡ 메시지
㉢ 매체   ㉣ 수신자
㉤ 피드백

① ㉠ − ㉡ − ㉢ − ㉣ − ㉤
② ㉠ − ㉢ − ㉡ − ㉣ − ㉤
③ ㉠ − ㉣ − ㉡ − ㉢ − ㉤
④ ㉡ − ㉠ − ㉢ − ㉤ − ㉣

05 다음 중 응집력이 높은 집단에서 구성원들 간에 합의에 대한 요구가 지나치게 커서 현실적인 다른 대안의 모색을 저해하는 경향으로 옳은 것은?

① 집단규범
② 집단 간 갈등
③ 집단사고
④ 집단응집력

06 다음 중 재무레버리지와 관계있는 것으로 옳은 것은?

① 임금, 임차료
② 영업이익
③ 고정비
④ 이자비용

07 다음 중 개인에 대한 모티베이션의 정도를 행위의 결과에 대한 유의성, 행위의 결과에 대한 수단성, 행위의 결과에 대한 기대의 함수로 보는 이론으로 옳은 것은?

① 공정성이론
② 기대이론
③ 욕구단계이론
④ 직무특성이론

08 포터(Porter)의 가치사슬모형(Value Chain Model) 중 본원적 활동(Primary Activities)으로 가장 적절하지 않은 것은?

① 투입요소를 최종제품 형태로 만드는 활동
② 기계, 설비, 사무장비, 건물 등의 자산과 원재료, 소모품 등의 요소를 구입하는 활동
③ 제품을 구매자에게 유통시키기 위한 수집, 저장, 물적유통과 관련된 활동
④ 구매자가 제품을 구입할 수 있도록 유도하는 활동

09 다음 중 핵심역량에 관련된 설명으로 가장 옳지 않은 것은?

① 핵심역량은 조직에서 집단적 학습과정을 통하여 배양된다.
② 핵심역량은 다양한 시장으로 진출할 수 있는 기회를 제공한다.
③ 현재의 효과적인 전략은 미래핵심역량의 형성토대가 된다.
④ 핵심역량은 다른 기업과 공동으로 개발할 수 있다.

10 다음 중 기업회계기준상 포괄손익계산서 작성기준으로 옳지 않은 것은?

① 수익, 비용 대응의 원칙
② 발생주의 원칙
③ 구분계산의 원칙
④ 유동성배열의 원칙

11 다음 〈보기〉의 자료를 보고 EVA(경제적 부가가치)로 옳은 것은?

〈보 기〉

- 투자자본: 1억 원
- 가중평균자본비용: 10%
- 세전이익: 3천만 원(세율 20%)
---

① 1,200만 원
② 1,400만 원
③ 1,600만 원
④ 1,800만 원

12 다음 중 시장세분화의 기준으로 옳지 않은 것은?

① 지리적 세분화
② 인구통계적 세분화
③ 구매자행위적 세분화
④ 고객규모 세분화

13 다음 의사결정의 종류 중 자주 발생하며 구조가 명확하게 되어 있는 것으로 옳은 것은?

① 정형적 의사결정
② 비정형적 의사결정
③ 전략적 의사결정
④ 상충적 의사결정

14 인사고과에서 평가문항의 발생빈도를 근거로 피고과자를 평가하는 방법으로 옳은 것은?

① 직접서열법
② 행위관찰평가법
③ 분류법
④ 쌍대비교법

15 다음 중 경쟁기준 가격결정법(Competition-oriented Pricing)으로 비교적 동질적인 제품을 판매하는 산업에서 주로 이용되는 것으로 옳은 것은?

① 명성가격(Prestige Pricing)
② 단수가격(Odd Pricing)
③ 모방가격(Going-Rate Pricing)
④ 지각가치가격(Perceive-Value Pricing)

16 다음 중 기업이 신제품을 개발하여 새로운 시장에 내놓는 마케팅으로 옳은 것은?

① 제품개발
② 시장침투
③ 시장개척
④ 다각화

17 제품P의 연간 수요는 10,000개로 예상한다. 이 제품의 연간 재고유지비용이 단위당 100원이고, 주문 1회당 주문비용은 200원이다. 이 경우 경제적 주문량 EOQ으로 옳은 것은?

① 100   ② 150
③ 200   ④ 250

18 다음 중 인터넷 비즈니스에 대한 설명으로 옳지 않은 것은?

① 옥션을 통한 제품구매는 B2C 거래의 예라 할 수 있다.
② 상거래 위주에서 탈피하여 인터넷비지니스로 확대되었다가 다시 모바일 인터넷비지니스로 성장하고 있다.
③ 소비자들의 공동구매는 C2B 거래의 좋은 예이다.
④ 기업 대 기업 간 B2B 거래라 표현한다.

19 중요한 업무 혹은 시간과 돈이 많이 드는 업무의 프로세스를 선정하여 투입·산출과정을 분석하고 거기에 알맞은 정보기술을 파악하여 공정을 단축하고 자동화함으로써 관리활동을 효율화하는 경영 혁신기법으로 옳은 것은?

① 벤치마킹
② 리엔지니어링
③ 리스트럭처링
④ 전사적 품질관리

20 다음 중 정형적 의사결정기법(Programmed Decision-Making)으로 옳은 것은?

① 직관
② 경영자의 창의력
③ 경험법칙
④ 컴퓨터 모의실험

21 다음 〈보기〉를 읽고 옳은 것은?

─── 〈보 기〉 ───
(주)A는 현금 60억 원을 지급하고 (주)B를 흡수합병하려고 한다. (주)A는 합병 후 매년 영구적으로 매년 말 3억원의. 세후 영업현금흐름을 추가할 수 있으며, 이에 적용되는 적정할인율은 10%이다. 두 기업은 부채가 없고 (주)B의 순자산의 공정가치는 40억일때 (주)A의 합병이득을 구하시오.

① 10억   ② 20억
③ 30억   ④ 40억

22 다음 중 사채의 액면(표시)이자율이 시장이자율보다 적은 경우의 사채의 발행형태로 옳은 것은?

① 할인발행
② 조건부 발행
③ 액면발행
④ 할증발행

23 다음 중 리더십이론으로 옳지 않은 것은?

① 피들러의 상황이론
② 아지리스의 성숙/미성숙이론
③ 블레이크와 모우톤의 관리격자이론
④ 리커트의 관리시스템이론

24 다음 중 복리후생을 위한 인간관계에 대한 제도로 옳지 않은 것은?

① 제안제도
② 고충처리제도
③ 카운슬링
④ 유급휴가제

25 사무용 의자를 생산하는 기업의 총고정비가 1,000만 원, 단위당 변동비가 10만 원이며, 500개의 의자를 판매하여 1,000만 원의 이익을 목표로 한다면, 비용가산법(Cost-Plus Pricing)에 의한 의자 1개의 가격은?

① 100,000원
② 120,000원
③ 140,000원
④ 160,000원

해설편 p. 069

01 다음 중 아웃소싱의 기대효과로 옳지 않은 것은?

① 조직구조를 유연하게 유지하여 환경대응력을 강화할 수 있다.

② 조직에서 핵심 및 비핵심 분야를 포괄하는 다양한 인재의 역량을 육성할 수 있다.

③ 외부 인력을 활용하여 아웃소싱 업무의 생산성을 높일 수 있다.

④ 핵심역량을 가진 사업 분야에 경영자원을 집중할 수 있다.

02 다음 중 훈련의 방법을 직장 내 훈련(OJT)과 직장 외 훈련(Off-JT)으로 구분할 때 직장 외 훈련으로 옳지 않은 것은?

① 강의실 강의

② 영상과 비디오

③ 시뮬레이션

④ 직무순환

03 다음 중 대규모 건설공사, 연구, 개발사업 등과 같이 비 반복적이고, 한 번만 하는 프로젝트(One-Time Project)를 효율적으로 계획, 통제하기 위한 네트워크 모델로 옳은 것은?

① LOB

② FMS

③ MAPI

④ PERT

04 다음 중 역경매에 대한 설명으로 옳은 것은?

① 더 이상 높은 가격이 제안되지 않으면 최고가에 낙찰

② 구매자가 제품 구매 의사를 밝힘

③ 구매자가 경쟁

④ 판매자는 1명이고 구매자는 다수

05 다음 중 종업원의 생활안정을 위해 가장 바람직한 임금형태로 옳은 것은?

① 판매가격순응임금제

② 생계비순응임금제

③ 이익순응임금제

④ 소비자물가지수순응임금제

06 소비자의 구매 의사결정단계는 문제인식, 정보탐색, 대안평가, 구매, 구매 후 행동의 다섯 단계로 이루어진다. 그중 소비자의 구매 의사결정에 가장 효과적인 촉진믹스로 이루어진 것은?

㉠ 광고	㉡ PR
㉢ 판매촉진	㉣ 인적판매

① ㉠, ㉢

② ㉡, ㉣

③ ㉢, ㉣

④ ㉠, ㉡

07 다음 〈보기〉의 어느 국가의 2022년도 경제지표에서 무역의존도는 몇 %인가?

〈보 기〉
- 연간 수출액: $5,000
- 연간 수입액: $4,000
- 1인당 평균 소비액: $500
- 1인당 평균 저축액: $300
- 1년 간 국민 소득 총액: $10,000

① 60%　　　　　② 70%
③ 80%　　　　　④ 90%

08 다음 중 유동비율이 감소하는 경우로 옳은 것은?

① 보증금을 돌려받았다.
② 보유재고자산을 3년 만기 채권을 받고 판매하였다.
③ 우선주를 발행하여 자금을 조달하였다.
④ 투자부동산을 처분하였다.

09 다음 중 효율적 시장가설에서 역사적 정보, 과거 정보가 현재 주가에 반영되는 시장으로 옳은 것은?

① 약형 효율적 시장
② 배분형 효율적 시장
③ 강형 효율적 시장
④ 준강형 효율적시장

10 '가산이익률에 따른 가격결정법'을 사용할 경우 다음 제품의 가격은?

- 단위당 변동비: 10,000원
- 기대판매량: 100,000개
- 고정비: 400,000,000원
- 가산(Mark-up)이익률: 20%

① 16,800원　　　　　② 17,500원
③ 17,800원　　　　　④ 18,500원

11 다음 중 현금의 유입이 있는 거래로 옳은 것은?

① 전환사채의 주식 전환
② 장기차입금의 차입
③ 무상증자로 인한 자본의 증가
④ 현물출자로 인한 유형자산의 취득

12 BCG 매트릭스에 관한 설명으로 옳은 것은?

① 어떤 사업 단위가 개(Dog)의 상황에 위치에 있었다면 이를 별(Star)로 이동하도록 관리하는 것이 바람직하다.
② 현금젖소(Cash Cow) 상황은 시장성장률은 낮지만, 시장점유율이 높은 경우이다.
③ 물음표(Question Mark) 상황은 시장이 커질 가능성도 낮고, 수익도 거의 나지 않는 상황이다.
④ 별(Star) 상황에 필요한 전략은 현상유지전략이다.

13 다음 중 마케팅 정보 시스템의 필요성을 증대시키는 요인으로 옳지 않은 것은?

① 마케팅활동 영역의 확대
② 구매자욕구의 다양화
③ 시장변화에 대한 신속대응
④ 가격 경쟁

14 제품수명주기에 대한 설명으로 옳지 않은 것은?

① 제품수명주기는 도입기, 성장기, 성숙기, 쇠퇴기로 나뉜다.
② 도입기에 기업은 제품 시용을 유인한다.
③ 성숙기에 판매 극대점에 도달한다.
④ 쇠퇴기에 접어든 상품의 수명주기를 다시 성장기로 되돌려 놓을 수 없다.

15 다음 중 기업경영에서 정보의 가치를 결정하는 요인으로 옳지 않은 것은?

① 적합성
② 정확성
③ 적시성
④ 접근성

16 다음 중 균형성과표(BSC)의 네 가지 관점으로 옳지 않은 것은?

① 내부 프로세스 관점
② 외부프로세스 관점
③ 고객관점
④ 학습 및 성장 관점

17 다음 중 선형계획법의 구성요소로 옳지 않은 것은?

① 목적함수
② 제약조건
③ 네트워크
④ 비음조건

18 다음 중 직장 내 교육훈련(OJT)에 관한 설명으로 옳지 않은 것은?

① 직장의 직속상사가 직무수행관련 교육을 수행한다.
② 훈련실시가 용이하다.
③ 훈련비용이 저렴하다.
④ 여러 명의 종업원을 함께 훈련시킬 수 있다.

19 예측하고자 하는 특정 문제에 대해 전문가들의 의견을 모으고 조직화하여 합의에 기초한 하나의 결정 안을 만드는 시스템적 의사결정 방법으로 옳은 것은?

① 델파이기법
② 시뮬레이션
③ 브레인스토밍
④ 명목집단 기법

20 다음 〈보기〉를 읽고 총괄생산계획 기법으로 옳지 않은 것은?

〈보 기〉

A기업에서 2개월에서 1년까지의 중기 또는 중·단기 계획으로서 기업의 생산능력을 거시적으로 파악하여 총괄적 관점에서 시간적으로 제품의 수량적 조정을 시도하는 방법이다. 수요나 주문의 시간적, 수량적 요건을 만족시킬 수 있도록 생산시스템의 능력(생산율, 고용수준, 재고수준 등)을 조정해 나가는 계획으로 계획기간 내에 변화하는 수요를 가장 경제적으로 충족시킬 수 있도록 기업이 보유한 생산능력의 범위 내에서 생산수준, 고용수준, 재고수준, 하청수준 등을 결정하는 것을 총괄생산 계획이라 한다.

① 선형결정기법
② 판별분석
③ 경영계수이론
④ 탐색결정법

21 다음 중 부당노동행위로 옳지 않은 것은?

① 단체교섭의 거부
② 황견계약(Yellow-Dog Contract)
③ 불이익 대우
④ 직장 폐쇄(Lock-Out)

22 동종 또는 유사업종의 기업들이 경제적 독립성을 유지하면서 수평적으로 결합하는 형태로 옳은 것은?

① 트러스트(Trust)
② 콘체른(Konzern)
③ 카르텔(Cartel)
④ 조인트벤처(Joint Venture)

23 다음 중 신입사원들이 정신적으로나 업무적으로 행동의 모델이 되는 상사로부터 영향을 받아 스스로 깨우치는 교육으로 옳은 것은?

① OJT
② 역할연기 프로그램
③ 감수성훈련
④ 멘토링(Mentoring)

24 다음 중 부하에게 목표를 공유하고 부하들의 성장을 도모하면, 리더와 부하 간의 신뢰를 형성시켜 궁극적으로 조직성과를 달성하게 하는 리더십으로 옳은 것은?

① 거래적 리더십
② 변혁적 리더십
③ 서번트 리더십
④ 진성 리더십

25 인간의 욕구는 계층을 형성하며, 고차원의 욕구는 저차원의 욕구가 충족될 때 동기부여 요인으로 작용한다는 욕구단계이론을 제시한 사람으로 옳은 것은?

① 맥그리거(D. McGregor)
② 매슬로우(A. Maslow)
③ 페이욜(H. Fayol)
④ 사이먼(H. Simon)

01 다음 중 회계상의 거래로 옳지 않은 것은?

① 상품을 구입하고 구입대금 500,000원을 현금지급하였다.
② 사원을 월급 900,000원으로 채용하였다.
③ 상품을 외상으로 판매하였다.
④ 폭우로 인해 건물이 파손되었다.

02 다음 중 기업의 형태에 대한 설명으로 옳지 않은 것은?

① 유한회사: 2인 이상 100인 이하의 유한책임사원으로 구성된다.
② 주식회사: 소유와 경영이 분리된 법인 회사를 말한다.
③ 합자회사: 무한책임을 지는 출자자가 기업을 경영하는 역할을 한다.
④ 합명회사: 2인 이상의 무한책임사원이 공동 출자하는 구조다.

03 다음 〈보기〉에서 설명하는 것으로 옳은 것은?

〈보 기〉

기업의 자재, 회계, 구매, 생산, 판매, 인사 등 모든 업무의 흐름을 효율적으로 지원하기 위한 통합정보시스템

① CRM
② SCM
③ DSS
④ ERP

04 다음 중 노사관계에서 체크오프(Check-Off) 시스템에 대한 설명으로 옳은 것은?

① 출근시간을 점검하는 것이다.
② 작업성적을 평가하여 임금 결정 시 보완하려는 제도이다.
③ 종합적 근무성적을 인사고과에 반영하는 것이다.
④ 회사급여계산 시 노동조합비를 일괄 공제하여 노조에 인도하는 것이다.

05 다음 중 가격관리에 대해 〈보기〉의 상황을 가장 적절하게 설명한 것으로 옳은 것은?

〈보 기〉

1,000원짜리 제품에서 150원 미만의 가격 인상은 느끼지 못하지만, 150원 이상의 가격 인상은 알아차린다.

① JND(Just Noticeable Difference)
② 단수가격(Odd-Number Pricing)
③ 유보가격(Reservation Price)
④ 베버의 법칙(Weber's law)

06 자재소요계획(MRP)을 수립하기 위해 필요한 3대 투입요소로 옳은 것은?

㉠ 주일정계획(Master Production Schedule)
㉡ 자재명세서(Bill of Material)
㉢ 재고기록철(Inventory Record File)
㉣ 부하계획(Loading)
㉤ 계획주문일정
㉥ 성과통제 보고서

① ㉠, ㉡, ㉢
② ㉡, ㉢, ㉣
③ ㉢, ㉣, ㉤
④ ㉣, ㉤, ㉥

07 다음 중 표적시장에 관한 설명으로 옳지 않은 것은?

① 단일표적시장에는 집중적 마케팅 전략을 구사한다.
② 다수표적시장에는 순환적 마케팅 전략을 구사한다.
③ 통합표적시장에는 역세분화 마케팅 전략을 구사한다.
④ 인적, 물적, 기술적 자원이 부족한 기업은 보통 집중적 마케팅 전략을 구사한다.

08 다음 〈보기〉에서 A의 행동을 설명하는 동기부여이론으로 옳은 것은?

― 〈보 기〉 ―

팀원 A는 작년도 목표 대비 업무실적을 100% 달성하였다. 이에 반해 같은 팀 동료 B는 동일 목표 대비 업무실적이 10% 부족하였지만 A와 동일한 인센티브를 받았다. 이 사실을 알게 된 A는 팀장에게 추가 인센티브를 요구하였으나 받아들여지지 않자 결국 이직하였다.

① 기대이론
② 공정성이론
③ 욕구단계이론
④ 목표설정이론

09 다음 중 자본참여로 인한 소유관계로 생산 및 마케팅에 있어서 수직관계에 있는 유통경로기관을 계열화하는 유통계열화로 옳은 것은?

① 기업적 VMS
② 관리적 VMS
③ 계약적 VMS
④ 수평적 마케팅 시스템

10 마케팅 조사(Marketing Research)를 위한 표본추출방법 중에서 할당 표본추출(Quota Sampling)방법에 대한 설명으로 옳은 것은?

① 확률 표본추출방법 중의 하나이다.
② 모집단의 특성을 반영하도록 통제 특성별로 미리 정해진 비율만큼 표본을 추출하는 방법이다.
③ 모집단을 어떤 기준에 따라 상이한 소집단으로 나누고 각 소집단으로부터 표본을 무작위로 추출하는 방법이다.
④ 모집단을 동질적인 여러 소집단으로 나눈 후 특정 소집단을 표본으로 추출하고 선택된 소집단 전체를 조사 대상으로 삼아 조사하는 방법이다.

11 재무비율 중 레버리지비율에 해당하지 않는 것은?

① 유동비율
② 이자보상비율
③ 부채비율
④ 자기자본비율

12 거래를 분개할 때 거래의 결합관계로 옳지 않은 것은?

	차변	대변
①	자본증가	수익발생
②	자본증가	부채증가
③	비용발생	자산감소
④	부채감소	자산감소

13 다음 (주)공사의 2022년 말 재무상태표에서 (주)공사의 유동비율이 400%일 때 자본금으로 옳은 것은?

재무상태표
2022년 12월 31일 현재

(주)공사		(주)공사 (단위: 원)	
현금	20	매입채무	?
매출채권	?	미지급비용	17
재고자산	?	비유동부채	100
비유동자산	200	자본금	?
		이익잉여금	50
자산 합계	400	부채와 자본합계	400

① 100원
② 130원
③ 170원
④ 200원

14 다음 중 제품–시장 매트릭스에서 기존 시장에 그대로 머물면서 기존 제품의 매출을 늘리고 시장점유율을 한층 높여가는 성장전략으로 옳은 것은?

① 시장침투
② 제품개발
③ 시장개발
④ 다각화

15 다음 중 생산계획에 대한 설명으로 옳지 않은 것은?

① 중기계획은 기업에서의 전략계획, 판매 및 시장계획, 재무계획, 사업계획, 자본 · 설비투자계획 등과 같은 내용을 포함한다.
② 장기계획은 통상적으로 1년 이상의 계획기간을 대상으로 해서 매년 작성된다.
③ 중기계획은 대체로 6~8개월의 기간을 대상으로 하여 분기별 또는 월별로 계획을 작성한다.
④ 단기계획은 대체로 주별로 작성되며, 1일 내지 수주 간 기간을 대상으로 한다.

16 다음 〈보기〉에서 설명하고 있는 의사결정 모형으로 옳은 것은?

─〈보 기〉─
최대한의 과업능력을 이끌어내기 위해 기업조직의 자원을 조직화하는 문제에 대한 의사결정

① 전략적 의사결정
② 관리적 의사결정
③ 업무적 의사결정
④ 위험하에서의 의사결정

17 다음 중 승진대상에 비해 직위가 부족한 경우 조직변화를 통하여 종업원에게 승진의 기회를 확대시키려는 것으로 옳은 것은?

① 직계승진
② OC승진
③ 대용승진
④ 자격승진

18 다음 중 목표에 의한 관리(MBO)에 대한 설명으로 옳지 않은 것은?

① 드러커와 맥그리거(Drucker & McGregor)에 의해 체계화되었다.
② 목표관리의 요소에는 목표의 구체성, 참여적 의사결정, 명확한 일정, 성과피드백이 있다.
③ 종업원의 동기부여에 큰 효과가 있다.
④ 양보다 질을 중요시하며, 장기적인 목표를 강조한다.

19 다음 중 인사고과에 관한 설명으로 옳지 않은 것은?

① 강제할당법은 피고과자의 수가 적을 때 타당성이 있다.
② 서열법은 동일한 직무에 대해서만 적용이 가능하다.
③ 평정척도법은 가장 오래되고 널리 사용되는 기법이다.
④ 자기고과법은 피고과자의 능력과 희망을 토대로 평가가 이루어진다.

20 다음 중 인적자원관리 과정에서 개발활동과 가장 관련이 높은 평가항목으로 옳은 것은?

① 얼마나 많은 인재가 우리 기업에 지원했으며 투입된 비용은 어느 정도인가?
② 임금결정과정에 대해 종업원이 공정하다고 받아들이는가?
③ 기업이 실시한 교육훈련 효과가 어느 정도 나타났는가?
④ 이직방지 프로그램을 위해 투입한 비용과 성과가 만족할 만한 수준인가?

21 시장세분화가 유용하게 사용되기 위해 갖추어야 할 요건이 아닌 것은?

① 측정 가능성(Measurability)
② 소멸 가능성 (Perishability)
③ 충분한 규모의 시장성(Substantiality)
④ 접근 가능성(Accessibility)

22 다음 중 관계마케팅의 등장 배경으로 옳지 않은 것은?

① 정보통신기술의 급격한 발전
② 구매자 중심시장에서 판매자 중심시장으로 전환
③ 고객 욕구 다양화로 고객 만족이 더욱 어려워짐
④ 시장 규제 완화로 신시장 진입 기회 증가에 따른 경쟁자의 증가

23 다음 중 가격설정 목표에서 손실유도품(Loss Leader)과 가장 관계가 깊은 것으로 옳은 것은?

① 시장침투의 목적
② 조기 현금회수 목적
③ 시장대응 목적
④ 제품계열 판매촉진 목적

24 평가과정에서 자주 발생하는 오류의 하나로서 '그들이 속한 집단의 특성에 근거하여 다른 사람을 평가하는 경향'을 말하는 것으로 옳은 것은?

① 현혹효과
② 상동적 태도
③ 주관의 객관화
④ 중심화 경향

25 甲기업에서 생산하는 제품의 변동비는 판매가의 60%, 고정비는 800,000원일 때 손익분기점에 해당하는 매출액은?

① 1,600,000원
② 1,800,000원
③ 2,000,000원
④ 2,200,000원

부록

최신기출문제

모바일 OMR

01 다음 중 무한책임사원과 유한책임사원으로 구성된 기업 형태로 가장 옳은 것은?

① 주식회사
② 유한회사
③ 합자회사
④ 합명회사

02 '(주)오직커피'는 커피만을 판매하는 단일 매장 커피 전문점이며, 그 매장은 한국에 있다. '(주)오직커피'는 여러 가지 성장전략을 고민하고 있는데, 성장전략에 대한 설명으로 가장 적절한 것은?

① 한국에서 '(주)오직커피' 매장 하나를 추가로 여는 것은 '시장개발전략'에 해당한다.
② 베트남에 '(주)오직커피' 매장을 여는 것은 '시장침투전략'에 해당한다.
③ 기존 '(주)오직커피' 매장에서 기존 고객에게 샌드위치를 판매하는 것은 '다각화전략'에 해당한다.
④ 기존 '(주)오직커피' 매장에서 기존 고객을 대상으로 판촉활동을 하는 것은 '시장침투전략'에 해당한다.

03 다음에서 설명하는 생산시스템으로 가장 적절한 것은?

이 생산시스템은 생산활동에서 가치를 부가하지 않는 활동, 자재, 운영 등 낭비의 원천을 제거하여 생산효율을 극대화한다. 프로세스 개선을 통해 제품품질을 향상시킨다. 재고감소를 통한 생산 리드타임 단축으로 고객의 수요변화에 신속히 대응한다.

① 린(Lean) 생산시스템
② ERP 생산시스템
③ MRP 생산시스템
④ Q-system

04 포터(M. Porter)의 본원적 경쟁전략(generic competitive strategy)과 가장 거리가 먼 것은?

① 집중화 전략
② 차별화 전략
③ 현지화 전략
④ 원가우위 전략

05 마케팅 철학의 변화 과정을 순서대로 나열한 것으로 가장 적절한 것은?

① 생산지향 → 판매지향 → 제품지향 → 고객지향 → 사회지향
② 생산지향 → 제품지향 → 판매지향 → 고객지향 → 사회지향
③ 생산지향 → 판매지향 → 고객지향 → 제품지향 → 사회지향
④ 생산지향 → 제품지향 → 고객지향 → 판매지향 → 사회지향

06 허츠버그(F. Herzberg)의 2요인이론(two-factor theory)에 대한 설명으로 가장 적절한 것은?

① 임금, 작업조건, 회사정책은 위생요인에 해당한다.
② 위생요인을 개선하면 만족이 증가한다.
③ 직장에서 타인으로부터 인정받지 못한 직원은 불만족하게 된다.
④ 불만족을 해소시키면 만족이 증가한다.

07 다음 중 물류관리에 관한 설명으로 가장 거리가 먼 것은?

① 물류관리의 성과지표에는 매출액 대비 물류비용, 납기 준수율 등이 있다.
② 물류관리의 대상은 하역, 포장, 보관, 운송, 유통가공, 정보 등이다.
③ 제품이 수송 및 배송 활동을 거쳐 소비자에게 전달되는 과정은 인바운드 물류(in-bound logistics)에 해당한다.
④ 생산에 필요한 원자재를 자사 창고나 공장으로 이동하는 활동은 조달물류에 해당한다.

08 탁월한 기업들의 경영활동을 이해하고 활용하여 자사의 경영활동을 개선하는 혁신 기법은?

① 블루오션 전략(blue ocean strategy)
② 지식경영(knowledge management)
③ 브레인스토밍(brainstorming)
④ 벤치마킹(benchmarking)

09 노동조합 제도에 대한 설명으로 가장 거리가 먼 것은?

① 오픈 숍(open shop)은 조합원 여부와 상관없이 고용할 수 있으며, 조합 가입이 고용조건이 아니다.
② 클로즈드 숍(closed shop)은 사용자가 조합원만 선발해야 하는 제도이다.
③ 에이전시 숍(agency shop)은 조합원뿐 아니라 비조합원 노동자에게도 조합 회비를 징수하는 제도이다.
④ 유니온 숍(union shop)은 하나의 사업장에 하나의 노동조합만 인정하는 제도이다.

10 가격전략에 대한 설명으로 가장 적절한 것은?

① 원가가산 가격결정 방법은 제품의 단위당 원가에 일정 비율의 마진을 더해 판매 가격을 결정하는 방법이다.
② 단수가격은 소비자가 제품의 구매를 결정할 때 기준이 되는 가격이다.
③ 2부제가격(two-part tariff)은 성수기와 비수기의 가격을 다르게 책정하는 방식이다.
④ 유보가격(reserved price)보다 제품의 가격이 낮으면, 소비자가 제품의 품질을 의심해서 구매를 유보하게 된다.

11 다음 중 채권(bond)에 대한 설명으로 가장 거리가 먼 것은?

① 채권 발행자는 구매자에게 액면가(face value)를 만기(maturity date)에 지불한다.
② 연간 지급되는 이자를 '액면가의 비율로 표시한 것'을 쿠폰(coupon)이라고 한다.
③ 채권의 이자를 1년에 2회 지급하기도 한다.
④ 기업이 채권을 발행하여 조달한 자금은 부채에 해당한다.

12 판매회사가 제조업체에 제품의 생산을 위탁하면 제조업체가 이 제품을 자체적으로 설계 · 개발 · 생산하여 판매회사에 납품하는 방식으로 가장 적절한 것은?

① OJT
② OBM
③ ODM
④ OEM

13 빅데이터(Big Data)의 대표적 특징인 3V에 해당하지 않는 것은?

① 변동성(Variability)
② 규모(Volume)
③ 다양성(Variety)
④ 속도(Velocity)

14 수직적 마케팅시스템(VMS; Vertical Marketing System)에 대한 설명으로 가장 거리가 먼 것은?

① 기업형 VMS를 통해 경로갈등을 해결할 수 있다.
② 제조기업이 중간상을 통합하는 것은 전방통합에 해당한다.
③ 프랜차이즈 시스템은 관리형 VMS에 해당한다.
④ 계약형 VMS가 관리형 VMS보다 수직적통합의 정도는 강하다.

15 다음 중 회계상 거래에 해당하는 것으로만 짝 지은 것은?

> ㄱ. ₩1,000짜리 상품을 주문받다.
> ㄴ. ₩5,000짜리 상품을 도난당하다.
> ㄷ. (주)甲으로부터 ₩1,000,000짜리 프린터 1대를 기증받다.
> ㄹ. ₩500,000짜리 상품을 외상으로 매입하다.

① ㄱ, ㄴ, ㄷ
② ㄱ, ㄴ, ㄹ
③ ㄱ, ㄷ, ㄹ
④ ㄴ, ㄷ, ㄹ

16 직무 수행에 필요한 기술, 지식, 능력 등의 자격요인을 정리한 문서에 해당하는 것은?

① 직무기술서
② 직무명세서
③ 직무행위서
④ 직무분석서

17 여러 대안 중에서 자신의 선호도와 기준의 중요도에 따라 최선의 대안을 선택하는 경영과학 기법으로 가장 적절한 것은?

① 선형계획법(linear programming)
② 게임 이론(game theory)
③ 네트워크 모형(network)
④ 계층화 분석법(AHP)

18 제품 전략에 관한 설명으로 옳지 않은 것은?

① 제품 전략은 전체 시장의 욕구(needs)를 바탕으로 적절한 제품의 개발 및 운영을 위한 전략이다.

② 제품 전략의 수립에는 물리적인 제품뿐만 아니라 다양한 요소가 포함되어야 한다.

③ 제품 전략을 창출하는 것은 브랜드, 포장, 보증기간 등의 선택을 포함한다.

④ 제품 전략은 마케팅 프로그램의 기본 요소가 되는 마케팅 믹스(4P) 중 하나의 전략이다.

19 경영자가 주주의 이익을 최대화하는 목적 이외에 자신의 이익을 위한 의사결정과 행동을 하는 대리인 문제(agency problem)에 해당하지 않는 것은? 〈변형〉

① 경영자가 재무 상태를 고의적으로 왜곡하여 경영 실적을 높이는 행위

② 경영자가 이사회의 구성원을 선임하는 데에 영향을 미쳐 사외이사의 독립성을 훼손하는 행위

③ 경영자가 경영 실적에 비해 과다한 보상을 책정하는 행위

④ 경영자가 일반 주식보다 자신이 소유한 주식에 대해 많은 투표권을 갖도록 책정하는 행위

20 통제 범위(span of control)가 좁아지면 발생할 수 있는 상황에 대한 설명으로 가장 적절하지 않은 것은?

① 관리자의 통제는 능률이 오른다.

② 부하의 창의성 발휘가 고도화된다.

③ 관리비가 증대되어 기업 고정비가 증가한다.

④ 상하간의 의사소통이 원활해진다.

21 소비자 행동의 근간을 이루는 소비자 정보처리과정을 순서에 맞게 나열한 것은?

① 노출 → 주의 → 지각 → 태도

② 주의 → 노출 → 지각 → 태도

③ 노출 → 태도 → 주의 → 지각

④ 태도 → 노출 → 주의 → 지각

22 〈SERVQUAL〉 모형의 품질 차원으로 가장 적절하지 않은 것은?

① 신뢰성

② 공감성

③ 유형성

④ 내구성

23 번스(J. Burns)의 변혁적리더십(transformational leadership)의 하부 요인으로 가장 적절하지 않은 것은?

① 카리스마

② 지적 자극

③ 자기 통제

④ 영감적 동기화

24 다음 중 레버리지 효과에 관한 설명으로 가장 적절한 것은? (단, 이자, 세금 등의 비용이 없다고 가정함)

① 기업이 타인자본을 사용하면 자기자본만을 사용하는 경우보다 자기자본 이익률이 높아진다.

② 기업은 타인자본 조달로 인해 발생하는 이자 비용보다 높은 수익률이 기대되는 경우에만 타인자본을 활용하여 투자하는 것이 바람직하다.

③ 기업이 부채비율을 낮게 유지하여야만 레버리지 효과를 최대로 활용할 수 있다.

④ 레버리지 비율을 낮추기 위해서는 자본을 감소시켜야 한다.

25 다음 중 시장세분화 전략에 대한 설명으로 가장 적절하지 않은 것은?

① 시장세분화란 시장을 서로 비슷한 요구를 가지는 구매자 집단으로 구분하는 것을 말한다.

② 시장을 고객의 심리적 특성에 따라 구분하기 위해 소비자의 구매 패턴, 소비자가 추구하는 편익 등을 고려한다.

③ 시장세분화 전략에서 인구통계학적 특성이 다른 특성보다 구분하기 용이하기 때문에 가장 많이 사용되는 변수이다.

④ 시장세분화의 기준으로 특정 제품군에서의 소비자 행동에 대한 정보를 사용할 수 있다.

01 다음 중 적대적 M&A에 대한 방어 수단과 가장 거리가 먼 것은?

① 황금낙하산
② 차입매수(LBO)
③ 백기사
④ 포이즌 필

02 다음 중 확률표본추출방법에 해당하는 것은?

① 층화표본추출(stratified sampling)
② 편의표본추출(convenience sampling)
③ 판단표본추출(judgmental sampling)
④ 할당표본추출(quota sampling)

03 하나의 작업장에서 작업순서를 결정하려고 한다. 4개 작업 (A, B, C, D)의 현재 시점에서의 작업정보가 다음과 같을 때, 최소여유시간법(LSTR; Least Slack Time Remaining)에 따른 작업순서로 가장 적절한 것은?

작업	A	B	C	D
잔여작업 소요시간(일)	3	10	8	4
납기까지 남은 시간(일)	10	18	17	8

① D A B C
② A D C B
③ D A C B
④ A D B C

04 성장을 위한 전략 가운데 수직적통합(vertical integration) 및 수평적통합(horizontal integration)에 대한 설명으로 가장 거리가 먼 것은?

① 수평적통합을 통해 '규모의 경제'를 달성할 수 있다.
② 전방통합을 하면 안정적인 판로를 확보할 수 있다.
③ 후방통합을 통해 원가를 절감할 수 있다.
④ 의류제조업체가 섬유제조업체를 통합하는 것은 전방통합에 해당한다.

05 다음 중 조직형태에 대한 설명으로 가장 적절하지 않은 것은?

① 라인 조직(line organization)은 신속한 의사결정과 실행이 가능하다.
② 라인스탭 조직(line and staff organization)의 구성원은 두 개 이상의 공식적인 집단에 동시에 속한다.
③ 사업부제 조직(divisional organization)은 사업부별로 업무수행에 대한 통제와 평가를 한다.
④ 네트워크 조직(network organization)은 필요에 따라 기업 내부 부서 및 외부 조직과 네트워크를 형성해서 함께 업무를 수행한다.

06 다음 중 주식회사의 현금흐름에 대한 설명으로 가장 적절하지 않은 것은?

① 주식회사는 현금을 조달하기 위해 채권을 발행한다.
② 주식회사는 주주가 투자한 원금을 상환할 의무가 있다.
③ 주식회사는 영구채권의 원금을 채권자에게 상환할 의무가 없다.
④ 주식회사는 채권자에게 약정한 이자를 지급한다.

07 다음 중 4차 산업혁명 시대의 핵심기술에 대한 설명으로 가장 적절하지 않은 것은?

① 빅데이터는 경쟁력 향상을 위한 중요한 자산이라는 점에서, 데이터 자본주의 시대가 도래하였다.

② 클라우드 컴퓨팅 서비스가 증가한다.

③ 사물인터넷을 통해 '현실 세계에 존재하는 물리적 사물'과 '사이버 세상에 존재하는 가상의 사물'을 결합하여 상호작용한다.

④ 가상현실(VR; Virtual Reality)이란 사용자가 눈으로 보는 실제 세계의 배경이나 이미지에 가상의 이미지를 겹쳐 하나의 영상으로 보여주는 기술이다.

08 다음 중 '네트워크의 가치는 그 이용자 수의 제곱에 비례한다'는 법칙으로 가장 적절한 것은?

① 멧칼프의 법칙(Metcalfe's Law)

② 길더의 법칙(Gilder's Law)

③ 무어의 법칙(Moore's Law)

④ 황의 법칙(Hwang's Law)

09 다음 중 동기부여 이론에 대한 설명으로 가장 적절하지 않은 것은?

① 알더퍼(C. Alderfer)의 ERG이론은 인간의 욕구를 친교욕구, 권력욕구, 성취욕구로 구분하였다.

② 아담스(J. Adams)의 공정성이론(equity theory)에 따르면 준거인과 비교할 때 자신이 과다보상을 받았다고 인식하는 직원은 불공정성을 해소하려는 동기가 유발된다.

③ 브룸(V. Vroom)의 기대이론(expectancy theory)에서 동기부여 강도를 설명하는 변수는 기대감, 수단성, 유의성이다.

④ 허츠버그(F. Herzberg)의 2요인이론(two-factor theory)에서 불만족과 관련된 요인을 위생요인이라고 한다.

10 (주)甲의 2년 동안의 재무상태표는 다음과 같다. 2022년 중 (주)甲의 자본금인출액이 ₩500이라면, 2022년도의 순이익은 얼마인가? (단, (주)甲의 배당 성향은 0%이고, 다른 자본 항목의 변동은 없다.)

구분	2021.12.31.	2022.12.31.
총자산	₩6,000	₩8,000
총부채	2,000	3,000

① ₩500

② ₩1,000

③ ₩1,500

④ ₩5,000

11 소비자행동에서 다음과 같은 현상을 가장 적절하게 설명하는 것은?

> 새로 출시된 자동차의 디자인이 처음에는 마음에 들지 않았지만, 계속 보다 보니 조금씩 호감도가 증가한다.

① 휴리스틱(heuristic)

② 프로스펙트 이론(prospect theory)

③ 사회판단이론(social judgment theory)

④ 단순노출효과(mere-exposure effect)

12 다음 중 통계적 품질관리(SQC; Statistical Quality Control)에서 샘플링 검사(sampling inspection)에 관한 설명으로 가장 적절하지 않은 것은?

① 샘플링 검사 로트(lot)로부터 추출한 샘플이 판정기준을 충족하지 못하면, 로트 전체를 불합격 판정한다.

② 검사특성곡선(OC Curve)은 로트의 불량률에 대한 합격 판정 확률을 그래프로 표현한 것이다.

③ 합격으로 판정해야 할 로트를 불합격으로 처리할 가능성을 소비자 위험(consumer's risk)이라고 한다.

④ 파괴 검사를 수행해야 하는 경우 샘플링 검사가 효과적이다.

13 노나카(Ikujiro Nonaka)가 제시한 암묵지(tacit knowledge) 와 형식지(explicit knowledge)간의 상호작용을 통한 4개 의 지식변환과정(knowledge conversion process)인 ㉠ – ㉡ – ㉢ – ㉣을 가장 적절하게 표시하고 있는 것은?

① 종합화(combination) – 사회화(socialization) – 외재화(externalization) – 내재화(internalization)
② 종합화(combination) – 외재화(externalization) – 사회화(socialization) – 내재화(internalization)
③ 사회화(socialization) – 외재화(externalization) – 종합화(combination) – 내재화(internalization)
④ 사회화(socialization) – 외재화(externalization) – 내재화(internalization) – 종합화(combination)

14 STP(Segmentation, Targeting, Positioning)의 위상정립 (Positioning)을 위한 방법과 가장 거리가 먼 것은?

① 속성(attribute)에 의한 위상정립
② 편익(benefit)에 의한 위상정립
③ 경쟁자(competitor)에 의한 위상정립
④ 자원(resource)에 의한 위상정립

15 (주)대한기업은 2023년 1월 2일에 최신형 노트북을 총 3,000,000원(세금 포함)에 구입하였다. 감가상각법은 정액 법을 따른다고 가정하고, 사무용 기기의 내용연수는 5년이 며, 5년 후 잔존가치는 취득원가의 10%로 추정된다. 이 사 무용기기의 2023년 감가상각비는 얼마인가?

① 500,000원
② 540,000원
③ 580,000원
④ 620,000원

16 산업의 매력도를 평가하는 환경분석도구로서 포터(M. Porter)의 5대 경쟁세력모형(5-Forces Model)에서 제시된 5대 경쟁요인과 가장 거리가 먼 것은?

① 대체재(substitute)의 위협
② 신규 진입기업(new entrant)의 위협
③ 정부정책(government policy)의 위협
④ 공급자(supplier)의 교섭력

17 하우스(House)와 미첼(Mitchell)이 제시한 리더십 상황이 론인 경로목표이론(path-goal theory)에서 제시된 리더십 행동 유형에 대한 설명 중 가장 적절하지 못한 것은?

① 지시적 리더(directive leader) – 하급자가 어떤 일정 에 따라 무슨 일을 해야 할지 스스로 결정하여 추진하 도록 지시하는 유형
② 지원적 리더(supportive leader) – 하급자의 복지와 안녕 및 그들의 욕구에 관심을 기울이고 구성원 간에 상호 만족스러운 인간관계를 조성하는 유형
③ 참여적 리더(participative leader) – 하급자들을 주요 의사결정에 참여시키고 그들의 의견 및 제안을 적극 고려하는 유형
④ 성취지향적 리더(achievement-oriented leader) – 도전적인 목표를 설정하고 성과향상을 추구하며 하급 자들의 능력 발휘에 대해 높은 기대를 설정하는 유형

18 기업의 의사결정을 지원하기 위한 핵심 기반구조로서 데이터웨어하우스(DW; Data Ware-house)의 주요 특징에 대한 설명 중 가장 적절하지 않은 것은?

① 주제지향성(subject-orientation): DW의 데이터는 컴퓨터에 익숙하지 않은 사용자라도 이해하기 쉬운 의사결정 주제를 중심으로 구성됨

② 통합성(integration): DW의 데이터는 유관기업과의 통합된 업무처리를 위한 일관적인 형태(일관된 코드 등)를 유지하도록 추출, 변환, 적재되기 때문에 통합성이 유지됨

③ 시계열성(time-variancy): DW의 데이터는 시간의 경과에 따라 일정 부분 변경되더라도 변경 이전의 과거 데이터가 계속해서 관리됨

④ 비휘발성(non-volatilization): DW의 데이터는 과거 데이터를 제외한 최신 3년 동안의 데이터에 한해서는 추가 및 삭제 등이 허용되지 않음

19 다음 중 일정 기간 동안 기업의 현금 변동상황, 즉 현금유입과 현금유출에 대한 정보를 제공하는 재무제표의 하나로서 현금흐름표(statement of cash flow)의 3가지 구성요소를 가장 올바르게 표시하고 있는 것은?

① 관리활동 / 영업활동 / 투자활동으로 인한 현금흐름
② 영업활동 / 투자활동 / 재무활동으로 인한 현금흐름
③ 투자활동 / 재무활동 / 정보활동으로 인한 현금흐름
④ 정보활동 / 관리활동 / 영업활동으로 인한 현금흐름

20 다음 중 재고관리의 접근방법으로서 경제적주문량(EOQ; Economic Order Quantity) 산출시 적용되는 기본 가정에 해당하지 않는 것은?

① 제품의 수요가 일정하고 균일하다.
② 조달기간이 일정하며 조달이 일시에 이루어진다.
③ 품절이나 과잉재고가 허용된다.
④ 주문비와 재고유지비가 일정하며 재고유지비는 평균재고에 기초를 둔다.

21 블레이크(R. Blake)와 머튼(J. Mouton)의 관리 격자(managerial grid)에 대한 설명으로 가장 적절하지 않은 것은?

① 생산에 대한 관심과 인간에 대한 관심 정도에 따라 리더의 유형을 분류한다.
② 중간형은 생산에 대한 관심과 인간에 대한 관심 모두 보통인 유형이다.
③ 컨트리클럽형은 근로자의 사기 증진을 강조하여 조직의 분위기를 편안하게 이끌어 나가지만 작업수행과 임무는 소홀히 하는 경향이 있다.
④ 과업형 리더에게는 생산에 대한 관심을 높일 수 있는 훈련을 통해 이상형 리더로 발전시켜야 한다.

22 다음 중 재고관리에 관한 설명으로 가장 적절하지 않은 것은?

① 정량발주시스템(Q-system)에서는 재고 소진 속도가 빨라지면 주문 시기가 빨라진다.
② 정기발주시스템(P-system)에서는 재고조사 기간 사이에 재고 소진이 많을수록 많은 양을 주문하게 된다.
③ 투빈시스템(two-bin system)은 정기발주 시스템을 시각화한 것이다.
④ ABC재고관리에서 A그룹은 재고 기록이나 조달기간을 엄격히 관리해야 한다.

23 직무(job)에 대한 설명으로 가장 적절하지 않은 것은?

① 직무분석(job analysis)의 결과는 직원의 선발, 배치, 교육, 평가의 기초 자료로 사용된다.
② 직무기술서(job description)에는 직무의 명칭, 내용, 수행 절차, 작업조건 등이 기록된다.
③ 직무명세서(job specification)에는 해당 직무를 수행하는 사람이 갖추어야 할 자격 요건이 기록된다.
④ 직무기술서와 직무명세서를 토대로 직무분석을 실시한다.

24 주식이나 채권 등의 자본자산들의 기대수익률과 위험과의 관계를 도출해내는 모형으로서 자본자산가격결정모형(CAPM; Capital Asset Pricing Model)의 기본 가정과 가장 거리가 먼 것은?

① 투자자들의 투자기간은 단일기간의 투자를 가정한다.
② 투자자들은 위험회피 성향이 낮으며 기대효용을 최소화하려고 노력한다.
③ 투자자들은 평균─분산 기준에 따라 포트폴리오를 선택한다.
④ 투자자들은 자산의 기대수익률, 분산, 공분산에 대해 동일한 기대를 한다.

25 기업의 반복적인 과업을 수행하는 운영관리업무에 유용한 정보시스템으로서 주로 조직의 운영상 기본적으로 발생하는 자료를 신속하고 정확하게 처리하는 데에 초점을 두고 있는 정보시스템의 유형을 무엇이라고 하는가?

① 거래처리시스템(TPS; Transaction Processing System)
② 정보보고시스템(IRS; Information Reporting System)
③ 중역정보시스템(EIS; Executive Information System)
④ 의사결정지원시스템(DSS; Decision Support System)

01	02	03	04	05	06	07	08	09	10
③	④	①	③	②	①	③	④	④	①
11	12	13	14	15	16	17	18	19	20
②	③	①	③	④	②	④	①	④	②
21	22	23	24	25					
①	④	③	②	②					

01 난도 ★☆☆

③

출제 영역 경영학의 기초 > 기업의 이해

정답 분석 ③ 합자회사는 무한책임사원과 유한책임사원으로 구성된 이원적 회사이다.

오답 분석 ① 주식회사는 각자가 가진 주식의 인수가액을 한도로 하는 간접유한책임을 부담하는 사원으로 이루어진 회사이다.

② 유한회사는 1인 이상의 사원이 회사에 대해 출자액을 한도로 책임을 지는 회사이다.

④ 합명회사는 회사의 재산으로 회사의 채무를 완제할 수 없는 경우 각 사원이 직접 연대 무한변제책임을 지는 무한책임사원으로 구성된 회사이다.

02 난도 ★★☆

④

출제 영역 마케팅 > 마케팅 계획 수립과정

정답 분석 ④ 기존시장에서 기존제품의 판매증대를 도모하는 것은 '시장침투전략'에 해당한다.

오답 분석 ① 기존제품으로 기존시장에 매장을 추가하는 방법은 '시장침투전략'에 해당한다.

② 기존제품으로 새로운 시장을 개척하는 것은 '시장개발전략'에 해당한다.

③ 새로운 제품으로 기존시장을 공략하는 방법은 '제품개발전략'에 해당한다. '다각화전략'은 새로운 제품으로 새로운 시장에 진출하여 영역을 확대하는 전략이다.

PLUS+ 엔소프(Ansoff)의 제품-시장 매트릭스

마케팅적 측면에서 매출과 이익을 높일 수 있는 방법들을 시장의 측면과 제품의 측면에서 분석하여 전략을 도출하는 방법이다.

구분	기존제품	신제품
기존시장	시장침투전략	제품개발전략
신시장	시장개발전략	다각화전략

- 시장침투전략(Market Penetration Strategy): 기존시장에서 기존제품의 판매증대 도모
- 시장개발전략(Market Development Strategy): 기존제품을 가지고 신시장을 개척해서 판매증대 도모
- 제품개발전략(Product Development Strategy): 기존시장에 부응하는 신제품을 개발하거나 제품을 개량
- 다각화전략(Diversification Strategy): 신시장과 신제품의 결합

03 난도 ★★☆

①

출제 영역 생산관리 > 생산시스템

정답 분석 ① 린(Lean) 생산시스템은 작업공정의 혁신을 통해 비용은 줄이고 생산성은 높이기 위해 인력, 생산설비 등 생산능력을 필요한 만큼만 유지하면서 생산효율을 극대화한다.

오답 분석 ② ERP 생산시스템은 정보기술을 활용하는 경영 전략으로 기업 활동에 필요한 모든 자원을 하나의 체계로 통합·운영하고 기업의 업무 처리 방식을 선진화시킴으로써 한정된 기업의 자원을 효율적으로 관리하여 생산성을 극대화하려는 기법이다.

③ MRP 생산시스템은 전산화 프로그램으로 재고관리와 생산 일정을 계획·통제하고, 적량의 품목을 적시에 주문하여 적정 재고수준을 통제하기 위한 시스템이다.

④ Q-system은 재고수준을 계속적으로 관찰한 후, 재주문점에 도달하면 원래 정해놨던 양만큼 주문하는 정량발주시스템(고정주문량 모형)을 말한다.

04 난도 ★☆☆ ③

출제 영역 경영학의 기초 > 경영전략

정답 분석 ③ 포터(M. Porter)는 기업이 경쟁우위를 가질 수 있는 전략으로 3가지(원가우위 전략, 차별화 전략, 집중화 전략) 본원적 경쟁전략을 제시하였다.

PLUS+ 포터(M. Porter)의 본원적 경쟁전략

- 원가우위 전략: 우월한 생산기술을 이용해 제조원가를 절감하여 안정된 이익을 확보하고 새로운 설비에 재투자하는 전략
- 차별화 전략: 타 기업이 가지고 있지 않은 제품을 만들어 독자적인 시장을 형성해 높은 이익을 확보하는 전략
- 집중화 전략: 시장 전체를 세분화하여 일부의 세분 시장에 집중하는 전략

05 난도 ★☆☆ ②

출제 영역 마케팅 > 마케팅의 기초개념

정답 분석 ② 마케팅 관리 철학은 시간의 경과에 따라 생산지향 → 제품지향 → 판매지향 → 고객지향 → 사회지향으로 진화해왔다.

PLUS+ 마케팅 관리 철학의 변천 과정

- 생산지향: 고객은 접근성이 좋고 낮은 가격의 제품을 선호한다는 가정하에 경영역량을 생산공정과 유통의 효율성 개선에 집중하는 개념
- 제품지향: 고객은 가격 대비 최고의 품질과 기능을 가진 제품을 선호한다는 가정하에 경영역량을 제품의 품질 개선에 집중하는 개념
- 판매지향: 고객은 단지 필요와 욕구에 의해서 구매를 하는 것이 아니라 자사 제품을 구매하도록 하기 위한 기업의 판촉 노력이 있어야 자사 제품의 구매가 이루어진다는 개념으로, 제품을 시장에 홍보하고 다양한 촉진에 집중
- 고객지향: 고객을 마케팅의 중심에 놓고 고객의 욕구를 먼저 파악해서 고객이 만족할 만한 제품이나 서비스를 경쟁자보다 효율적으로 제공함으로써 기업의 목표를 달성하는 데 집중
- 사회지향: 고객의 관심이 단순히 제품뿐만 아니라 사회 전체의 복지, 환경에도 민감해지면서 기업도 사회구성원 모두가 만족하는 활동에 집중하고 기업의 사회적 책임을 강조

06 난도 ★★☆ ①

출제 영역 조직행위 > 동기부여 이론

정답 분석 ① 임금, 안전 감독, 정책과 관리, 상사·동료·부하 간의 관계, 작업조건 등은 환경 조건과 관련된 위생요인에 해당한다.

오답 분석 ② 위생요인을 개선하면 불만족을 감소시킬 수 있다.

③ 직장에서 타인의 인정 여부는 만족을 주는 요인이며, 이를 받지 못한 직원은 만족하지 못하게 된다.

④ 위생요인을 아무리 개선해도 조직구성원의 욕구는 충족되지 못하고, 동기요인이 충족되어야 만족이 증가한다.

PLUS+ 허츠버그(F. Herzberg)의 2요인이론

동기요인	위생요인
• 일에 만족을 주는 요인 • 업무 자체와 관련된 성취감, 책임감, 승진, 직무충실 등	• 불만족을 감소시키는 요인 • 환경 조건과 관련된 작업환경, 임금, 대인관계, 지위, 안전 등

07 난도 ★★☆ ③

출제 영역 마케팅 > 유통경로관리

정답 분석 ③ 제품이 판매를 위하여 출고할 때부터 소비자에게 인도될 때까지의 물류 활동은 판매 물류(outbound logistics)이다.

08 난도 ★☆☆ ④

출제 영역 경영학의 기초 > 경영혁신

오답 분석 ① 블루오션 전략은 기업이 성공하려면 많은 경쟁자들이 비슷한 전략과 상품으로 경쟁하는 시장인 레드오션을 벗어나 경쟁이 없는 독창적인 새로운 시장을 창출하고 발전시켜야 한다는 경영 전략이다.

② 지식경영은 조직 내에 존재하는 지식을 발굴하고 공유하며, 이를 실제 업무에 적용하면서 조직의 문제 해결 역량을 향상시킴으로써 경쟁우위를 갖추게 하는 경영혁신 방법이다.

③ 브레인스토밍은 문제해결을 위해 여러 사람이 생각나는 대로 마구 아이디어를 쏟아내는 방법으로, 질보다 양을 중시하는 집단 의사결정 방법이다.

09 난도 ★★☆ ④

출제 영역 인사관리 > 노사관계관리

정답 분석 ④ 유니온 숍(union shop)은 조합원 여부와 상관없이 고용할 수 있으나 일단 종업원이 고용된 후에는 일정 기간 이내에 노동조합에 가입하여야 하는 제도이다.

오답 분석 ① 오픈 숍(open shop)은 사용자가 조합원 또는 비조합원의 여부에 상관없이 아무나 채용할 수 있으며, 근로자 또한 노동조합에 대한 가입이나 탈퇴가 자유롭다.

② 클로즈드 숍(closed shop)은 조합원만을 종업원으로 신규 채용하며 채용된 노동자가 해당 노동조합을 탈퇴하거나 제명되면 종업원 지위도 상실하게 된다.

③ 에이전시 숍(agency shop)은 조합 가입의 의사가 없는 자에게는 조합 가입에 대한 강제는 없으나 조합 가입에 대신하여 조합비를 납부하여야 하는 제도이다.

10 난도 ★★☆　　　　　　　　　　　　　①

출제 영역　마케팅 > 가격관리

정답 분석 ① 원가가산 가격결정 방법은 단위당 원가에 일정률의 마진을 가산하여 가격을 결정하는 방법으로 방법이 단순해 적용이 용이하고, 주로 소매상에서 이용한다.

오답 분석 ② 소비자가 제품의 구매를 결정할 때 기준이 되는 가격은 준거가격이다. 단수가격은 상품 가격을 5,000원 등으로 정확하게 떨어지는 것이 아니라 4,999원 등으로 책정하여 소비자에게 싸다는 인상을 주려는 것이다.

③ 이용 시간에 따른 가격 차별화에 대한 전략이다. 2부제가격은 서비스가격을 기본요금과 사용료의 합으로 결정하는 방법이다.

④ 최저수용가격에 대한 설명이다. 최저수용가격보다 제품의 가격이 낮으면, 소비자는 제품의 품질을 의심해서 구매를 유보하게 된다. 유보가격은 구매자가 어떤 상품에 대해 지불할 용의가 있는 최고가격을 말하며, 제품의 가격이 유보가격보다 높으면 소비자는 구매를 유보하게 된다.

11 난도 ★★☆　　　　　　　　　　　　　②

출제 영역　재무관리 > 주식과 채권의 평가

정답 분석 ② 만기일까지 매 기간 지급하기로 약속한 이자율을 '액면이자율'이라고 한다. 만기에 돌려받는 채권 수익 중 이자에 해당하는 부분을 '쿠폰(표면이자)'이라고 한다.

12 난도 ★★☆　　　　　　　　　　　　　③

출제 영역　국제경영과 국제경제 > 국제경영전략

정답 분석 ③ ODM(Original Development Manufacturing, 제조자 개발생산)은 제조업체가 제품 설계 및 개발을 주도하고 판매망을 갖춘 주문업체에 상품을 제공하는 방식이다.

오답 분석 ① OJT(On-the-job-training, 직장 내 교육훈련)는 구체적 직무를 수행하는 과정에서 상사가 부하를 직접적·개별적으로 지도하는 직장 내 훈련으로, 실제 업무에 바로 적용할 수 있고 적은 비용으로 운영되는 장점이 있지만 지도자의 전문적인 교육능력이 부족하다는 단점이 있다.

② OBM(Original Brand Manufacturing, 자체 상표생산)은 개발, 생산, 유통 등의 전반적인 단계를 모두 한 기업에서 진행하는 방식이다.

④ OEM(Original Equipment Manufacturing, 주문자 상표부착생산)은 주문자가 제조를 의뢰하면 제조업체는 하청생산방식으로 생산만 하고 완성된 완제품에 주문자의 상표를 부착하여 판매하는 방식이다.

13 난도 ★☆☆　　　　　　　　　　　　　①

출제 영역　경영정보시스템 > 시스템의 개발

정답 분석 ① 빅데이터의 3V는 빅데이터의 기본적 특성인 거대한 양(Volume), 다양한 형태(Variety), 빠른 생성 속도(Velocity)를 의미한다.

PLUS+　빅데이터 공통 속성 3V

- 데이터 크기(Volume): 단순 저장되는 물리적 데이터양
- 데이터의 다양성(Variety): 정형 데이터뿐만 아니라 사진, 오디오, 비디오, 소셜미디어 데이터 등 다양한 형태의 데이터
- 데이터 속도(Velocity): 데이터의 고도화된 실시간 처리

14 난도 ★★☆　　　　　　　　　　　　　③

출제 영역　마케팅 > 유통경로관리

정답 분석 ③ 프랜차이즈 시스템은 계약형 VMS에 해당하며 법적 계약을 통해 통합적으로 운영된다.

PLUS+　수직적 마케팅시스템

공급자로부터 소비자에게로 가는 과정을 통제하기 위하여 전후방의 구성원을 통합하여 규모의 경제를 목표로 운영하는 시스템

- 기업형 VMS: 유통경로의 수준이 다른 구성원을 통합해 하나의 기업으로 운영
- 계약형 VMS: 프랜차이즈나 체인점과 같이 법적 계약을 통해 통합적으로 운영
- 관리형 VMS: 유통경로 내의 한 경로 구성원(경로지도자)이 강한 권력이나 영향력을 기반으로 타 구성원에게 영향력을 행사하여 통합적으로 운영

15 난도 ★★☆　　　　　　　　　　　　　④

출제 영역　회계학 > 회계의 순환과정과 거래의 기록

정답 분석 회계상 거래는 자산·부채·자본의 증감을 수반하는 거래이다. 일상생활에서는 거래라고 생각되는 것들이 회계상으로는 거래가 아닌 것들도 존재하고 그 반대의 경우도 있다.

ㄴ. ₩5,000짜리 상품을 도난당한 것은 자산 감소에 해당하므로 회계상의 거래이다.

ㄷ. ₩1,000,000짜리 프린터를 기증받은 것은 자산 증가에 해당하므로 회계상의 거래이다.

ㄹ. ₩500,000짜리 상품을 외상으로 매입한 것은 부채 증가에 해당하므로 회계상의 거래이다.

오답 분석 ㄱ. ₩1,000짜리 상품을 주문받은 것은 일상생활상의 거래에 해당한다.

- 회계상의 거래: 화재, 홍수, 도난, 분실, 대손, 감가상각 등
- 일상생활상의 거래: 상품 주문, 종업원 채용, 담보 제공, 토지계약 등
- 회계상 거래이면서 일상생활상의 거래: 상품 매매, 부동산 매매, 채권·채무의 발생, 수익·비용의 발생

---

16 난도 ★☆☆ ②

인사관리 > 직무관리

정답 분석 ② 직무분석 결과에 따라 직무 수행에 필요한 종업원의 인적 요건을 기술한 문서를 직무명세서라고 한다.

---

17 난도 ★★★ ④

생산관리 > 생산운영관리

정답 분석 ④ 계층화 분석법(Analytic Hierarchy Process)은 여러 요소들을 계층적으로 분류하고 각 속성의 중요도를 비교·파악하여 전략적 의사결정을 위한 최적의 대안을 선정하는 분석기법이다.

오답 분석 ① 선형계획법(Linear Programming)은 여러 가지 제약조건을 만족시키면서 특정한 목적을 달성하는 최적해를 찾는 방법이다. 예를 들어 총괄 생산계획 기간 동안 가용 가능한 자원을 최적으로 배분하는 해를 찾기 위해 수학적 방법을 사용하여 최적의 생산율과 작업자 수를 결정하는 방법이다.

② 게임 이론(Game Theory)은 하나 또는 다수의 경쟁사의 불확실한 행동에 직면하여 의사결정자의 손실을 최소화하는 결정이다.

③ 네트워크 모형(Network)은 대상들과 대상들의 관계를 네트워크로 연결하여 유연한 방식으로 이해할 수 있는 데이터베이스 모델을 말한다.

---

18 난도 ★★★ ①

마케팅 > 제품관리

정답 분석 ① 제품 전략은 목표로 삼은 세분 시장의 욕구를 바탕으로 적절한 제품의 개발 및 운영을 위한 전략이다.

오답 분석 ②·③ 확장된 제품의 개념으로 봤을 때 제품은 물리적 유형의 제품뿐만 아니라 가격, 품질, 배송, A/S 등 다양한 요소를 포함하며, 따라서 핵심 혜택 외의 부가적 서비스를 포함하여 제품 전략을 수립하여야 한다.

④ 마케팅 믹스의 구성요소(4P)는 제품(Product), 가격(Price), 유통경로(Place), 촉진(Promotion)이며, 제품 전략은 마케팅 믹스(4P) 중 하나의 전략이다.

---

19 난도 ★★★ ※ '모두 정답' 처리된 문항으로, 선지를 교체하여 수록함 ④

재무관리 > 재무관리의 기초개념

정답 분석 대리인 문제(agency problem)는 대리인(예를 들어 전문경영인)이 기업의 이해관계를 생각하여 의사결정을 내리지 않고 대리인 자신의 사적인 이익을 추구하여 발생하는 것을 말한다.

④ 1주 1의결권 원칙의 예외를 인정해 일반 주식보다 자신이 소유한 주식에 더 많은 의결권을 부여하는 것을 차등의결권이라고 하는데, 일부 주주의 지배권을 강화해 적대적 M&A로부터 경영권을 방어하는 수단으로도 이용된다.

경영자, 주주, 채권자, 소비자 등 기업과 관련된 이해관계자들 사이에는 '본인(Principal)'이 '대리인(Agent)'에게 자신을 대신하여 의사결정을 할 수 있도록 의사결정을 위임한 계약관계인 대리관계(Agency Relationship)가 존재한다. 주식회사 형태의 기업에서 소유주인 주주가 그들을 대신하여 경영자에게 경영권 전반을 위임하는 것이 대리관계의 대표적 예이다. 대리인은 본인(Principal)의 이해관계를 생각하여 의사결정을 내려야 하지만 대리인이 자신의 이익을 추구할 경우 두 집단 간에 갈등이 발생하는데 이를 대리인 문제(Agency Problem)라 한다.

---

20 난도 ★★☆ ②

조직행위 > 리더십 이론

정답 분석 ② 통제 범위란 상급자에게 직접 보고하는 하급자 또는 부문의 수를 말하는 것으로, 통제 범위가 좁아지면 상급자의 통제가 보다 엄격해지므로 하급자의 창의성 발휘가 저하될 수 있다.

---

21 난도 ★☆☆ ①

마케팅 > 시장기회 분석과 소비자 행동

정답 분석 ① 소비자의 정보처리과정은 소비자가 자극에 노출되고, 노출된 자극에 주의를 기울이며 이해하는 과정을 말하는 것으로, 노출 → 주의 → 지각 → 태도의 순서로 이루어진다.

---

22 난도 ★☆☆ ④

생산관리 > 품질관리

정답 분석 ④ 〈SERVQUAL〉 모형의 5가지 서비스 품질 차원은 유형성, 신뢰성, 반응성, 확신성, 공감성이다.

서비스의 품질은 고객이 지각하고 있는 품질과 고객이 기대하고 있는 품질의 차이를 측정하여 평가하여야 한다는 〈SERVQUAL〉 모형과 고객이 지각한 품질만을 측정의 대상으로 삼아야 한다는 〈SERVPERF〉 모형으로 구분된다.

〈SERVQUAL〉 모형의 5가지 서비스 품질 차원	
유형성	물리적인 시설, 도구, 종업원 등의 서비스 유형화
신뢰성	정확하고 믿을 수 있도록 서비스를 수행해 내는 능력
반응성	고객의 요구에 맞춰 신속하게 응답하는 대응 능력
확신성	서비스 제공자의 예의바름과 지식, 고객에 대한 믿음과 안정성을 줄 수 있는 능력
공감성	고객을 향한 개별적인 주의집중

구분	변수	예시
지리적 세분화	지역, 도시 규모, 인구밀도, 기후 등	인구밀도에 따라 대도시, 중소도시, 교외로 구분
인구통계적 세분화	연령, 성별, 가족 규모, 가족생활주기, 소득직업, 교육, 종교, 인종, 세대, 사회계층 등	가족생활주기에 따라 독신 청년, 젊은 무자녀 부부, 젊은 유자녀 부부, 장년 무자녀 부부로 구분
심리묘사적 세분화	라이프스타일, 개성 등	개성에 따라 사교적, 개인적, 권위적, 야심적으로 구분
구매행위적 세분화	구매동기, 혜택, 사용자 지위, 사용률, 충성도 등	혜택에 따라 품질, 서비스, 가격, 속도로 구분

23 난도 ★★☆ ③

[출제 영역] 조직행위 > 리더십 이론

[정답 분석] ③ 변혁적리더십은 리더의 개인적 가치와 신념에 기초하여 구성원들의 정서, 윤리규범, 가치체계 등을 변화시켜 부하가 미래에 대한 비전을 받아들이고 추구하도록 격려하고 개인, 집단, 조직을 바람직한 방향으로 변혁시키는 리더십을 의미한다.

24 난도 ★★★ ②

[출제 영역] 재무관리 > 효율적 자본시장

[정답 분석] ② 레버리지 효과란 타인자본을 지렛대로 삼아 자기자본 이익률을 높이는 것을 뜻하는 것으로 차입금으로 발생한 금융비용보다 높은 수익률이 기대될 때 타인자본을 적극적으로 활용해 투자하는 것이 바람직하다.

[오답 분석] ① 기업이 타인자본을 사용하여 차입비용보다 투자이익이 높을 때 자기자본만을 사용하는 경우보다 자기자본 이익률이 높아지지만, 반대로 차입비용보다 투자이익이 낮을 때 자기자본만을 사용했을 때보다 자기자본 이익률이 낮아진다.

③ 기업의 부채비율이 높을수록 레버리지 효과가 나타나 투자수익률이 증가하지만 이자지급 비용 증가 등으로 재무안전성이 하락한다.

④ 레버리지 비율을 낮추기 위해서는 타인자본(부채)을 줄이고, 자본을 증가시켜야 한다.

25 난도 ★★☆ ②

[출제 영역] 마케팅 > 목표시장의 선정(STP)

[정답 분석] ② 시장을 고객의 심리적 특성에 따라 구분하기 위해서는 소비자의 라이프스타일, 개성 등의 요소를 고려한다. 소비자의 구매 패턴, 소비자가 추구하는 편익 등을 고려하여 시장을 구분하는 방법은 구매행위적 세분화이다.

01	02	03	04	05	06	07	08	09	10
②	①	①	④	②	②	④	①	①	③
11	12	13	14	15	16	17	18	19	20
④	③	③	④	②	③	①	④	②	③
21	22	23	24	25					
④	④	④	②	①					

01 난도 ★☆☆ ②

출제 영역 재무관리 > 효율적 자본시장

정답 분석 적대적 M&A란 거래당사자와의 합의에 의하지 않고 어느 일방의 전략과 작전에 의해 시도되는 기업인수합병을 의미한다.

② 차입매수(LBO)는 인수기업이 기업 인수에 필요한 자금을 전부 보유하지 않고도 바이아웃을 시도할 수 있는 M&A 방법이다. 매수할 기업의 자산을 담보로 인수 자금의 대부분을 금융회사에서 빌려 조달함으로써 적은 자기자본으로 큰 기업을 인수할 수 있다.

오답 분석 ① 황금낙하산(Golden Parachute)은 인수대상 기업의 경영진이 임기 전에 물러나게 된 경우에 거액의 특별 퇴직금이나 스톡옵션 등을 제공하는 것을 말하며, 기업 인수 비용을 높임으로써 사실상 M&A를 어렵게 만들어 경영권을 지키기 위한 방어 수단으로 유효하다.

③ 기업 간 적대적 M&A가 진행되는 경우, 현재의 경영진의 경영권 방어에 우호적인 주주를 백기사(White Knight)라고 부른다. 덧붙여 적대적 M&A의 방어 수단 중 핵심사업부를 매각하여 회사를 빈껍데기로 만들어 매수 의도를 저지하려는 방법은 왕관의 보석(Crown Jewel)이라고 한다.

④ 포이즌 필(Poison Pill)은 적대적 M&A 또는 경영권 침해 시도 등이 있을 때 기존 주주들에게 회사 신주를 시세보다 훨씬 싼 값에 매입할 수 있는 콜옵션을 부여해 적대적 M&A 시도자의 지분 확보를 어렵게 함으로써 경영권을 방어하는 것을 말한다.

02 난도 ★☆☆ ①

출제 영역 마케팅 > 마케팅 관리

정답 분석 ① 층화표본추출은 인구비례 표본추출과 같이 모집단을 분류하여 무작위 추출하는 방법으로 확률표본추출방법에 해당한다.

오답 분석 ② 편의표본추출은 편리성에 기준을 두고 임의로 표본을 추출하는 방법으로 비확률표본추출방법에 해당한다.

③ 판단표본추출은 조사자의 판단에 따라 모집단을 대표하는 표본을 추출하는 방법으로 비확률표본추출방법에 해당한다.

④ 할당표본추출은 모집단을 몇 개의 범주로 나눈 뒤 작위적으로 표본을 추출하는 방법으로 비확률표본추출방법에 해당한다.

PLUS+ 표본추출

표본추출은 모집단을 확정하고 표본 프레임(표집틀; Sampling Frame)을 선정한 후 표본추출 방법을 결정하고 표본의 크기를 결정하여 표본추출을 실행하는 순서로 진행되며, 표본을 추출하는 방법은 확률적 방법과 비확률적 방법이 있다.

구분		방법
비확률표본 추출방법	편의	편리성에 기준을 두고 임의로 표본을 추출
	판단 (의도적)	조사자의 판단에 따라 모집단을 대표하는 표본을 추출
	할당	모집단을 몇 개의 범주로 나눈 뒤 작위적으로 표본을 추출
	누적 (눈덩이)	소수의 인원을 표본으로 추출한 뒤 그 주위 사람을 조사
확률표본 추출방법	단순무작위	• 일정한 규칙에 따라 확률적으로 균등하게 추출 • 컴퓨터에서 난수와 일련번호를 발생시켜 추출
	체계적	모집단에서 n번째의 간격으로 추출
	층화	인구비례 표본추출과 같이 모집단을 분류하여 무작위 추출
	군집	모집단을 구분하고 그중에서 한 계층을 선택하여 추출

03 난도 ★★☆   ①

출제 영역 생산관리 > 생산운영관리

정답 분석 ① 최소여유시간법에 따라 작업순서를 결정할 때는 남아있는 납기 일수와 작업을 완료하는 데 소요되는 일수의 차이를 계산하여 그 값이 짧은 것부터 순서대로 작업한다.

A: 10−3=7일

B: 18−10=8일

C: 17−8=9일

D: 8−4=4일

따라서 D → A → B → C 의 순서대로 작업한다.

04 난도 ★★☆   ④

출제 영역 마케팅 > 유통경로관리

정답 분석 ④ 의류제조업체가 섬유제조업체를 통합하는 것은 원료의 공급시스템을 갖추는 것이므로 수직적통합 중 후방통합에 해당한다.

오답 분석 ① 수평적통합을 통해 경쟁기업을 매수하거나 지배력을 강화함으로써 대량생산에 의해 원가를 절감하는 규모의 경제를 달성할 수 있다.

② 수직적통합에서 전방통합을 통해 제품의 유통시스템을 매수하거나 그 유통시스템에 대한 지배력을 강화하면 안정적인 판로를 확보할 수 있다.

③ 수직적통합에서 후방통합을 통해 원료의 공급시스템을 매수하거나 지배력을 강화하면 원가를 절감할 수 있다.

PLUS+   통합적 성장전략

산업의 성장성이 높은 경우에 기존 유통경로의 일부를 통합함으로써 시장에서 경쟁적 우위를 확보하려는 전략

- 수평통합: 일부 경쟁기업을 매수하거나 지배력을 강화하려는 방법
  - 예 현대자동차가 기아자동차를 인수 · 합병하여 현대자동차그룹이 된 것
- 수직적통합: 통합유통경로가 서로 다른 수준에 있는 구성원들(공급업자, 제조업자, 유통업자)을 통합해 하나의 기업조직을 이루는 방법
  - 전방통합: 제품의 유통시스템을 매수하거나 유통시스템에 대한 지배력을 강화(소비자 쪽 분야의 기업을 통합)
    - 예 원료공급기업이 생산업체를 통합하거나 제조기업이 유통업체를 통합
  - 후방통합: 원료, 부품의 공급시스템을 매수하거나 지배력을 강화
    - 예 유통기업이 제조업체를 통합하거나 제조업체가 원재료 공급업체를 통합

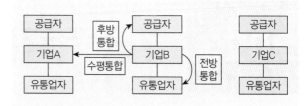

05 난도 ★★☆   ②

출제 영역 조직행위 > 집단 행위에 대한 이해

정답 분석 ② 매트릭스 조직에 대한 설명이다. 라인스탭 조직(직계참모 조직)은 기업 규모가 커지면 '라인'은 생산이나 판매 등 핵심활동을 수행하고 '스태프'는 전문적 지식이나 기술을 제공하여 보조 역할을 한다.

오답 분석 ① 라인 조직(군대식 조직)은 명령계통이 일직선(라인)으로 연결되어 있어 의사결정이 신속하다.

③ 사업부제 조직(부문별 조직)은 기능별 조직과 달리 사업부 단위를 편성하고 각 사업부 단위에 독자적인 생산, 마케팅, 영업 등의 권한을 부여한다. 따라서 분권화된 의사결정이 특징이다.

④ 네트워크 조직(무경계 조직, 가상조직)은 아웃소싱, 전략적 제휴 등을 통해 핵심역량에만 집중하는 조직 형태이다. 상호협조를 통해 시너지효과를 창출하고, 환경변화에 유연하게 적응할 수 있다.

PLUS+   매트릭스 조직

- 개념과 특징
  - 사업부의 단점을 보완하기 위하여 고안되었다.
  - 기능별 부문과 프로젝트별 부문의 조합적인 조직 형태이다.
  - 종업원들은 기능식 조직과 프로젝트 조직에 동시에 속하게 된다.
- 장 · 단점
  - 장점: 인적 자원의 효율적 활용, 시장의 변화에 융통성 있게 대응 가능
  - 단점: 두 명 이상의 상급자 존재에 따른 명령일원화 원칙 위배, 기능 부서와 프로젝트 부서 간의 갈등

06 난도 ★★☆   ②

출제 영역 재무관리 > 주식과 채권의 평가

정답 분석 ② 주주가 투자한 원금(주식)은 빚이 아니라 주식회사의 자기자본에 해당하므로 상환해야 할 의무가 없다.

오답 분석 ① 정부나 기업은 필요한 장기자금을 대량으로 조달하기 위하여 채권을 발행한다.

③ 영구채권은 원금의 상환없이 이자만 영구히 받는 채권이다.

④ 채권을 보유하면 약속된 발행이자율만큼 이자를 지급받는다.

주주와 채권자의 비교

주주	• 실질적인 기업의 소유자로서 주주총회의 구성원임 • 기업의 성패에 따라 자신이 보유한 지분율만큼의 책임을 짐 • 자신이 보유한 지분 이상의 수익과 손해는 보지 않음
채권자	• 채무자에게 급부를 할 것을 요구할 자격이 있음 • 채무자에게 금전적 가치를 제공하는 대신 정해진 기간 동안 이자 및 원금을 수령할 권리를 가짐

채권의 종류

이자지급의 유무와 만기에 따라 무이표채, 이표채, 영구채로 구분된다.

• 무이표채: 만기까지 이자지급이 전혀 없고 만기일에 액면가를 지급 받는 채권
• 이표채: 이자지급채권으로, 만기까지 매 기간 일정액의 이자를 지급받고 만기일에 마지막 이자와 액면가를 받는 채권
• 영구채: 만기가 없이 영원히 이자만을 받는 채권

07 난도 ★★☆ ④

경영정보시스템 > 시스템의 개발

정답 분석 ④ 증강현실(AR: Augmented Reality)에 대한 설명이다. 가상현실(VR: Virtual Reality)이란 특정한 환경이나 상황을 컴퓨터로 구현하여, 사용자가 마치 실제 주변 상황이나 환경과 상호작용을 하고 있는 것처럼 만들어 주는 인간-컴퓨터 사이의 인터페이스를 의미한다.

08 난도 ★☆☆ ①

경영정보시스템 > 경영정보시스템의 기초 개념

정답 분석 ① 멧칼프의 법칙은 네트워크의 규모가 커지면 비용은 직선적으로 늘지만 가치는 사용자 수의 제곱에 비례한다는 법칙이다.

오답 분석 ② 길더의 법칙은 통신시스템의 전체 대역폭(통신 네트워크에서 사용하는 신호의 최고 주파수와 최저 주파수의 차이)은 12개월마다 3배가 된다는 법칙이다.

③ 무어의 법칙은 반도체에 저장할 수 있는 데이터 분량이 18개월마다 2배씩 증가한다는 법칙이다.

④ 황의 법칙은 반도체 메모리 용량이 1년마다 2배씩 증가한다는 법칙으로 삼성전자 황창규 사장이 발표한 메모리 신성장론을 토대로 하며 그의 성을 따라 '황의 법칙'이라고 한다.

09 난도 ★★☆ ①

조직행위 > 동기부여이론

정답 분석 ① 맥클랜드(D. G. McClelland)의 성취동기이론에 대한 설명이다. 알더퍼(C. Alderfer)의 ERG이론은 인간의 욕구를 생존욕구, 관계욕구, 성장욕구의 3단계로 구분하였다.

오답 분석 ② 아담스(J. Adams)의 공정성이론은 조직구성원이 자신의 투입에 대한 결과의 비율을 동일한 직무 상황에 있는 준거인의 투입 대 결과의 비율과 비교하여 자신의 행동을 결정하게 된다는 이론이다.

③ 브룸(V. Vroom)의 기대이론은 개인은 여러 가지 행동대안을 평가하여 가장 선호하는 결과가 기대되는 것을 선택하여 행동한다는 이론이다. 동기의 변수인 기대감(E), 수단성(I), 유의성(V)이 각각 최댓값이 되면 최대의 동기부여가 된다고 하였으며 각 요소 중 하나라도 0이 되면 전체값이 0이 되므로 성공적인 동기부여를 위해서는 세 요소를 적절히 조합해야 한다고 주장하였다.

④ 허츠버그(F. Herzberg)의 2요인이론은 만족과 관련된 요인을 동기요인(성취감, 인정, 책임감, 성장 가능성 등), 불만족과 관련된 요인을 위생요인(작업환경, 임금, 지위, 안전 등)으로 분류하였다. 만족과 불만족은 동일한 개념에서의 양극이 아니라 독립된 개념으로 만족의 반대는 '불만족'이 아니라 '만족이 0(영)인 상태'이며, 불만족의 반대는 '만족'이 아니라 '불만족이 0(영)인 상태'를 말한다.

10 난도 ★★☆ ③

회계학 > 재무제표

정답 분석 ③ • 2021.12.31. (주)甲의 자본＝2021 총자산－2021 총부채＝₩6,000－₩2,000＝₩4,000

• 2022.12.31. (주)甲의 자본＝2022 총자산－2021 총부채＝₩8,000－₩3,000＝₩5,000

따라서 2022년도 순이익＝자본증가분＋2022년 자본금인출액＝₩5,000－₩4,000＋₩500＝₩1,500이다.

11 난도 ★★☆   ④

출제 영역 마케팅 > 시장기회 분석과 소비자 행동

정답 분석 ④ 단순노출효과는 '친숙성의 원리'라고도 하며, 단순히 노출되는 횟수가 많아질수록 그 대상에 대해 호감이 증가하는 현상을 말한다.

오답 분석 ① 휴리스틱은 합리적인 사고방식을 기반으로 결론을 도출하는 체계적 의사결정 과정이 아니라 이전 경험 등에 따른 편견을 통해 직관적으로 결정하는 방법이다. 일본의 대규모 지진 사고 직후 일본과 인접한 부산에서 지진보험 가입자가 증가한 사례 등을 들 수 있다.

② 프로스펙트 이론은 같은 크기의 이익과 손실이라고 해도 이익에서 얻는 기쁨보다 손실에서 얻는 고통을 더 크게 느끼는 사람들의 심리에 의한 선택을 말한다.

③ 사회판단이론은 사람들이 새로운 정보를 수용할 시, 정보를 객관적으로 평가하는 게 아니라 자신의 신념과 상반되면 거부하고 일치하면 더욱 적합하도록 받아들임으로써 유입된 정보와 기존 신념 간에 일관성을 유지하려고 한다는 이론이다. 정보를 실제보다 더 긍정적으로 해석하는 현상을 동화효과, 더 부정적으로 해석하는 현상을 대조효과라고 한다.

12 난도 ★★★   ③

출제 영역 생산관리 > 품질관리

정답 분석 ③ 합격으로 판정해야 할 로트를 불합격으로 처리할 경우에는 생산자로서 좋은 로트가 불합격되는 것이므로 이를 생산자 위험이라고 한다. 생산자 위험은 보통 α로 표기하며, 가설검정에서의 제1종 오류를 범할 확률과 동일하다.

오답 분석 ① 샘플링 검사에서는 로트로부터 무작위로 추출한 샘플을 검사하여 그 결과에 따라 로트 전체를 합격 또는 불합격 판정한다.

② 검사특성곡선이란 로트의 품질(불량률)과 그 로트가 합격 또는 불합격될 확률과의 관계를 그래프로 나타낸 것이다. 합격 품질의 수준을 높게 관리하면 불량률이 높아지고 합격 품질의 수준을 낮게 관리하면 불량률이 낮아지기 때문에 로트의 품질수준과 로트의 합격률 간에는 우하향의 관계가 성립한다.

④ 샘플링 검사가 효과적인 경우로는 재료의 인장시험, 전구의 수명시험 등 파괴 검사, 전선, 필름, 석탄, 약품 등 연속체나 대량 생산품의 검사, 자동차 파괴 검사처럼 검사에 막대한 비용과 시간이 걸리는 검사를 하는 경우, 생산자나 납품자에게 자극을 주고 싶은 경우, 검사항목이 많은 경우 등이 있다.

PLUS+   생산자 위험과 소비자 위험

- 생산자 위험(Producer's Risk): 제1종 오류(Type 1 error), α 오류, 합격임에도 불구하고 그것을 불합격 처리하는 오류, 양품임에도 불구하고 불량품으로 판정하는 오류
- 소비자 위험(Consumer's Risk): 제2종 오류(Type 2 error), β 오류, 불합격임에도 불구하고 그것을 합격 처리하는 오류, 불량품임에도 불구하고 양품으로 판정하는 오류

13 난도 ★☆☆   ③

출제 영역 경영학의 기초 > 경영혁신

정답 분석 ③ 노나카(Ikuziro Nonaka)는 지식을 형식지와 암묵지로 구분하고 암묵지가 형식지로 변화하고 다시 형식지로 변화한 지식이 암묵지로 변화하는 과정을 통해 지식의 상호작용이 일어나고 '사회화 – 외재화 – 종합화 – 내재화'를 통해 지적 창조 활동이 이루어진다고 주장하였다.

PLUS+   피터 드러커의 지식경영(Knowledge Management)

- 지식경영은 조직 내에 존재하는 지식을 발굴 · 공유하고 이를 실제 업무에 적용하면서 조직의 문제 해결 역량을 향상시킴으로써 경쟁우위를 갖추게 하는 경영혁신 방법을 말한다.
- 피터 드러커에 의해 정립되고 노나카에 의해 발전되었다.
- 암묵지: 개인의 행동과 머릿속에 체화된 암묵적 지식을 말하며 구체적으로 표현이 어려운 스킬이나 노하우 등을 들 수 있다.
- 형식지: 언어나 부호로 형식화된 표현 가능한 지식을 말하며 매뉴얼, 보고서, 책 등이다.
- 지식기반사회의 지식변환과정

사회화 (socialization)	타인의 암묵지식을 경험을 통해 자신의 암묵지식으로 습득하는 단계
외재화 (externalization)	암묵지식을 형식지식으로 전환시키는 단계
종합화 (combination)	형식지식을 새로운 형식지식으로 전환시키는 단계
내재화 (internalization)	형식지식을 암묵지식으로 내부화시키는 단계

14 난도 ★☆☆   ④

출제 영역 마케팅 > 목표시장의 선정(STP)

정답 분석 ④ 위상정립(Positioning; 포지셔닝)은 소비자의 마음속에 경쟁사와 비교해 뚜렷하고 차별적으로 인지되도록 자사의 포지션을 기억시키는 과정을 말하는 것으로, 자원에 의한 위상정립은 해당되지 않는 방법이다.

PLUS+ 포지셔닝(Positioning ; 위상정립) 유형

- 제품속성에 의한 포지셔닝: 제품의 중요한 속성이 주는 편익이나 효익에 따라 포지셔닝하는 방법
- 편익에 의한 포지셔닝: 제품 특징을 소비자 편익으로 전환해 브랜드와의 연관 관계를 형성하는 방법
- 이미지 포지셔닝: 소비자들이 자사 제품으로부터 긍정적 연상이 유발되도록 자사 브랜드만의 독특한 이미지를 구축하는 방법
- 사용상황에 의한 포지셔닝: 제품의 적절한 사용 상황을 묘사함으로써 제품을 포지셔닝
- 제품사용자에 의한 포지셔닝: 제품을 사용하는 고객들의 유형에 따라 포지셔닝
- 경쟁자에 의한 포지셔닝: 이미 소비자의 지각 속에 자리잡고 있는 경쟁제품과 비교하여 자사 제품의 혜택을 강조하는 방법

15 난도 ★★☆　　　　　　　　　　　　②

[출제 영역] 회계학 > 자산

[정답 분석] ② ・노트북 취득원가＝3,000,000원
- 잔존가치(잔존가액)＝3,000,000×10%＝300,000원
- 내용연수＝5년
- 정액법의 감가상각비 ＝ $\dfrac{취득원가－잔존가액}{내용연수}$

$$= \dfrac{3,000,000-300,000}{5} = 540,000$$

따라서 감가상각비는 540,000원이다.

PLUS+ 감가상각비의 계산요소

- 감가상각기준액(Depreciation Base): 내용연수 기간 동안 인식할 감가상각비의 총액

$$감가상각기준액 = 취득원가 － 잔존가액$$

- 내용연수(Useful Life): 수리 유지 노력이나 생산기술변화 등을 고려할 때 해당 유형자산을 경제적으로 사용할 수 있다고 판단되는 기간
- 잔존가액(Scrap Value or Salvage Value): 내용연수가 종료되는 시점에서 자산을 처분할 때 회수될 것으로 추정되는 금액에서 그 자산의 철거비나 판매비 등을 차감한 금액
- 감가상각방법(Depreciation Methods): 유형자산의 원가배분 방법으로 우리나라 기업회계기준에서는 정액법, 정률법, 이중체감법, 연수합계법, 생산량비례법을 인정한다.
- 정액법(Straight-Line Method)에 따른 감가상각방법
  - 유형자산의 가치감소가 시간의 경과와 비례해 발생한다는 가정에 의한다.
  - 감가상각기준액을 내용연수 기간 동안 균등하게 할당해 감가상각비로 인식한다.
  - 감가상각비 ＝ $\dfrac{감가상각기준액}{내용연수}$ ＝ $\dfrac{취득원가－잔존가액}{내용연수}$

16 난도 ★☆☆　　　　　　　　　　　　③

[출제 영역] 경영학의 기초 > 경영혁신

[정답 분석] ③ 포터(M. Porter)가 제시한 5대 경쟁세력모형(5-Forces Model)은 신규 진입기업의 위협, 공급자의 협상력, 동종기업 간 경쟁, 고객 협상력, 대체재의 위협 등을 5대 경쟁요인으로 보고 기업, 산업의 현황 및 미래를 분석하는 기법이다.

PLUS+ 포터(M. Porter)의 산업구조 분석(5-Forces Model)

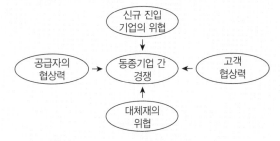

5가지 경쟁요인을 통해서 기업, 산업의 수익률이 결정되며 이를 기업이 경영전략을 수립하는 데 활용할 수 있다고 주장하였다.

신규 진입기업의 위협	신규 진입기업들이 시장에 보다 안정적으로 진입하기 위해서는 진입장벽을 넘어야 한다.
공급자의 협상력	원자재 공급업체의 영향력이 크면 수익성이 낮아진다. 예 OPEC-산유국의 교섭력을 높이려는 카르텔
동종기업 간 경쟁	・경쟁이 치열할수록 수익성은 떨어진다. ・경쟁은 기업 간 제품 차별화가 없고 퇴거장벽이 높은 경우 치열해진다.
고객 협상력	・구매자의 영향력이 크면 수익성이 낮아진다. ・대량 구매나 구매자의 수익성이 낮으면 교섭력이 강해진다. 예 엘리베이터 제조업체와 건설업체
대체재의 위협	대체재가 많을수록 높은 가격을 받을 수 있는 가능성이 낮아진다.

17 난도 ★★★ ①

출제 영역 조직행위 > 리더십 이론

정답 분석 ① 지시적 리더는 하급자들에게 규정을 준수하도록 하고 작업 일정을 수립해주는 등 직무를 명확하게 제시하는 리더십 스타일을 말한다.

PLUS+ 하우스(House)의 경로목표 이론(path-goal theory)

- 부하들의 동기부여에 초점을 맞추고 있다.
- 리더는 부하들이 목표를 달성할 수 있도록 보조적인 역할을 한다.
- 브룸의 기대이론의 연장선상에 놓여 있다.
- 리더십의 유형

지시적 리더십	부하들에게 과업을 명확하게 제시함
지원적 리더십	부하들에게 후원적 태도를 취함
참여적 리더십	부하들을 의사결정 과정에 포함시킴
성취지향적 리더십	도전적 목표를 설정함

18 난도 ★★★ ④

출제 영역 경영정보시스템 > 경영정보시스템의 기초 개념

정답 분석 ④ 데이터웨어하우스의 특징 중 비휘발성은 데이터웨어하우스에 일단 데이터가 적재되면 일괄 처리(batch) 작업에 의한 갱신 이외에는 '삽입(Insert)' 또는 '삭제(Delete)' 등의 변경이 수행되지 않는 것을 말한다.

오답 분석 ① 주제 지향성으로 인해 데이터를 주제별로 구성함으로써 최종 사용자와 전산에 약한 분석자도 이해하기 쉬운 형태가 된다.

② 통합성으로 인해 데이터가 데이터웨어하우스에 들어갈 때는 일관적인 형태(데이터의 일관된 이름짓기, 일관된 변수 측정, 일관된 코드화 구조 등)로 변환된다.

③ 시계열성으로 인해 데이터웨어하우스의 모든 데이터는 일정 기간 정확성을 유지한다.

PLUS+ 데이터웨어하우스 특징과 의미

- 주제지향성: 업무 중심이 아닌 주제 중심
- 통합성: 혼재한 DB로부터의 데이터의 통합
- 시계열성: 시간에 따라 변화된 데이터 정보를 저장
- 비휘발성: 데이터 입력 후 batch 작업 이외 데이터 변경 수행 불가

19 난도 ★☆☆ ②

출제 영역 회계학 > 재무제표

정답 분석 ② 현금흐름표는 일정 기간 기업실체의 현금유입과 현금유출에 대한 정보를 제공하는 재무제표로서 특정 보고 기간의 현금의 유입과 현금의 유출내용을 영업활동 현금흐름, 투자활동 현금흐름, 재무활동 현금흐름으로 구분한다.

PLUS+ 현금흐름표의 3가지 구성요소

- 영업활동: 기업의 주된 사업 활동
- 투자활동: 장기성 자산 및 현금성 자산에 속하지 않는 기타 투자 자산의 취득과 처분 활동
- 재무활동: 기업의 납입자본과 차입금의 크기 및 구성내용에 변동을 가져오는 활동

20 난도 ★☆☆ ③

출제 영역 생산관리 > 재고자산관리

정답 분석 ③ 경제적 주문량(EOQ) 모형에서는 재고부족이나 과잉 재고는 없다고 가정하고 경제적 주문량을 계산한다.

PLUS+

경제적 주문량(EOQ) 모형
경제적 주문량 모형은 1회에 얼마만큼 주문할 것인가의 확정적 의사결정모형으로 재고매입비용과 재고부족비용은 고려하지 않는다. 따라서 경제적 주문량은 재고유지비용과 주문비용의 합을 최소화시키는 1회 주문량을 말한다.

경제적 주문량(EOQ) 모형의 가정
- 연간사용량은 일정하다.
- 단위기간의 사용률은 일정하다.
- 재고를 주문해서 회사에 도착할 때까지의 기간인 조달기간은 일정하다.
- 수량할인은 없다. 즉, 구입량에 관계없이 단위당 구입가격은 일정하다.
- 재고부족은 없다. 즉, 재고부족비용을 총재고관련비용에 포함시키지 않는다.
- 주문량은 모두 일시에 배달된다.
- 단위당 재고유지비용과 횟수당 주문비용은 일정하다.

21 난도 ★★☆ ④

출제 영역 조직행위 > 리더십 이론

정답 분석 ④ 과업형 리더는 과업달성에만 관심이 높고 인간에 대한 관심은 부족하므로 인간에 대한 관심을 높여야 한다.

PLUS+ **블레이크와 머튼(Blake & Mouton)의 관리 격자**

생산과 인간에 대한 관심을 변수로 보고 리더십 유형을 계량화함

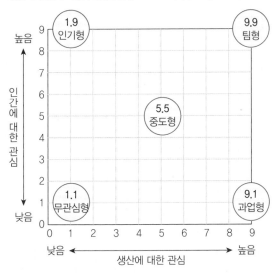

무관심형 (1,1형)	• 인간과 생산성 모두에 무관심 • 자기 직무에 최소한의 관심
인기(컨트리클럽)형 (1,9형)	• 생산성에는 무관심, 오로지 인간에 대한 관심 • 쾌적하고 우호적인 작업환경
과업형 (9,1형)	• 오로지 효율적인 과업 달성에만 관심 • 매우 독재적인 리더
중도형 (5,5형)	과업의 능률과 인간적 요소를 절충하여 적당한 성과 추구
팀형 (9,9형)	• 바람직한 리더의 모델로 기업의 생산성 욕구와 개인의 욕구에 관심 • 모두 만족시킬 수 있음

22 난도 ★★☆ ③

출제 영역 생산관리 > 품질관리

정답 분석 ③ 투빈시스템(Two-bin System)은 재고를 2개의 용기(bin)에 나누어 놓고, 이 중 한 용기에 들어 있는 재고가 고갈되면 즉시 주문하고 조달기간 동안에는 다른 용기에 들어있는 재고로 수요를 총괄하는 재고관리기법으로 정량발주시스템을 변형한 것이다.

오답 분석 ① 정량발주시스템(고정주문량모형)은 1회 주문량을 정해 놓고 보유재고가 일정 수준(재주문점)에 도달하면 고정주문량만큼 주문하는 방법으로, 재고 소진 속도가 빨라지면 주문량은 일정하나 주문 시기는 빨라진다.

② 정기발주시스템(정기주문모형)은 정량발주시스템에 대비되는 개념으로 주문 시기는 일정하고 주문량은 변동한다. 즉 재고 소진이 많으면 다음 주문 시 많은 양을 주문하게 된다.

④ ABC재고관리는 자재의 중요도나 가치를 중심으로 자재 품목을 분류하고 차별적으로 관리하는 방식으로, C등급의 다수의 저가 품목보다는 A등급의 소수의 중요 품목을 중점 관리하는 방식이다.

23 난도 ★☆☆ ④

출제 영역 인사관리 > 직무관리

정답 분석 ④ 직무분석을 토대로 직무기술서와 직무명세서를 작성한다.

오답 분석 ① 직무분석은 직무와 관련된 모든 정보를 체계적으로 수집, 분석, 정리하는 과정을 말하며, 직무분석의 결과는 인사관리의 기초 자료가 된다.

② 직무기술서에는 직무 명칭, 부서, 부호, 직무 목적, 내용, 직무 수행방법, 기간, 활동사항, 기술 및 숙련도 등이 기록된다.

③ 직무명세서에는 직무 수행에 필요한 종업원의 인적 요건이 기록된다.

24 난도 ★★☆ ②

출제 영역 재무관리 > 위험과 자본예산

정답 분석 ② 투자자들은 위험회피 성향이 높으며 기대효용을 최대화하려고 노력한다.

오답 분석 ① 투자자들의 투자기간은 단기간으로 가정한다.

③ 투자자들은 평균(E, 기대수익률)-분산(V, 위험) 모형에 따라 포트폴리오를 선택한다. 즉, 위험 수준이 같다면 기대수익률이 높은 포트폴리오를 선택하고, 기대수익률이 같다면 위험이 낮은 포트폴리오를 선택한다(지배원리).

④ 투자자들은 자산의 기대수익률, 분산, 공분산에 대해 같은 기대를 한다고 가정한다.

PLUS+ **자본자산가격결정모형(CAPM)의 기본 가정**

• 투자자들은 위험회피형 투자자이다.
• 투자자들은 평균-분산 모형에 따라 포트폴리오를 선택한다.
• 모든 투자자들은 무위험 이자율로 제한없이 차입 또는 대출할 수 있다.
• 투자 기간은 단일기간이다.
• 증권시장은 완전경쟁시장이며, 증권의 공급은 고정되어 있다.
• 모든 투자자들은 자산의 기대수익률, 분산, 공분산에 대해 같은 기대를 한다.

[출제 영역] 경영정보시스템 > 경영정보시스템의 기초 개념

[정답 분석] ① 거래처리시스템: 반복적이고 일상적인 거래처리 활동을 기록하는 시스템

[오답 분석] ② 정보보고시스템: 경영상의 관리통제에 도움을 주기 위해서 거래처리시스템이나 현장에서 발생한 데이터를 관리자에게 요약된 형태로 제공하는 시스템

③ 중역정보시스템: 고위경영층(중역)의 비구조화된 의사결정을 지원하도록 설계된 전략적 수준의 정보시스템

④ 의사결정지원시스템: 특별하거나 자주 변하며 사전에 쉽게 정의 내릴 수 없는 비구조적 의사결정 문제를 지원하는 시스템

PLUS+ 경영정보시스템

고객 가치를 증대시키기 위해 기업의 생산성과 효율성을 높일 수 있도록 활용되는 정보시스템을 말하며, 기능에 따라 아래와 같이 구분할 수 있다.

- 지식업무지원시스템: 사무정보시스템(OIS; Office Information System)이 대표적이며 사무실의 지식근로자가 사용한다.
- 운영지원시스템: 거래처리시스템(TPS; Transaction Processing System)이 대표적이며 일상적으로 반복되는 거래처리를 지원한다.
- 관리지원시스템: 경영자에게 과거 및 현재의 경영 정보를 제공하는 경영보고시스템(MRS; Management Reporting System), 비구조적 의사결정 문제를 지원하는 의사결정지원시스템(DSS; Decision Support System), 고위경영층의 전략 수준의 의사결정을 지원하는 중역정보시스템(EIS; Executive Information System) 등이 있다.

SD에듀의
지텔프 최강 라인업

1주일 만에 끝내는 지텔프 문법　　　**10회 만에 끝내는 지텔프 문법 모의고사**　　　**답이 보이는 지텔프 독해**

스피드 지텔프 레벨2　　　　　　**지텔프 Level.2 실전 모의고사**

2024
최신개정판

SD
에듀

군무원 채용시험 대비

단원별 기출 문제집

편저 | SD 군무원시험연구소

2023 최신기출문제 수록 (9·7급)

안군으로 끝내기

군무원

경영학

정답 및 해설

SD에듀
(주)시대고시기획

PART 1

경영학의 기초
정답 및 해설

1 경영학의 이해

문제편 p. 004

01	02	03	04	05	06	07	08	09	10
③	④	②	①	④	②	③	③	①	②
11	12								
③	③								

01 난도 ★★☆   ③

업무를 조직화하고 감독하는 활동은 경영이다.

> **PLUS+** 경영의 활동
>
> 조직과 관련된 의사결정으로 목표, 계획, 업무수행, 조직화, 실적 평가, 개선 등이 있다.

02 난도 ★★☆   ④

일반적으로 성장성은 기업의 창업 후 고려해야 할 사항이다.

03 난도 ★★★   ②

조직화란 계획 활동으로 수립된 계획을 실천에 옮기는 데 필요한 자원들을 할당하고 투입하는 일을 말한다.

> **PLUS+** 경영의 관리과정
>
> | 계획
(Planning) | 미래에 기업에서 발생할 각종 문제를 예측하고, 해결 방안을 하는 것 |
> |---|---|
> | 조직화
(Organizing) | 수립된 계획을 실천에 옮기는 데 필요한 자원들을 투입하는 일 |
> | 지휘활동
(Directing) | 구체적인 업무를 수행하도록 지시하고, 진행시키는 것 |
> | 조정활동
(Coordinating) | 목표달성을 위해 관련 자원들이 중복되거나, 부족할 경우 계획대로 진행되도록 보완 내지는 조율하는 과정 |
> | 통제활동
(Controlling) | 실행이 끝난 후에 수행 결과를 계획하고 비교하여 차이를 분석하여 수정하고 차기 계획에 반영하는 것 |
>
> '계획 – 조직화 – 지휘 – 조정 – 통제' 활동은 지속적으로 순환하고 있다는 특징이 있다.

04 난도 ★☆☆   ①

[오답 분석] ② 조직화는 수립된 계획을 효과적으로 수행하기 위한 인적, 물적 자원 등을 투입하는 것이다.

③ 지휘는 계획의 차질 없는 실행을 위해 경영자가 리더십, 동기부여 및 의사소통 기술을 이용하여 경영자원을 이용하는 것이다.

④ 통제는 실행이 끝난 후에 수행 결과를 계획하고 비교하여 차이를 분석하여 수정하고 차기 계획에 반영하는 과정이다.

05 난도 ★★☆   ④

통제란 조직의 구성원들이 목표달성을 위해 업무가 계획적으로 진행되고 있는지 확인하고 감독하는 기능을 말한다.

06 난도 ★★☆   ②

예산편성은 페이욜(H. Fayol)이 주장한 리더의 본질적 역할에는 포함되지 않는다.

07 난도 ★★☆   ③

지휘는 근로자에게 동기를 부여하고 행동을 지휘하며 갈등을 해결하는 역할을 하고, 통제는 업무가 계획대로 수행되고 있는지 점검하고 감독하는 역할을 한다.

08 난도 ★★☆   ③

인간관계론은 조직 내 비공식집단이라는 사회적 구조를 파악하여 조직의 의사전달, 문제해결 등에 인사적 기능이 필요하다는 새로운 관점을 제시하였다.

> **PLUS+** 인간관계론의 시사점
>
> • 기업조직은 경제, 기술적 체계인 동시에 사회심리적 체계이다.
> • 사람은 경제적 요인 외에 사회, 심리적 요인에 의해서도 동기부여가 된다.
> • 비공식집단은 작업자의 태도와 성과에 중요한 영향을 미친다.
> • 인간의 정서적 측면은 기업조직의 관리에 있어서 중요한 변수이다.
> • 인간을 중시하는 태도와 인간에 대한 이해를 제공함으로써 조직행위론의 성립에 기여하였다.
> • 기업조직에서 인적요소의 중요성만을 지나치게 강조한 결과, 조직의 목표 달성을 무시한 이론이라는 비판을 받았다.

09 난도 ★★☆   ①

테일러(Taylor)의 과학적 관리법은 외적 보상(회사에서 의도된 환경, 보상 등)을 통해 동기가 부여되며, 내적 보상(심리적 보상으로 인정, 성취감, 칭찬, 격려 등)을 통해 동기부여가 되는 것은 인간관계론이다.

10 난도 ★★☆   ②

베버(Weber)의 관료제는 인간적인 면을 고려하지 않는다. 즉, 인간적인 측면을 너무 무시하다 보니, 이에 대한 반발로 나온 것이 인간관계론이다.

11 난도 ★☆☆   ③

포드 시스템은 '저가격, 고임금'을 중시하는 고전적 접근법으로서, 컨베이어 시스템을 통한 원가절감, 대량생산, 판매가격인하 등의 경영합리화를 도모하는 것을 말한다. 생산의 표준화를 위해서 제품의 단순화, 부품의 표준화, 기계의 전문화 그리고 작업의 단순화를 꾀한다.

PLUS+   **포드 시스템**

- 포드 자동차회사(Ford Motors Company)의 포드(H. Ford)에 의해 구상되고 실시된 경영합리화 방안이다.
- 테일러 시스템을 바탕으로 능률향상을 시간연구나 성과통제 같은 인위적인 방식에만 의존한 것이 아니라, 자동적인 기계의 움직임을 종합적으로 연구함으로써 컨베이어 시스템(Conveyor System)에 의한 대량생산방식을 통해 능률 향상을 도모하였다.

Taylor System	Ford System
• 과업관리를 실시	• 동시관리를 실시
• 작업자 개인의 능률을 중시	• 전체적인 작업능률을 중시
• 고임금과 저노무비로 관리이념을 실천	• 고임금과 저가격으로 경영이념을 실천
• Stop Watch를 이용	• Belt Conveyor를 이용
• 작업자 중심	• 기계 중심
• 노사 쌍방이 운영하는 기업	• 노동자와 소비자에 서비스하는 기업

---

12 난도 ★★☆   ③

생물학자 버틀란피(Bertalanffy)는 시스템을 '전체의 목적을 위해 함께 일하는 부분으로 구성된 체계'라고 정의했다. 또한 개방시스템에서 이뤄지는 구조적 절차로 '투입 – 과정 – 산출 – 피드백'의 4단계를 언급하면서, 이 과정을 거치면서 외부의 다양한 요인들과 상호작용을 한다고 주장하였다.

2 기업의 이해

문제편 p. 006

01	02	03	04	05	06	07	08	09	10
④	③	①	①	③	④	①	①	③	②
11	12	13	14	15					
③	③	③	③	①					

01 난도 ★☆☆ ④

자본의 비한계성은 자본조달의 한계가 없는 대기업(주식회사)의 특징이다.

PLUS+ 중소기업

- 의의: 자본금·종업원·시설 등의 규모가 일정 수준보다 작은 기업을 말한다.
- 역할
  - 대기업의 보완적 역할을 담당
  - 특수기술이나 수공기술이 필요한 물자 생산을 담당
- 장점
  - 규모가 비교적 작아 시장수요의 변동에 탄력적으로 대응이 가능
  - 소유와 경영이 분리되지 않아 효율적인 경영이 가능
- 단점: 기업의 자본 규모가 작고 신용도가 낮다.

02 난도 ★☆☆ ③

주식회사는 현대산업사회의 전형적인 기업형태로, 자본(소유)과 경영을 분리하여 주주라는 불특정 전문경영자에 의한 운영이 가능하고, 다수인으로부터 거액의 자본조달이 가능하다.

03 난도 ★★☆ ①

카르텔(Cartel)은 기업 상호 간의 경쟁 제한이나 완화를 위하여 동종 또는 유사산업 분야의 기업 간에 결성되는 기업 결합 형태이며, 가맹기업 독립성을 유지하고 있다. 법률적으로 독립성을 유지하고 있는 형태는 콘체른(Konzern)이다.

PLUS+ 기업 집단화

- 의의: 둘 이상의 단위기업이 보다 큰 경제단위로 결합하는 것을 말한다.
- 결합방식에 따른 분류
  - 수평적 결합: 동종 산업에서 생산활동단과 비슷한 기업 간 결합
  - 수직적 결합: 생산 또는 판매경로상 이전 또는 이후 단계에 있는 기업과의 결합
- 독립성에 따른 분류
  - 카르텔(Cartel): 동일업종의 수평적 결합으로 경쟁이 제한되고 시장을 독점적으로 지배하기 위한 결합
  - 콘체른(Konzern): 법률상 형식적인 독립성 유지하지만, 실질적으론 경제적 독립성을 상실하는 결합
  - 트러스트(Trust): 시장경쟁을 제한하고 독점하기 위해 경제적, 법률적 독립성을 완전히 상실하는 결합

04 난도 ★★☆ ①

수직적 결합(Vertical Combination)이란 원료 – 생산 – 판매의 과정을 결합함으로써 비용 절감, 생산성 향상, 시너지 효과를 지향하는 것으로 전방적 결합과 후방적 결합으로 구분할 수 있다. 예를 들어 자동차 생산회사가 부품업체와 결합하면 후방적 결합이며, 자동차 판매회사와 결합하면 전방적 결합이 된다.

[오답 분석] ② 수평적 결합(Horizontal Combination)은 동업종 간 합병으로 대형화를 구축하여 시장점유율 증대, 마케팅 비용 절감, 시장지배력 강화 등을 지향한다.

05 난도 ★★☆ ③

카르텔은 동일업종이나 유사업종에 속하는 기업들이 독립성을 유지하면서 일정한 협약에 따라 이루어지는 기업의 수평적 결합방식이다. 이들은 일정한 협약에 따라 경쟁을 피하고 시장을 통제하여 가격을 유지하는 방식으로 기업의 안정을 추구하지만 결속력이나 통제력은 약한 편이다. 따라서 기업 간에 가격 인상 등의 이탈 유인이 여전히 존재한다.

06 난도 ★★☆　　　　　　　　　　　　④

오답 분석 ① 수직적 통합에서 전방 통합은 제품의 유통시스템을 매수하거나 그 유통시스템에 대한 지배력을 강화할 수 있고, 후방 통합은 원료, 부품의 공급시스템을 매수하거나 지배력을 강화할 수 있다.

② 관련다각화는 기존제품과 기술적 유사성이 있고, 마케팅 시너지가 있는 신제품을 추가하는 전략이다.

③ 비관련다각화는 기존제품과는 기술적 관련이 없지만 현재의 고객에 소구할 수 있는 신제품을 추가하거나 기존의 기술, 제품, 시장과는 관련이 없는 신제품으로 신시장을 개척하는 전략이다.

07 난도 ★★★　　　　　　　　　　　　①

관련다각화는 핵심 역량을 효율적으로 활용하여 시너지를 극대화할 수 있다. 대표적인 예로 세계 최고의 이커머스 기업인 아마존이 있다. 아마존은 다양한 사업 영역을 갖고 있는 기업으로 2억 3천만 개에 달하는 상품을 판매하고 있는 초우량기업이다. 관련다각화를 통해 세계에서 가장 큰 클라우드 서비스를 제공하며, 아마존 프라임 비디오를 통해 음악과 비디오 스트리밍 서비스도 제공하고 있다. 또한 자체적으로 하드웨어와 모바일 OS를 개발하고, eBook시장을 만드는 등 다양한 영역을 개발하고 있다.

오답 분석 ②·③·④ 비관련다각화의 특징으로 내부 자원의 효율적 활용이 가능하고, 다양한 범위 경제의 효과가 있으며, 다분야사업으로 현금흐름이 원활하다는 것이다. 그러나 사업 운영에 필요한 핵심 역량을 갖고 있지 못한 사업 분야이므로 인수 이후에도 이를 효과적으로 통합하고 운영하기 어렵다.

PLUS+ 다각화와 계열화의 비교		
다각화 (Diversification)	• 목적: 위험분산 • 종래의 업종 이외에 다른 업종에 진출하여 동시 운영	수직적 다각화: 승용차＋부품
		수평적 다각화: 트럭＋승용차
		사행적 다각화: 섬유회사＋컴퓨터
계열화 (Integration)	• 목적: 생산 공정 합리화와 안정된 판로의 확보 • 기업이 생산이나 판매, 자본 및 기술 등의 여러 가지 이유로 서로 관계를 맺음	대기업의 중소기업 계열화

※ 기업관련다각화 → 규모경제(예 코카콜라) → 청량음료

※ 기업비관련다각화 → 범위경제(예 일본 소니사) → 시청각

08 난도 ★★☆　　　　　　　　　　　　①

규모의 경제란 생산량이 고정비를 흡수하게 됨으로써 단위당 고정비용이 감소하는 현상을 말한다. 즉, 생산시설을 짓는 데 드는 초기 고정비용을 절약할 수 있게 되면 규모의 경제가 실현된다.

오답 분석 ② 범위의 경제란 한 기업이 여러 제품을 함께 생산할 경우, 각 제품을 별도로 생산하는 경우보다 생산비용이 적게 드는 현상을 말한다.

③ 경험효과(학습효과)란 동일 제품이나 서비스를 생산하는 두 기업을 비교할 때 일정 기간 내에보다 많은 제품이나 서비스를 생산했던 기업의 비용이 낮아지는 것을 말한다.

④ 시너지는 상승효과 또는 종합효과라고 하며, 두 개 이상의 자원을 다면적으로 활용하여 독립적으로만 얻을 수 있는 것 이상의 결과를 내는 작용을 말한다.

09 난도 ★★☆　　　　　　　　　　　　③

고정비용과 관련되는 것은 규모의 경제이다. 즉, 생산시설을 짓는 데 드는 초기 고정비용을 절약할 수 있게 되어 규모의 경제가 실현되는 것이다.

PLUS+ 규모의 불경제

• **의의**: 어떤 상품의 생산량을 증가시킬 때 상품 한 단위당 들어가는 평균비용이 상승하는 현상으로 많이 만들수록 돈이 더 든다.

• **발생 원인**: 주로 기업 조직이 비효율적으로 커지는 경우(사내 통신비용의 증가, 중복업무, 경영진의 비대화 등) 발생한다.

10 난도 ★★★　　　　　　　　　　　　②

복제하기 힘든 범위의 경제로는 핵심 역량, 내부자본 할당, 복수시장 경쟁, 시장지배력의 이용이 있다.

오답 분석 ①·③·④ 복제 가능한 범위의 경제에는 세금 혜택, 위험 감소, 종업원 보상 등이 있다.

11 난도 ★★☆　　　　　　　　　　　　③

지속가능경영은 경제, 환경, 사회 분야의 지속가능성을 위해 기업과 사회 차원에서 기여하고자 하는 기업의 경영활동을 말한다.

오답 분석 ① 경제적 수익성이란 기업이 경제의 질적 성장을 위해 지속가능 성장을 뒷받침해 줄 수 있는 혁신적인 기술의 개발과 상용화를 추진하여 경제적 성과의 획득을 통해 경제적 수익성을 가져야 한다는 것이다.

② 환경적 건전성이란 에코 효율성을 위해 환경에 대한 부정적인 영향은 줄이면서 경제적 성과를 제고해야 한다는 것이다.

④ 사회적 책임성이란 기업이 법을 준수하는 준법 경영, 여성 및 장애인의 고용을 확대하는 인권 경영, 안전 보건 활동, 적극적으로 사회 발전에 기여하고 사회적 책임을 다하기 위해 문화, 복지, 역사, 스포츠 의료 등에 걸쳐 사회 공헌 활동을 전개해야 한다는 것이다.

12 난도 ★★☆ ③

기업의 사회적 책임(CSR)이란 기업이 지속적으로 존속할 수 있도록 기업의 이해 당사자들이 기업에 기대하고 요구하는 사회적 의무들을 충족시키기 위해 수행하는 활동을 말하며, 이 중 윤리적 책임은 사회지원활동, 공공질서 준수를 내용으로 환경 · 윤리경영, 제품 안전, 여성 · 현지인 · 소수 인종에 대한 공정한 대우 등을 말한다.

PLUS+ 기업의 사회적 책임

- 개념: 기업이 사업 영역에서 이해관계자들의 사회적, 환경적 관심사들을 분석하고 자발적으로 수용하여 기업의 경영활동에 적극적으로 적용하면서 이해 당사자들과 지속적으로 상호작용을 하는 것이다.
- 내용: 기업은 세금을 납부함으로써 사회의 약자에게 이미 기여를 하였기에 더 이상의 사회적 책임이 없다는 고전적 견해와 개인이 자신의 행복을 추구하면서 동시에 이웃에게 봉사하듯이 기업도 지역사회에 봉사하여야 한다는 사회경제적 견해가 있다.
- 구분

제1단계 경제적인 책임	이윤 극대화와 고용 창출 등의 책임
제2단계 법적인 책임	회계의 투명성, 성실한 세금 납부, 소비자의 권익 보호 등의 책임
제3단계 윤리적인 책임	환경 · 윤리경영, 제품 안전, 여성 · 현지인 · 소수인종에 대한 공정한 대우 등의 책임
제4단계 자선적인 책임	사회공헌 활동 또는 자선 · 교육 · 문화 · 체육 활동 등에 대한 기업의 지원을 의미

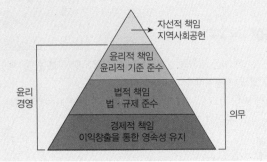

13 난도 ★★☆ ③

밀턴 프리드먼(Milton Friedman)은 기업의 사회적 책임은 이윤을 늘리는 것임을 강조하며, 기업 경영자가 주주 이외의 다른 이해관계자, 즉 직원과 협력업체, 지역사회 등의 이익을 지나치게 고려하면 안 된다고 주장한다.

14 난도 ★☆☆ ③

윤리적 책임은 환경 · 윤리경영, 제품 안전, 여성 · 현지인 · 소수인종에 대한 공정한 대우 등의 책임을 말한다.

15 난도 ★★★ ①

사회적 책임 투자(SRI; Social Responsible Investment)란 기업의 재무적 요소뿐만 아니라 환경, 노동, 투명한 지배구조, 지역사회의 공헌도 등 비재무적 요소를 고려하여 장기적인 관점에서 지속가능경영을 실천하는 기업에게 투자하는 것을 말한다. 즉, 환경오염이나 유해행위를 하는 기업을 투자대상에서 배제함으로 이들이 도태되도록 하는 방식이다.

3 경영자 및 경영전략

문제편 p. 009

01	02	03	04	05	06				
①	②	②	①	①	②				

01 난도 ★★☆   ①

단기이익을 추구하는 경영자는 전문경영자이다. 전문경영자는 임기가 정해져 있기 때문에 임기 연장을 위해서는 성과가 있어야 한다.

PLUS+	**소유경영자와 전문경영자의 비교**
소유경영자 (Owner)	기업을 소유하고 있는 사람, 즉 출자자 또는 대주주가 직접 경영에 참가하여 운영 · 관리하는 경영자
전문경영자 (Professional Manager)	• 고도의 기술과 대규모의 자본 필요 • 소유와 경영의 분리에 따라 경영의 역할 담당 • 종업원보다는 경영자의 속성을 지님

02 난도 ★☆☆   ②

전문경영자는 기업의 거대화에 따라 경영의 내용이 복잡해지면서 등장한 경영자로, 기업에 대한 전문적인 지식, 자신의 경험 · 능력 등을 활용하여 경영만 전담한다. 즉, 이들은 소유경영자의 자산을 증식하기 위해 고용된 대리인이 아니라, 전문적 지식을 바탕으로 기업의 성장을 도모하는 역할을 한다.

오답 분석 ① 최고경영자는 기업의 가장 높은 위치에 있는 경영자로, 주로 기업의 전반적인 경영을 계획하고 책임진다.
③ 직능경영자는 한 가지 직능적 활동 또는 부서의 활동에 대한 책임을 지는 경영자를 의미한다.
④ 일선경영자는 현장의 최일선에서 생산 혹은 제조에 직접 관여하여 작업자의 활동을 감독하는 경영자로 현장실무능력이 요구되며, 현장경영자라고도 한다.

03 난도 ★★☆   ②

민츠버그(Mintzberg)는 경영자의 역할을 대인관계에서의 역할(Interpersonal Role), 정보전달자로서의 역할(Informational Role), 의사결정자로서의 역할(Decisional Role) 3가지로 구분하였다.

04 난도 ★★★   ①

기업전략은 기업의 넓은 활동범위에 대한 전략과 장기적인 수익 극대화를 위하여 기업의 개발과 발전을 관리하는 것을 말한다.
오답 분석 ② 사업부전략은 각각의 시장에서 구체적으로 경쟁하는 방법을 말하며 특정 산업/사업에서 어떻게 경쟁할 것인가, 경쟁우위와 수익성 최대화를 위한 전략 방안을 마련한다. 경쟁사 대비 비교 우위 확보를 목적으로 하는데, 예를 들면 어떤 소비자 집단의 욕구를 만족시키고 어떤 차별역량을 기반으로 할 것인가 등이 있다.
③ 기능별전략은 제품군, 개별 제품 등 사업부 하위 단위의 전략을 말하는 것으로, 경쟁 제품 대비 비교 우위 확보를 목적으로 한다.
④ 마케팅전략은 마케팅의 목표를 달성하기 위하여 여러 가지 판매 활동을 하는 것을 말한다.

PLUS+	**경영전략의 3가지 계층**

경영전략을 수립하는 계층에 따라 서로 다른 수준의 전략을 수립하게 되는데, 최고경영층에서는 참여할 사업의 결정, 자원의 배분과 같은 기업 수준의 전략을 수립하고, 중간경영층에서는 사업부 내의 경쟁 우위 확보와 같은 사업부 수준의 전략, 일선경영층에서는 기능 부서별 실행계획과 같은 기능별 전략 또는 제품 수준의 전략을 수립하게 된다.

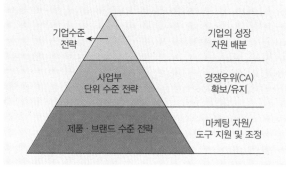

05 난도 ★★☆ ①

소기업이 집중화전략을 쓰는 경우 경쟁사보다 낮은 비용구조 확보를 위해 저원가전략을 고려해야 하는 경우도 있다.

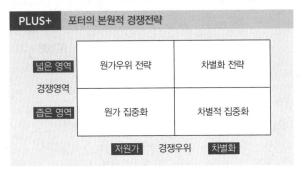

| PLUS+ | 포터의 본원적 경쟁전략 |

06 난도 ★★☆ ②

자원기반이론에 의하면 기업 내부의 인적자원 시스템이 기업의 지속적 경쟁 우위를 창출한다고 보고 있다.

PLUS+ 자원기반이론

시장은 기본적으로 불완전하기 때문에 특정자원은 특정기업과 분리될 수 없으며, 이러한 특정자원의 보유가 기업의 경쟁력을 좌우한다는 것으로, 기술이나 인력, 조직, 생사 프로세스 등이 내부 경영 자원을 형성한다.

PART 2

마케팅
정답 및 해설

1 마케팅의 개념 및 계획 수립

문제편 p. 014

01	02	03	04	05	06	07	08		
④	②	④	③	③	①	④	①		

01 난도 ★★☆   ④

마케팅 컨셉은 기업의 모든 마케팅 행위의 중심을 고객에게 두는
것으로 기업의 목표달성 여부는 소비자의 욕구를 파악하고 이들에
게 만족을 전달해 주는 활동을 경쟁자보다 얼마나 효율적으로 수행
할 수 있느냐에 달려 있다고 본다. 기업은 전사적 노력을 통해 올
바른 고객 욕구의 충족이 가능하도록 하며 고객만족을 통해 이익을
실현하는 것을 목적으로 한다.

[오답 분석] ① · ② · ③ 기업 입장에서의 마케팅 컨셉에 해당한다.

① 소비자는 저렴한 제품을 선호한다는 가정에서 출발한 개념으로,
기업의 목적은 대량생산과 유통을 통해 낮은 제품원가를 실현하
는 것이다.

② 소비자는 가장 우수한 품질이나 효용을 제공하는 제품을 선호한
다는 개념으로, 기업은 보다 나은 양질의 제품을 생산하고 이를
개선하는 데 노력을 기울인다.

③ 기업은 경쟁회사 제품보다 자사 제품을 더 많이 구매하도록 설
득하기 위하여 이용 가능한 모든 효과적인 판매활동과 촉진도구
를 활용하여야 한다고 보는 개념으로, 판매를 위한 강력한 판매
조직의 형성이 필요하다. 또한 생산능력의 증대로 제품 공급의
과잉상태가 발생하고, 고압적인 마케팅 방식에 의존한다.

02 난도 ★★☆   ②

BCG 매트릭스(BCG Matrix) 기법에서 현금젖소(Cash Cow) 영역
은 시장점유율은 높지만 시장성장률이 낮은 사업이다.

PLUS+ BCG 매트릭스

• 의의: 다양한 산업구성 및 여러 제품을 가진 기업이 가장 생산적
인 제품이나 서비스에 자원을 공급할 수 있도록 진단하는 사업
포트폴리오 분석 기법으로, 올바른 경영전략을 수립하는 데 사용
된다.

• 유형

시장성장률			
높음		별 (Star)	물음표 (Question Mark)
낮음		현금젖소 (Cash Cow)	개 (Dog)
		높음 시장점유율 낮음	

– 별(Star): 성공적으로 성장하고 있는 사업으로, 수익성과 성장
성이 크므로 지속적인 투자가 필요

– 현금젖소(Cash Cow): 성숙기의 사업으로, 기존의 투자에 의해
수익이 계속적으로 실현되고 시장성장률이 낮아 투자금액은 유
지 · 보수 차원이기 때문에 기업의 현금창출원이 되는 사업

– 개(Dog): 성장성과 수익성이 낮은 사양사업으로, 시장의 상황
에 따라 철수나 매각을 검토해야 함

– 물음표(Question Mark): 일반적으로 신규사업 부문으로 상대
적으로 낮은 시장점유율과 높은 시장성장률을 가진 사업이며,
기업의 행동에 따라 차후 별(Star)이 되거나 개(Dog)로 전락할
수 있는 장래가 불확실

03 난도 ★★☆   ④

스타(Star)는 성장률과 점유율이 모두 높은 사업으로, 성장률이 높
기 때문에 기술개발, 생산시설 확충, 시장개척 등에 지속적인 투자
가 필요한 사업이다.

04 난도 ★★☆ ③

Star 영역은 시장성장률과 상대적 시장점유율이 모두 높은 사업이다. 이 영역에 속하는 사업은 수익성과 성장성이 크므로 급속히 성장하는 시장에서 시장점유율을 유지하고 증가시키기 위해서는 많은 투자가 필요하다. 따라서 Star 영역의 사업은 현금의 유입이 큰 반면 현금의 유출도 크므로 현금흐름은 긍정적일 수도, 부정적일 수도 있다.

오답 분석 ① BCG 매트릭스 기법은 글로벌 컨설팅사 BCG가 개발한 방법으로, 가장 많이 사용되는 포트폴리오 관리기법이다. 수직축에는 시장 전체의 매력도를 측정하는 상대적 시장성장률을, 수평축에는 상대적 시장점유율을 두고 이를 토대로 개별 사업부의 위치를 표시해 자원의 투입 전략을 수립할 수 있도록 한다.
② 보통 상대적 시장점유율은 1을 기준으로, 시장성장률은 10%를 기준으로 하며 매트릭스를 그리는 것이 일반적이다.
④ Cash Cow 영역은 낮은 시장성장률과 높은 상대적 시장점유율인 사업이다. 저성장시장에 있으므로 신규설비투자 등을 지출하지 않으면서 높은 시장점유율로 많은 수익을 창출하며 일반적으로 유지정책을 사용한다.

05 난도 ★★☆ ③

다양한 제품의 기획이나 제품 품질에 대한 광고전략 등을 통해서는 차별화우위 전략을 추진할 수 있다. 비용우위 전략은 경쟁사에 비해 낮은 가격으로 시장점유율을 확보하거나 비슷한 가격대에 판매함으로써 높은 이윤을 확보하는 전략이며, 규모의 경제, 경험효과(학습효과), 투입요소비용, 인터넷을 활용한 비용 절감, 생산시설의 활용 등을 통해 추진할 수 있다.

PLUS+ 3가지 경쟁전략

원가우위 전략	• 경쟁제품에 비해 품질은 그다지 차이가 없지만 가격을 현저하게 내리는 전략 • 과거 우리나라 기업들의 해외 전략
차별화 전략	• 고객이 비싼 가격을 기꺼이 지불하도록 가치 있는 제품을 만드는 전략 • 경쟁제품보다 품질이나 디자인이 월등하거나 유명 상표가 부착된 경우
집중화 전략	• 특정구매자 집단이나 지역적으로 한정된 특정 시장을 표적으로 하는 전략 • 원가우위전략이나 차별화전략 중 하나만을 선택하여 집중적으로 공략

06 난도 ★★☆ ①

차별화 전략은 제품의 특성, 디자인이나 이미지, 서비스, 기술력 등에서 다른 제품과의 차별성을 통해 경쟁우위를 확보하는 전략이다. 고객의 요구가 다양해지면서 최근에 특히 유용한 전략이다.

07 난도 ★★☆ ④

아기비누를 피부가 민감한 성인에게 판매하는 경우는 기존 제품을 새로운 시장에서 판매하는 전략으로 시장개발 전략에 해당한다.

PLUS+ 집중적 성장전략(앤소프, Ansoff)

구분	기존 제품	신제품
기존 시장	시장침투	제품개발
신시장	시장개척	다각화

• 시장침투(Market Penetration) 전략: 시장침투 전략은 기존 시장에서 기존 제품 및 서비스를 더 많이 판매해 성장을 도모하는 전략이다.
• 시장개척(Market Development) 전략: 시장개척 전략은 기존 판매 제품은 그대로 유지하면서 새로운 시장으로 진출하는 전략이다.
• 제품개발(Product Development) 전략: 제품개발 전략은 동일한 고객 또는 동일한 시장에서 새로운 제품 및 서비스를 판매하는 전략이다.
• 다각화(Diversification) 전략: 다각화 전략은 신제품을 새로운 시장에 판매하는 전략이다. 제품과 시장 모두 사전 지식과 경험이 없고, 이해도 부족한 상태이기 때문에 실패할 위험이 가장 크지만, 새로운 도전으로서 가장 크게 성장할 수도 있는 기회가 존재하는 전략이다.

08 난도 ★★☆ ①

전방 통합(Forward Integration)은 기업이 유통부문에 대해서 소유권과 통제능력을 갖는 것을 의미한다.

2 마케팅 시장기회 분석

문제편 p. 016

01	02	03	04	05	06	07	08	09
②	②	④	②	④	③	①	①	④

01 난도 ★★☆　　　　　　　　②

1차 자료는 직접 마케팅과 관련된 자료를 수집한다.

PLUS+　1차 자료와 2차 자료의 비교

1차 자료 (Primary Data)	• 2차 자료에서 원하는 정보를 입수할 수 없을 때 직접 특별한 조사 프로젝트를 구성하여 수집한 자료 • 2차 자료에 비해 정확성, 신뢰성, 객관성이 높음
2차 자료 (Secondary Data)	• 이미 어느 곳에 존재하고 다른 목적을 위해 수집된 정보 • 1차 자료에 비해 시간과 비용의 절약이 가능 • 신상품 기획의 경우 필요 정보가 존재하지 않을 수도 있음

02 난도 ★★☆　　　　　　　　②

패널조사는 조사대상을 고정시키고 동일한 조사대상에 대하여 동일한 질문을 반복하여 조사하는 것으로, 기술조사에 속한다.

[오답 분석] ① · ③ · ④ 탐색조사는 드러나지 않은 사물이나 현상 따위를 찾아내거나 밝히기 위하여 살펴 찾는 방법으로 대상을 달리하는 사례조사, 면접조사, 관찰조사, 질문지법 등이 있다.

PLUS+　조사의 방법

• 탐색조사: 선행단계의 조사로 광범위한 문제를 세분화하여 의사결정에 관계된 변수들을 찾아내고 새로운 해결방안 제시를 목적으로 하는 방법이다.
• 기술조사: 구체적으로 구매력과 관련된 수치나 빈도를 설명하는 방법이다.
• 인과조사: 원인과 결과의 관계를 밝히기 위해 엄격한 실험설계를 통해 실험상황과 그 변수들을 파악하는 방법이다.

03 난도 ★☆☆　　　　　　　　④

비율척도는 명목, 서열, 등간척도의 모든 성질을 보유하며, 절대영점이 존재한다.

PLUS+　변수의 측정 방식

• 명목척도: 범주나 종류를 구분하기 위한 척도로, 분류적인 개념만을 제시하며, 그 숫자 자체는 아무런 의미가 없다. 남자는 0, 여자는 1로 구분하는 예가 대표적이다.
• 서열척도: 명목척도의 분류적 속성에 서열적 속성을 추가한 기준이다. 연봉 3천~5천만 원은 1로, 5천~8천만 원은 2로 표시하는 경우이다. 범주 간의 간격이 반드시 동일해야 하는 것은 아니며, 서열점수 간 연산은 의미가 없다.
• 등간척도: 대상을 서열화할 수 있고 대상들 간의 간격을 표준화된 척도로 표시할 수 있다. 온도, 주가지수, 환율 등의 지수가 이에 해당한다.
• 비율척도: 등간척도와 유사하나 0이 절대적인 값을 갖는 척도이다. 예를 들어 온도의 0은 기준점이며, 무게의 0은 질량이 없음을 의미한다.

04 난도 ★★☆　　　　　　　　②

가족은 사회적 요인 중 준거집단에 해당하는 요인으로 외적인 동기요인에 해당한다.

PLUS+　구매행동의 영향요인

문화적 요인	문화, 사회계층
사회적 요인	준거집단, 가족, 역할과 지위
개인적 요인	연령, 라이프사이클, 직업, 경제적 상황, 라이프스타일
심리적 요인	동기, 지각, 학습 등

제품에 대한 소비자의 관여도가 높은 경우는 고관여이다. 광고에 의하여 영향받는 소비자는 저관여 소비자를 의미하므로 옳지 않다.

PLUS+ 소비자 행동과 관여도		
구분	고관여 소비자	저관여 소비자
정보의 탐색	적극적이고 광범위한 탐색	제한된 속성이나 상표에 대한 탐색
인지적 반응	모순된 정보를 배제하고 자신의 의견을 정당화하기위한 반론	제한된 반론과 모순된 정보도 수용함
태도의 변화	태도형성이 어려우며, 한번 형성된 태도는 쉽게 변하지 않음	태도 변화가 자주 일어나고, 태도의 지속성이 낮음
상표에 대한 선호도	상표에 대한 선호도로 구매	선호도와 상관없이 습관적으로 구매
인지의 부조화	인지부조화가 크게 느낌	인지부조화를 작게 느낌
타인의 영향	타인의 정보를 활용	타인의 정보를 활용하지 않음
광고의 반복 효과	소비자의 행동을 유발하기 위해 광고의 반복보다 메시지가 효과적	소비자의 행동을 유발하기 위해 광고의 반복이 효과적

의사결정과정은 문제를 인식하고 해결방안을 선택하는 과정을 거쳐 의사결정의 효과성을 평가하는 일련의 과정을 의미한다. 일반적으로 의사결정은 '㉠ 문제 인식 – ⑥ 의사결정 기준 설정 – ㉡ 기준별 가중치 부여 – ㉢ 대안 탐색 – ㉣ 대안 평가 – ㉧ 대안 선택 – ㉢ 의사 결정 – ㉤ 효과성 평가 및 진단'의 8단계로 이뤄진다.

사전편집식은 평가항목의 우선순위를 결정하고, 우선순위별로 시작하여 1순위부터 가장 높은 평가점수를 받는 대안을 선택하는 방식으로, 비보완적 방식 중 하나이다. 사전에서 영어 단어를 찾는 방식과 유사하다.

[오답 분석] ② 분리식은 평가대상의 최소한의 평가기준을 정하고, 어떤 한 가지 기준이라도 최소수준을 만족하면 모두 선택대상에 포함시키는 방식이다.

③ 결합식은 평가대상의 최소한의 평가기준을 모두 충족한 대안은 선택하고, 충족하지 못한 대안은 탈락시키는 방식이다.

④ 순차적 제거식은 평가항목의 우선순위별로 최소한의 평가기준을 먼저 정한 후 그 기준을 충족하지 못한 대안을 순차적으로 제거하는 방식이다.

㉠ 복잡한 구매행동은 소비자가 고관여 제품을 구매할 때 나타나는 행동이다.

㉡ 소비자의 관여도가 높은 제품일수록 부조화를 감소시키기 위한 구매행동을 한다.

[오답 분석] ㉢ · ㉣ 소비자의 관여도가 낮을 때(저관여) 보이는 구매행동이다.

소비자는 구매결정을 하기 위해서 '㉢ 문제인식 – ㉤ 정보탐색 – ㉠ 대안평가 – ㉣ 구매결정 – ㉡ 구매 후 행동'의 순으로 수행한다.

PLUS+ 구매의사결정 과정	
문제인식	내·외적 자극에 의해 구매욕구가 발생
정보탐색	정보원천에서 제품들에 대한 정보 수집
대안평가	대안별로 그 속성들을 평가
구매결정	평가된 제품들 중 가장 선호하는 것을 실제 구매
구매 후 행동	구매 후 사용 시 만족 또는 불만족을 행동화 함

3 목표시장의 선정(STP)

문제편 p. 018

01	02	03	04	05					
③	③	①	③	③					

01 난도 ★★★ ③

잘못된 시장세분화 전략은 모든 잠재적 고객을 대상으로 한 전략보다 매출액이 많이 줄어들 수 있다.

[오답 분석] ①·②·④ 시장을 세분화하면 각 세분화된 시장별로 고객의 욕구를 보다 잘 이해하고 충족시킬 수 있으므로 경쟁우위를 확보할 수 있고, 마케팅의 기회도 증가한다.

02 난도 ★★☆ ③

행동적 세분화는 구매동기, 혜택, 사용자지위, 사용률, 충성도, 구매준비단계, 제품에 대한 태도 등이 기준이 된다.

[오답 분석] ① 인구통계적 세분화는 연령, 성별, 가족규모, 가족생활주기, 소득직업, 교육, 종교, 인종 등이 기준이 된다.

　예 독신청년, 젊은 무자녀 부부, 젊은 유자녀 부부 등
② 지리적 세분화는 지역, 도시규모, 인구밀도, 기후 등이 기준이 된다.

　예 대도시, 중소도시, 교외 등
④ 심리적 특성에 의한 세분화는 라이프스타일, 개성 등이 기준이 된다.

　예 사교적, 개인적, 권위적, 야심적 등

03 난도 ★★★ ①

시장세분화는 기업의 한정된 자원을 효율적으로 집행하는 데 필요한 전략으로 시장세분화를 위해서 다수의 소비자를 소비자의 나이, 소득수준, 성격 등의 심리적 특성 외에도 소비패턴, 주거지역, 문화 등 다양한 소비자 특성 변수를 활용해 소수그룹으로 분류한다. 즉, 이질적 시장을 동질의 시장으로 나누어, 세분화된 시장 안에서는 최대한 동질적이고, 세분화된 시장 사이에서는 최대한 이질적이다.

04 난도 ★★☆ ③

표적시장 선정(Targeting)에 대한 설명이다.

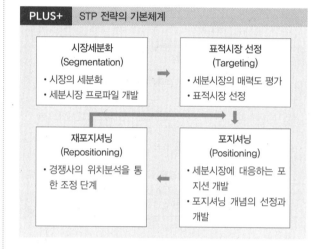

PLUS+ STP 전략의 기본체계

시장세분화
(Segmentation)
· 시장의 세분화
· 세분시장 프로파일 개발

표적시장 선정
(Targeting)
· 세분시장의 매력도 평가
· 표적시장 선정

재포지셔닝
(Repositioning)
· 경쟁사의 위치분석을 통한 조정 단계

포지셔닝
(Positioning)
· 세분시장에 대응하는 포지션 개발
· 포지셔닝 개념의 선정과 개발

05 난도 ★★☆ ③

시장 전문화 전략은 하나의 세분 시장에 마케팅을 집중하여 선도적 위치를 차지하려는 전략이다. 따라서 시장 전문화 전략은 복수 시장이 아닌 단일 시장에 집중하는 것이 더 효과적이다.

PLUS+ 시장 전문화 전략과 제품 전문화 전략의 비교

구분	시장 전문화 전략	제품 전문화 전략
전략	하나의 시장을 대상으로, 해당 시장의 고객 집단을 위해서 다양한 제품을 만드는 형태	단일 제품으로 여러 고객 집단을 상대하는 형태
특징	타겟팅 중인 시장 상황에 많은 영향을 받는다.	신기술(신제품) 등장에 취약하다.
예	유아용품점	감자탕만 판매하는 감자탕 전문점

4 마케팅 믹스

문제편 p. 020

01	02	03	04	05	06	07	08	09	10
④	④	①	③	①	①	①	④	④	②
11	12	13	14	15	16	17	18	19	20
③	①	④	③	②	③	②	④	①	②
21	22	23	24	25
③	②	①	②	④

01 난도 ★☆☆ ④

마케팅 믹스의 구성요소(4P)에는 상품(Product), 가격(Price), 유통(Place) 그리고 촉진(Promotion)이 있다. 과정(Process)은 마케팅 믹스에 해당하지 않는다.

02 난도 ★☆☆ ④

포장(Package)은 마케팅 믹스에 해당하지 않는다.

03 난도 ★☆☆ ①

포지셔닝(Positioning)은 마케팅 전략의 구성요소에 속한다. 마케팅 전략의 구성요소는 시장 세분화(Segmentation), 표적시장 선정(Targeting), 포지셔닝이다. 포지셔닝은 표적시장의 소비자들에게 기업의 제품과 이미지에 대한 차별화된 이미지를 심기 위한 설계 활동을 의미한다.

04 난도 ★★☆ ③

㉠ 제품믹스(Product Mix)는 기업이 소비자에게 제공하는 제품계열과 제품품목들의 집합을 말하며, 기업이 취급하는 제품 전체를 나타내는 개념이다.

㉡ 제품계열(Product Line)은 기업이 생산하는 모든 제품 중에서 물리적 특성, 용도, 구매집단, 가격범위, 유통채널이 비슷한 제품의 집단을 말한다.

㉢ 제품품목(Product Item)은 제품계열 내에서 크기, 가격 및 기타 속성에 의하여 구별될 수 있는 최소단위를 말한다.

05 난도 ★★☆ ①

오답 분석 ② 시제품은 제품개발 및 시험생산 단계에 해당한다.

③ 신상품 컨셉트는 추상적이 아니라, 구체적으로 표현하는 것이다.

④ 시장테스트는 출시 전에 실시하고 마케팅 프로그램을 수정하는 과정이다.

PLUS+ 신제품 개발절차

아이디어 개발(창출) → 제품 컨셉트의 개발과 테스트 → 사업성 분석 → 제품개발 및 시험생산 → 시험마케팅 → 상업화

06 난도 ★★☆ ①

성장기에는 시장이 커지면서 경쟁자들이 진입하게 되고 이에 대비하기 위하여 제품의 품질에 대한 신뢰성을 확보하게 된다.

오답 분석 ② · ③ 성숙기에 해당하는 설명이다.

④ 쇠퇴기에 해당하는 설명이다.

PLUS+ 제품수명주기(PLC; Product Life Cycle)

- 개념: 제품이 시장에 처음 도입되어 성장기, 성숙기를 거쳐 쇠퇴기를 통해 시장에서 사라지게 될 때까지의 기간을 말한다.

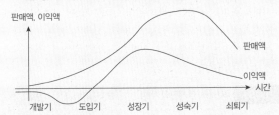

- 제품수명주기별 특징
  - 도입기: 제품을 개발하여 시장에 출시하는 단계로 인지도나 판매성장률이 낮고 판매량이 적으므로 제품의 기본 수요를 자극하는 전략이 필요한 시기
  - 성장기: 제품이 시장에 정착하여 수요가 급격히 증가하고 기업의 매출액이 증가하는 단계로, 이 시기에는 매출과 판매량이 빠르게 성장한다는 특징을 가짐
  - 성숙기: 판매가 극에 달하고 경쟁 또한 최고에 도달한 시기로 후반으로 갈수록 이익은 감소하며, 경쟁에 밀려서 시장에서 사라지는 기업들이 등장
  - 쇠퇴기: 시장에서 제품이 판매되지 않거나 수요가 점차 하락하는 단계를 말하며 이익과 판매량, 경쟁업체 수가 감소

07 난도 ★☆☆   ①

매출이 점점 증가하는 시기는 성장기이다. 성숙기는 판매량 및 이익이 최고점을 찍은 후 매출은 주춤해지는 시기이다.

[오답 분석] ②·④ 성숙기에는 포화 상태인 시장점유율을 차지하기 위해 가격인하정책을 시행하거나 막대한 광고 비용을 지불한다.
③ 성숙기에는 구매자의 변화된 수요에 대응하여 새로운 제품 개발을 위해 연구개발비 지출이 증가한다.

08 난도 ★★☆   ④

쇠퇴기에는 일부 기업들은 시장에서 철수하고, 나머지 기업들도 회수 전략을 수행하기 위해 가격인하정책을 시행하여 가격이 인하된다.

09 난도 ★★☆   ④

서비스가 생성되어 고객에게 전달될 때까지의 전 과정(서비스 전달 시스템)에 고객이 참여하더라도 서비스는 제공자와 이용자에 따라 환경과 조건이 항상 변하므로 고객마다 동일한 서비스가 제공되기는 어렵다.

10 난도 ★★☆   ②

서비스는 무형적 특성을 가지고 있지만 물리적 요소와도 결합될 수 있다.

[오답 분석] ① 서비스가 생산되고 소비되는 과정에 소비자가 참여하기 때문에 서비스는 생산과 동시에 소비된다.
③ 서비스는 제공자에 따라 제공되는 서비스의 수준이 다르고 동일한 서비스 제공자도 시간에 따라 다른 수준의 서비스를 제공하기 때문에 표준화하기가 어렵다.
④ 서비스는 저장이 곤란하기 때문에 한 번 생산된 서비스는 소비되지 않으면 소멸하게 된다. 따라서 재고가 없다. 서비스 공급능력이 수요를 초과할 경우 인적 자원의 사기 저하, 서비스 품질 등이 낮아진다.

PLUS+	서비스 마케팅의 유형

- 내적마케팅(Internal Marketing): 서비스를 제공하는 제공자가 고객에게 만족을 제공할 수 있게 하기 위해 교육하고 동기부여하는 활동이다.
- 외적마케팅(External Marketing): 기업이 고객을 대상으로 벌이는 마케팅으로, 전통적 마케팅의 개념에 해당한다.
- 상호작용마케팅(Interactive Marketing): 서비스가 제공되는 동안 고객들이 지각하는 서비스의 질이 고객과 제공자의 상호작용의 질에 크게 좌우되는 것을 의미하는 활동이다.

11 난도 ★★☆   ③

라인 확장이 아닌 브랜드 확장 전략에 대한 설명이다. 브랜드 확장 유형에는 라인 확장과 브랜드 확장 전략이 있다.

- 라인 확장 전략(Line Extension Strategy): 기존 제품범주 내에서 새로운 형태, 색상, 크기, 원료를 도입한 신제품을 출시하고 여기에 기존 브랜드명을 사용하는 전략
- 브랜드 확장 전략(Brand Extension Strategy): 전혀 다른 범주의 신제품에 기존 브랜드명을 사용하는 전략

PLUS+	브랜드 확장 전략의 장점

- 신제품을 즉시 인지: 소비자들은 친숙한 기존 브랜드명을 부착한 신제품이 있다면 쉽게 인지할 수 있기 때문에 신제품의 성공 확률을 높일 수 있다.
- 마케팅비용을 절감: 기존 브랜드명은 이미 많은 촉진활동을 통해 소비자에게 알려져 있는 상태이다. 따라서 낯선 브랜드를 출시하는 것보다 촉진비용이 절감된다.
- 기존 브랜드의 이미지를 강화: 기존 브랜드명을 부착한 신제품이 소비자에게 호의적인 평가를 받는다면 자연스럽게 기존 브랜드 이미지가 더 좋아진다.

12 난도 ★★☆   ①

추상적 이미지의 브랜드가 구체적 이미지의 브랜드보다 확장 범위가 넓다.

13 난도 ★★☆   ④

가격을 결정하는 접근방법에는 원가기준 가격책정, 수요기준 가격책정, 경쟁기준 가격책정 등이 있다.

[오답 분석] ① 원가가산의 방법은 단위당 원가에 일정률의 마진(이폭)을 가산하여 가격을 결정하는 방법이다.
② 수요지향적 방법은 원가보다는 제품에 대한 수요의 강약과 소비자의 지각을 중시하여 가격을 결정하는 방법이다.
③ 경쟁지향적 방법은 원가나 수요와 무관하게 오로지 경쟁자의 가격전략에 대응해 자사 제품의 가격을 결정하는 방법이다.

14 난도 ★★★   ③

고속 주기순환은 매출의 극대화를 위해 고객의 충성도를 높이는 것을 시도하지 않는다.

15 난도 ★★☆　　　　　　　　　　　　　　　　②

목표이익률 가격결정은 총원가에 대한 특정 목표이익률을 가산하여 가격을 결정하는 방법으로 원가 중심 가격결정법에 해당한다. 생산자 입장에서 결정되며, 손익분기점 분석을 주로 이용한다.

[오답 분석] ① 지각기준 가격결정은 소비자 입장에서 결정되는 방법으로, 제품의 지각 가치를 기반으로 가격이 결정된다.

③ 모방 가격결정은 현재 시장가격을 기준으로 하여 업계의 가격 수준에 맞게 가격을 일치시키는 방법으로, 경쟁기준 가격결정법에 해당한다.

④ 입찰참가 가격결정은 경쟁 기업이 입찰 시 설정하는 가격을 기준으로 이와 비슷하게 가격을 결정하는 방법으로, 경쟁기준 가격결정법에 해당한다.

16 난도 ★☆☆　　　　　　　　　　　　　　　　③

종속제품 가격결정은 주제품과 종속제품을 함께 생산 및 판매하는 전략으로, 주제품(면도기)은 가격을 낮게 책정하여 소비자의 구매를 유도한 후 종속제품(면도날)의 가격을 높게 책정하여 이윤을 창출하는 전략이다.

[오답 분석] ① 부산물 가격결정은 제품 제조 시 발생하는 부산물에 가격을 책정하는 전략이다.

② 선택사양제품 가격결정은 주력제품에 추가하여 제공되는 각종 옵션제품 또는 액세서리에 부과되는 가격을 말한다. 자동차의 경우 가죽시트, 선루프 등이 옵션제품에 해당한다.

④ 묶음제품 가격결정은 여러 개의 제품을 결합하여 할인된 가격으로 판매하는 전략으로 패스트푸드점의 세트 메뉴가 대표적이다.

PLUS+	집합제품 가격결정 전략
제품라인 가격결정	다양한 제품을 생산하는 경우 기업이 제품 간 원가나 성능, 품질의 차이를 고려하여 가격을 차등화하여 책정
결합제품 가격결정	기반이 되는 제품은 저렴하게 책정하고 결합되는 제품은 비싸게 가격을 책정 예 프린터와 토너
묶음제품 가격결정	여러 가지 상품을 묶어서 판매하는 가격정책으로 보완재끼리 묶어서 판매 예 세트 메뉴
옵션제품 가격결정	주력제품에 추가되는 각종 부가제품 및 액세서리에 부과하는 가격 예 자동차와 옵션상품
부산물 가격결정	제품 제조 시 발생하는 부산물에 대한 가격책정 예 소꼬리 및 내장

17 난도 ★★☆　　　　　　　　　　　　　　　　②

웨버의 법칙은 처음 자극의 강도가 약하면 자극의 변화가 약해도 그 변화를 쉽게 감지할 수 있으나, 처음 자극의 강도가 강하면 작은 자극에서는 변화를 감지할 수 없고 더 강한 자극에서만 감지할 수 있다는 법칙이다. 이 법칙에 따르면 소비자들은 가격이 웨버상수의 비율값 이상 변해야만 변화를 감지할 수 있다.

즉, '2,000원×0.2(웨버상수)=400원'이므로 400원 미만으로 변해야 소비자는 가격인상을 감지할 수 없다.

따라서 그 가격대는 2,300원≤현재가격<2,400원이 된다.

18 난도 ★★☆　　　　　　　　　　　　　　　　④

단수 가격전략이란 소비자의 심리를 고려한 가격결정법 중 하나로, 제품 가격의 끝자리를 홀수(단수)로 표시하여 소비자에게 제품이 저렴하다는 인식을 심어주는 가격결정 방법이다. 예를 들어 정상가가 40,000원인 상품을 39,900원으로 파는 경우를 말한다.

[오답 분석] ① 유인 가격전략은 특정 제품의 가격을 낮게 책정하여 소비자를 유인해 이윤이 높은 다른 제품의 추가 구매를 유도할 때 사용된다. 주로 대형마트나 할인매장에서 활용되는 전략이다.

② 결합제품 가격전략은 소비자들이 많이 찾는 핵심 제품의 가격은 낮게 설정하여 소비자들의 방문율을 높이는 대신, 핵심 제품과 연결되어 있는 종속제품의 가격을 높게 정하여 이윤을 확보하는 방식이다.

③ 옵션제품 가격전략은 제품의 성능이나 옵션 등에 의해 가격이 변동하는 것으로 대체로 기본제품에는 낮은 가격이, 옵션제품에는 높은 가격이 책정되는 경향이 있다.

19 난도 ★★☆　　　　　　　　　　　　　　　　①

경비 절감을 위해 외부의 인력과 시설, 기술 자원을 활용하는 전략적 아웃소싱의 사례이다.

[오답 분석] ② 전략적 제휴는 경쟁 관계에 있는 기업과 일부 사업에서 일시적인 협력관계를 갖는 것이다.

③ 다각화 전략은 기업이 위험 분산을 목적으로 기존의 업종과 전혀 별개의 사업이나 연관이 있는 사업에 진출하여 사업 자체를 다각화하는 방법이다.

④ 수직적 통합은 서로 다른 수준에 있는 구성원들(공급업자, 제조업자, 유통업자)를 통합해 하나의 기업조직을 이루는 형태로 메모리 반도체 제조회사가 반도체 장비 제조업에 진출하는 등의 사례를 들 수 있다.

20 난도 ★★☆　　　　　　　　　　　　　②

수직적 통합으로 인해 생산부터 판매까지 하나의 기업에서 운영하기 때문에, 기술 보호가 철저하게 이루어지는 장점이 있다.

21 난도 ★★☆　　　　　　　　　　　　　③

수직적 통합의 경우 효율적 운영을 위해 여러 조직적인 측면에서 고정된 형태를 가져야 하기 때문에 유연성이 떨어지는 단점이 존재한다.

[오답 분석] ① 기업의 활동으로부터 최종구매자 방향의 활동들을 통합하면 전방 통합이다.

② 수직적 통합은 자원의 분산으로 전문성이 감소될 수 있기 때문에 자원을 집중하고 전문성을 증가시키기 위해서는 수직적 통합을 지양하고 아웃소싱을 활용해야 한다.

22 난도 ★★☆　　　　　　　　　　　　　②

소매와 도매의 구분은 누구와의 거래인가에 의한 구분이다. 소매상은 개인용으로 사용하려는 최종소비자에게 직접 제품과 서비스를 제공하여 소매활동을 하는 유통기관을 말하고, 도매상은 제품을 재판매하거나 산업용 또는 업무용으로 구입하려는 재판매업자(Reseller)나 기관구매자(Institutional Buyer)에게 제품이나 서비스를 제공하는 상인 또는 유통기구를 의미한다.

23 난도 ★★☆　　　　　　　　　　　　　①

재구매율은 제품을 구매한 사람들 중에서 다시 구매한 사람들의 비율을 말한다.

$$\therefore \text{재구매율} = \frac{12}{50} \times 100 = 24\%$$

24 난도 ★☆☆　　　　　　　　　　　　　②

푸시 지원금은 유통업자를 대상으로 한 판매촉진활동이다.

[오답 분석] ①·③·④ 샘플 제공, 사은품 제공, 현금 환급은 소비자를 대상으로 하는 판매촉진활동이다.

PLUS+	판매촉진 수단의 비교	
구분	소비자 대상 판촉 수단	유통업자 대상 판촉 수단
가격 수단	할인쿠폰, 현금 환급, 보상판매	푸시 지원금, 광고공제, 진열공제
비가격 수단	샘플 제공, 사은품 제공, 추첨응모권, 경품, 고정고객 우대 프로그램	판매보조자료 제공, 판매원 훈련, 판매원 파견, 반품 회수, 인센티브

25 난도 ★☆☆　　　　　　　　　　　　　④

제품은 구매 목적에 따라 산업재와 소비재로 나뉜다. 산업재란 판매를 목적으로 하는 제품을 생산하기 위해 직·간접적으로 필요한 원자재, 부품, 설비, 기구 등을 의미하며, 주로 인적판매를 통해 판촉한다. 한편 소비재는 구매자가 최종적으로 소비하는 것을 목적으로 하는 제품으로 주로 광고를 통한 마케팅이 효과적으로 활용된다.

PART 3

조직행위
정답 및 해설

1 조직행위론의 개인행위

문제편 p. 028

01	02	03	04	05	06	07	08	09	10
②	④	③	①	②	③	③	②	①	④
11									
③									

01 난도 ★★★   ②

동형화란 기업 간에 유사한 전략을 추진하거나, 동일한 경영 기법을 활용하는 것을 말한다.

PLUS+ 동형화(Isomorphism)

• 의의: 특정 조직 내 모든 조직의 형태와 구조가 수렴되고 동형화되고 있는 현상을 말한다.
• 구분
  - 규범적(Normative) 동형화: 전문가 직업사회에서 전문화 과정을 통하여 나타나고, 전문직의 작업조건과 방법을 정의하고, 생산자들의 생산을 통제하고, 직업적 자율성을 취득하기 위한 인지적 기초와 정당화를 확립하기 위한 집합적 노력으로 자기들만의 네트워크로 정교화하는 과정
  - 억압적(Coercive) 동형화: 초점조직이 자신의 자원을 통제하는 다른 조직들 또는 자신의 조직 사회로부터 가해지는 공식 · 비공식 압력에 순응하는 과정
  - 모방(Mi-metic) 동형화: 초점조직이 자발적으로 성공사례를 벤치마킹하여 모방하는 과정으로 일반적으로 불분명한 목표와 해결책(당면한 불확실성이 높을 때)이 없는 경우에 단순히 모방할 가능성이 높아지며 다양한 경로를 통해 동형화될 가능성이 커짐

02 난도 ★★☆   ④

밀턴 로키치(Milton Rokeach)는 개인의 가치체계를 '가치관의 상대적 중요성'에 따라 순위를 매기며, 그것에 기인하여 하나의 가치체계를 형성한다고 주장한다. 그 유형으로는 궁극적 가치와 수단적 가치가 있는데, 행동방식, 용기, 정직, 지성 등은 궁극적 가치가 아닌 수단적 가치에 해당한다.

[오답 분석] ① 통제의 위치는 스스로 운명을 통제할 수 있다고 믿는 정도를 의미하며 내재론자와 외재론자로 나눌 수 있다.

PLUS+ 로키치 가치조사 척도(RVS; Rokeach Value Survey)

• 가치를 삶의 최종목표인 궁극적 가치와 그것을 성취하기 위한 수단적 가치로 구분한다.
• 궁극적 가치관의 유형으로 안락, 평화, 가족인정, 행복 등의 18개 유형이며, 수단적 가치의 유형으로는 이상적, 관대함, 유능함 등을 포함하는 18개 항목이 있다.
• 가치연구는 수단 · 목적 사슬을 통해 마케팅에 응용할 수 있으며 소비자의 궁극적 가치가 무엇인가에 따라 어떤 종류의 속성을 가진 상품을 가진 상품을 선택하는지가 달라진다.

수단적 가치 (Instrumental Value)	야심적인 < 생각이 넓음 < 유능한 < 명랑하고 즐거운 < 청결한 < 용감한 < 관대한 < 도움이 되는 < 정직한 < 창조적인 < 독립적인 < 지적인 < 논리적인 < 자애로운 < 순종적인 < 예의바른 < 책임 있는 < 자제력 있는
궁극적 가치 (Terminal Value)	편안한 생활 < 재미있는 생활 < 성취감 < 평화로운 세계 < 미적 세계 < 평등 가족 안전 < 자유 < 행복 < 내적 조화 < 성숙한 사랑 < 국가의 안전 < 구원 < 자존 < 사회적 인정 < 진실한 우정 < 지혜

03 난도 ★★☆   ③

켈리(Kelly)의 입방체이론에서 외부 귀인성은 일관성이 낮고, 일치성과 특이성이 높은 경우라고 설명한다.

PLUS+ 켈리(Kelly)의 입방체이론

구분	일관성	일치선	특이성
높음	내부 귀인성	외부 귀인성	외부 귀인성
낮음	외부 귀인성	내부 귀인성	내부 귀인성

04 난도 ★★☆   ①

강화이론에서 부정적 강화는 바람직하지 않은 결과를 회피시켜, 바람직한 행동의 빈도를 늘려가는 강화방법이다.

> **PLUS+**   **강화이론**
>
> - 적극적 강화(Positive Reinforcement): 바람직한 행동을 했을 경우에 매력적인 결과를 제공하는 것이다.
>   - 예 부하가 특정 상황에서 업무수행을 잘 했을 경우 감독자가 부하를 칭찬
> - 부정적 강화(Negative Reinforcement): 바람직하지 않은 결과를 회피시켜, 바람직한 행동의 빈도를 늘려나가는 것이다.
>   - 예 근로자가 일을 정확하게 수행하고 정시에 출근했을 경우 감독자는 근로자를 꾸지람하거나 괴롭히는 것을 삼가는 것
> - 소거(Extinction): 바람직하지 못한 행동을 했을 경우 적극적 강화를 하지 않는 것이다.
>   - 예 근로자가 지각할 경우 감독자로부터 칭찬을 받지 못하며 추가 급 추천도 받지 못하는 것
> - 처벌(Punishment): 바람직하지 못한 행동을 했을 경우 불쾌한 결과를 제공하는 것이다.
>   - 예 계속 지각하는 근로자를 공개적으로 꾸짖거나 벌금을 부과하는 것

05 난도 ★☆☆   ②

성장 욕구는 매슬로우 욕구가 아니라 ERG이론에 해당한다.

> **PLUS+**   **매슬로우의 5단계 욕구이론**
>

06 난도 ★★☆   ③

맥클리랜드(McClelland)는 개인의 욕구를 권력 욕구, 친교 욕구, 성취 욕구 3가지로 나누고, 성취 욕구를 가장 중요시했다.

오답 분석 ① 매슬로우(Maslow)는 욕구를 '생리적 욕구 – 안전 욕구 – 사회적 욕구 – 존경 욕구 – 자아실현 욕구'로 구분하였다.
② 앨더퍼(Alderfer)의 ERG이론에 따르면 현재 욕구가 좌절되면 하위 욕구가 더욱 증가한다.
④ 허츠버그(Herzberg)의 2요인이론에 따르면 임금, 업무조건, 회사정책, 다른 사람과의 관계, 직무안정 등은 위생요인에 해당하고, 성취감, 인정, 책임감, 성장 가능성 등은 동기요인에 해당한다.

07 난도 ★☆☆   ③

매슬로우의 욕구단계이론에 의하면 인간의 욕구는 위계적으로 조직되어 있으며 하위 욕구의 충족이 상위 욕구의 발현을 위한 조건이 된다고 본다. 매슬로우의 5단계 욕구의 순서는 'ⓒ 생리적 욕구 – ㉠ 안전 욕구 – ㉢ 사회적 욕구 – ㉣ 존경 욕구 – ㉤ 자아실현 욕구'이다.

08 난도 ★★☆   ②

허츠버그(Herzberg)는 만족과 관련된 요인을 동기요인(Motivator Factor)으로, 불만족과 관련된 요인을 위생요인(Hygiene Factor)으로 분류했다. 2요인 이론은 만족과 불만족을 동일한 개념의 양극으로 보지 않고 독립된 개념으로 본다. 따라서 만족의 반대는 불만족이 아니라 만족이 0(영)인 상태이다.

오답 분석 ① 성취감은 동기요인에 해당한다. 위생요인은 일 그 자체보다는 직무의 맥락과 관계되는 것으로서, 조직의 방침(정책)과 행정, 관리감독, 상사·부하·동료와의 관계, 근무환경, 보수, 개인생활, 지위, 안전 등이 있다. 동기요인으로는 직무 자체, 성취감, 인정, 책임감, 성장 및 발전 등을 들 수 있다.
③ 직원의 동기수준을 높이는 것은 동기요인과 관련된다. 위생요인은 불만족을 줄일 수는 있지만 만족을 주지 못한다.
④ 허츠버그는 만족과 불만족을 서로 독립된 개념으로 보았기 때문에, 불만족을 해소하여도 만족의 상승을 이끌어 낼 수는 없다고 보았다.

09 난도 ★★★   ①

기대이론은 동기가 부여되는 것은 욕구의 내용이 아니라 동기가 부여되는 과정에 따라 좌우된다는 과정이론의 하나이다. 기대이론에 따르면 개인은 여러 가지 행동 대안을 평가하여 가장 선호하는 결과가 기대되는 것을 선택하여 행동한다.

> **PLUS+**   **브룸(Vroom)의 기대이론**
>
> - 내용: 동기 = 기대(Expectancy) × 수단성(Instrumentality) × 유의성(Valence)
>   - 기대: 1차 결과가 '내가 할 수 있는 것이다'라고 생각해야 행동으로 실행함
>   - 수단성: 성과(1차 산출)가 나오면 그 보상(2차 산출)이 있을 것이라는 기대가 있어야 행동으로 실행함
>   - 유의성: 보상이 주어질 때 내가 원했던 것이거나 마음에 들어야 행동으로 실행함
> - 특징: 브룸은 기대, 수단성, 유의성이 각각 최댓값이 되면 최대의 동기부여가 된다고 판단하였으며, 각 요소 중에 하나라도 0이 되면 전체 값이 0이 되어 동기부여가 되지 않기 때문에 성공적인 동기부여를 위해서는 세 요소를 모두 적절히 조합하는 것이 필요하다고 주장하였다.

10 난도 ★★★   ④

동인이론은 개인의 행동은 과거의 경험을 중심으로 만족스러운 결과를 추구했던 과정에서 형성된다고 보는 이론이다. 1차적 동인은 생리적 동인으로 학습되지 않은 동인인 반면, 2차적 동인은 사회발생적 동인으로 학습된 동인이다. 일반적 동인은 1차적 동인과 2차적 동인 사이에 위치하며, 생리적 동인은 아니지만 1차적 동인과 같이 학습되지 않은 동인이다.

11 난도 ★★☆   ③

목표관리(MBO)란 목표를 설정할 때 종업원들을 참여하도록 하여 생산목표를 명확하고 체계적으로 설정·활용하여 공식 목표를 실체화하는 과정을 말한다. 목표가 구체성, 적정 난이도, 수용 가능성을 갖추게 되면 구성원들의 동기가 증진되고 성과도 창출된다.

2 조직행위론의 집단행위

문제편 p. 031

01	02	03	04	05	06				
②	④	③	④	④	②				

01 난도 ★★☆ ②

응집력이 이미 높은 상태에서 조직목표가 불일치하면 생산성이 저하될 위험이 가장 크다.

[오답 분석] ① 생산성이 가장 높은 상황이다.

③ 어느 정도 생산성이 향상되는 상황이다.

④ 생산성이 저하되는 상황이지만, 위험이 가장 큰 상황은 아니다.

PLUS+ 집단 응집력

집단의 구성원들이 서로를 좋아하고 집단의 일원으로서 존재하고 싶어 하는 정도를 의미한다. 집단의 크기, 공유된 성공체험, 집단과 가치관의 유사성 등에 영향을 받으며, 집단의 사기·만족 증대, 원활한 커뮤니케이션, 외부집단에 대한 거부감 등이 발생한다.

02 난도 ★★☆ ④

매몰비용의 오류란 진행하고 있는 일의 결과가 좋지 않을 것을 예상하지만, 투자한 비용과 시간이 아까워 상황을 객관적으로 판단하지 못하고 계속 진행하는 상황을 말한다.

03 난도 ★★★ ③

투사법이란 특정 주제에 대해 직접적으로 질문하지 않고 단어, 문장, 이야기, 그림 등 간접적인 자극을 제공해 응답자가 자신의 신념과 감정을 이러한 자극에 자유롭게 투사하게 함으로써 진솔한 반응을 표현하게 하는 방법이다.

[오답 분석] ① 프로빙 기법은 응답자의 응답이 완전하지 않거나 불명확할 때 다시 질문하는 것으로 캐묻기라고도 한다.

② 래더링 기법은 소비자가 특정 제품의 속성이나 가치를 어떻게 자신의 개인적 가치(Personal Value)에 연결시키는가를 설명하는 이론이다.

④ 에스노그라피(Ethnography)는 특정 집단 구성원의 삶의 방식, 행동 등을 그들의 관점에서 이해하고 기술하는 연구 방법이다. 문화의 고유성을 인정하고, 사람들이 어떻게 지각하고 행동하는가를 그들이 속한 일상적·문화적 맥락 속에서 파악한다.

04 난도 ★★☆ ④

사슬형은 공식적 명령체계이며, 수직적 경로를 통해 의사가 전달된다. 군대식 조직에서 주로 활용되며 만족도가 낮다.

[오답 분석] ② 원형은 권력의 집중이 없고 민주적으로 구성되므로 의사소통 속도가 빠른 편이다. 위원회조직이 대표적이다.

③ Y형은 명령(Line)과 조언(Staff)이 혼합된 조직에 적합한 유형이다.

PLUS+ 의사소통 네트워크의 특성

쇠사슬형	공식적 명령 체계
수레바퀴형	• 공식적 작업 집단 • 중심인물이 존재 • 간단한 작업일 경우에만 유효 • 상황파악과 문제해결의 즉각성
Y형	• Line-Staff 집단 • 확고하지는 않으나 리더의 존재가 있음
원형	• 위원회 조직 • 지역적으로 분리되었거나 자유방임적 조직 • 종합적 문제해결 능력은 떨어지지만 구성원 만족도는 높음
완전연결형	• 비공식적 조직 • 구성원들의 창의성을 최대한 발휘할 수 있는 상태 • 구성원 만족도가 가장 높음

05 난도 ★★☆ ④

특정 분야에 대해 가지는 전문적 지식은 개인적 권력이다.

[오답 분석] ① 타인에게 부정적 강화를 제공할 수 있는 권력은 강압적 권력이다.

② 타인에게 긍정적 강화를 제공할 수 있는 권력은 보상적 권력이다.

③ 권한을 가지는 합법적 권력이다.

보상적 권력	타인에게 긍정적 강화를 제공할 수 있는 경우
강제적 권력	타인에게 부정적 강화를 제공할 수 있는 경우
합법적 권력	권한을 가지는 경우
준거적 권력	상사에게 주관적인 충성심을 가지고 있는 경우
전문적 권력	특정 분야에서 전문적 지식을 가지고 있는 경우

06 난도 ★★★   ②

피셔와 유리의 협상갈등전략은 윈윈전략으로 상황에 더 집중하여 상호 이익을 취하는 합의점을 찾아야 한다.

도서에 나오는 협상갈등 해결방법은 다음과 같이 네 가지 항목이다.
1. 사람과 문제를 분리하라
2. 입장이 아닌 이해관계에 초점을 맞춰라
3. 상호 이익이 되는 옵션을 개발하라
4. 객관적 기준을 사용할 것을 주장하라

3 집단행위의 리더십이론

문제편 p. 032

01	02	03	04	05	06	07	08	09	10
④	②	④	③	①	③	③	①	④	②
11	12	13	14						
②	①	②	①						

01 난도 ★★☆ ④

연구개발은 지원적 활동에 해당한다.

PLUS+ 가치사슬(Value Chain)

• 의의: 마이클 포터 하버드대 교수가 주장한 개념으로, 기업이 원재료를 구매하여 가공 · 판매해 부가가치를 만드는 일련의 과정을 말한다.
• 구분
  – 본원적 활동(Primary Activities): 물류투입, 운영 · 생산, 물류산출, 마케팅 및 영업, 서비스 활동이 포함되며, 제품 · 서비스의 물리적 가치창출과 관련된 활동들로써 직접적으로 고객들에게 전달되는 부가가치 창출에 기여하는 활동들을 의미함
  – 지원 활동(Support Activities): 회사 인프라, 인적자원관리, 기술개발, 조달활동이 포함되며, 본원적 활동이 발생하도록 하는 투입물 및 인프라를 제공하는 활동으로 직접적으로 부가가치를 창출하지는 않지만, 이를 창출할 수 있도록 지원하는 활동들을 의미함

---

02 난도 ★★☆ ②

가치사슬을 활용해 기업의 활동분야를 여러 단계로 나누고 각 단계별로 가장 뛰어난 경쟁자와 벤치마킹을 통해 경쟁우위가 있는 부문과 열위가 있는 부문을 파악함으로써 자사의 핵심역량이 어디에 있는지 파악할 수 있다.

오답분석 ① 현장 업무 활동으로 이윤을 창출하는 역할을 기간활동 또는 주활동이라고 한다.
④ 기업의 하부 구조는 생산 관계를 통틀어 이르는 말로 보조 활동에 포함된다.

03 난도 ★☆☆ ④

SWOT분석은 기업 내 · 외부 환경의 S(강점), W(약점), 외부 환경인 O(기회), T(위협)를 나누어 상황별 대처 방안을 제시하고, 기업 강점을 이용하여 주어진 기회를 기업에 유리하게 만들거나 위협에는 적절히 대처하며, 약점을 최대한 보완하는 전략을 수립하는 분석방법이다.

오답분석 ① 가치사슬분석은 기업이 상품과 서비스를 만들어 유통하면서 고객들에게 가치를 제공하는 활동에 관한 분석이다.
② 시장침투전략은 기존 시장에서 기존 상품을 더 팔아 성장을 유지하려는 마케팅 전략이다.
③ 사업포트폴리오 분석은 적절한 자원 분배를 위해 경영진이 사업 포트폴리오에서 핵심적인 사업단위를 식별해 내고, 각각의 사업단위를 평가하는 행위이다.

04 난도 ★★☆ ③

마이클 포터(Michael Poter)는 기업의 가치 창출 활동을 주활동(Primary Activities)과 보조 활동(Support Activities)의 2가지 범주로 구분하고 있다. 주활동에는 물류투입, 제조 · 생산, 물류, 영업마케팅, 서비스가 있고, 보조 활동에는 기업의 하부구조, 인적자원, 기술개발, 조달활동이 포함된다.

05 난도 ★★☆ ①

지식을 발전시키는 과정은 이식 – 표출 – 연결 – 체화의 단계를 따른다. 이 중 '이식'은 기술을 전수받는 과정을 말한다.

06 난도 ★★☆　　　　　　　　　　　　　　　　　③

암묵지란 학습과 경험을 통하여 개인에게 체화되어 있지만 겉으로 드러나지 않는 지식을 말하며, 컴퓨터 매뉴얼은 형식지에 해당하는 예시이다.

PLUS+　형식지와 암묵지	
형식지(Explicit Knowledge)	**암묵지(Tacit Knowledge)**
형식을 갖추어 외부로 표출되어 여러 사람이 공유할 수 있는 지식	체화(體化)되어 있지만 말이나 글 등의 형식을 갖추어 표현할 수 없는 지식
구체적, 체계적	추상적, 비체계적
예 매뉴얼, 문서	예 노하우, 개인만의 지식, 어머니의 손맛

07 난도 ★★☆　　　　　　　　　　　　　　　　　③

통합화는 형식지식을 새로운 형식지식으로 전환시키는 단계이다.

오답 분석 ① 타인의 암묵지식을 경험을 통해 자신의 암묵지식으로 습득하는 단계는 사회화이다.

② 암묵지식을 형식지식으로 전환시키는 단계는 외재화이다.

④ 형식지식을 암묵지식으로 내부화시키는 단계는 내재화이다.

08 난도 ★★★　　　　　　　　　　　　　　　　　①

오답 분석 ② · ③ · ④ 리더십이론은 훌륭한 리더가 보유한 특성을 연구하는 특성이론에서 출발하여, 개별적 리더의 특성보다는 리더들의 행동의 보편성을 연구하는 행동이론으로 발전하였다가, 환경의 상황에 따른 적절한 리더십을 연구하는 상황이론으로 발전하였고, 이후 여러 가지의 현대 리더십이론으로 발전하였다.

PLUS+　리더십이론	
특성이론	• 1940~1950년대 • 성공적인 리더의 특성 연구행동이론
행동이론	• 1950~1960년대 • 리더와 부하 간의 관계를 중심으로 리더의 행동 연구
상황이론	• 1970년대 이후 • 리더와 환경적인 상황의 관계 연구

09 난도 ★★☆　　　　　　　　　　　　　　　　　④

상황이론은 유일 · 최선의 관리방식을 추구하는 고전적 조직이론을 비판하기 위한 이론이다.

10 난도 ★★☆　　　　　　　　　　　　　　　　　②

ERG이론은 앨더퍼(Alderfer)가 주장한 동기부여이론으로 인간의 욕구를 생존 욕구(Existence Needs), 관계 욕구(Relatedness Needs), 성장 욕구(Growth Needs)의 3단계로 구분했다.

오답 분석 ③ PM이론은 리더십이론 중 행동이론에 포함된다.

11 난도 ★★☆　　　　　　　　　　　　　　　　　②

즉각적이고 가시적인 보상으로 동기를 부여하는 것은 거래적 리더십에 대한 설명이다.

PLUS+　다양한 리더십이론	
거래적 리더십	• 전통적 리더십이론 • 현상유지적, 안정 지향성 • 즉각적이고 가시적인 보상 체계 • 단기적 관점
변혁적 리더십	• 거래적 리더십에 대한 비판 • 현상탈피, 변화 지향성 • 내재적 보상의 강조 • 장기적 관점
카리스마적 리더십	• 구성원들 스스로 리더를 따르게 만드는 능력 • 리더의 신념을 신뢰 • 무조건적인 수용과 자발적인 수용 발생
슈퍼 리더십	• 부하들이 셀프리더가 될 수 있도록 환경을 조성해 주고 동기부여를 할 줄 아는 리더 • 셀프리더로서 솔선수범 • 자율경영

12 난도 ★★★　　　　　　　　　　　　　　　　　①

명확한 비전제시는 변혁적 리더십의 특성이다.

PLUS+　진성 리더십
• 특징: 리더의 진정성을 강조하는 리더십을 말한다. 본연의 자기 모습을 인식하고 다른 사람을 모방하지 않으며, 자신의 신념을 소신껏 실행하여 조직 구성원들에게 긍정적인 영향을 미친다. • 자아 인식: 리더 자신의 강점과 약점, 가치관, 감정, 본성 등에 대한 이해이다. • 내면화된 도덕적 신념: 외부의 영향을 받지 않고 자신의 가치관에 따라 움직이는 과정이다. • 균형 잡힌 정보처리: 의사결정을 내리기 전에 정보를 객관적으로 검토하는 과정이다. • 관계의 투명성: 자신의 진정성을 다른 사람에게 보여주는 것으로 자신의 생각과 감정을 다른 사람들과 공유하는 것이다.

거래적 리더십은 안정지향적이며 현상유지를 하려고 하기 때문에 새로운 변화와 시도를 추구하지 않는다.

PLUS+	거래적 리더십
변화관	안전지향 · 현상유지, 폐쇄적, 소극적
관리계층	하위관리층, 중간관리층
관리전략	• 리더와 부하 간 교환관계나 통제 • 즉시적 · 가시적인 보상으로 동기부여
행위표준	부하들이 명령 · 지시에 충실할 것을 의도
문제해결	부하에게 문제를 해결하거나 해답을 찾을 수 있는 곳을 알려 줌
이념	능률지향 – 단기적인 효율성과 타산
조직구조	기술구조(기술 위주)나 기계적 관료제에 적합
리더십 사용	과소사용

14 난도 ★★☆   ①

[오답 분석] ② 서번트 리더십은 리더의 희생으로서 조직의 발전을 추구하는 리더십이다. 서번트는 하인을 의미한다.
③ 부하들이 자기통제에 의해 자신을 스스로 이끌어 나가는 셀프리더로 키우는 리더십은 슈퍼 리더십이다.
④ 변혁적 리더십은 구성원 스스로 업무에 대한 확신감을 가질 수 있도록 동기를 부여하고 업무결과에 대한 욕구를 자극함으로써, 구성원 스스로 추가적인 노력을 통해 기대 이상의 성과를 가져오도록 유도한다.

4 조직구조 및 직무설계

문제편 p. 035

01	02	03	04	05	06	07	08	09	10
①	④	①	②	④	①	①	③	②	③
11	12	13							
②	①	④							

01 난도 ★★☆   ①

[오답 분석] ⓑ 프로젝트를 수행하기 위해 만들어지는 한시적인 조직 형태는 프로젝트 조직이다.

ⓒ 다양한 경험을 통해 전문기술의 개발과 더불어 좀 더 넓은 시야와 목표관을 가질 수 있어 동기부여 효과가 있다.

ⓔ 이중 권한 체계로 인해 기능부서와 사업부서의 갈등이 발생할 수 있다.

02 난도 ★☆☆   ④

태스크포스 조직이라고도 불리는 프로젝트 조직은 어떤 구체적인 문제를 다루기 위해 만들어진 후 문제가 해결되거나 임무가 완성되면 해체되는 조직이다. 주로 어떤 프로젝트 업무를 단기간 내에 수행해야 하는 경우, 그때마다 기능별 조직에서 인원을 파견받아 형성하는 등 환경 변화에 따라 인력 등의 조직을 유연하게 조정할 수 있다는 장점이 있다.

[오답 분석] ① 프로젝트 조직은 복잡한 환경 속에서 조직의 중요한 혁신이 필요하거나 신제품을 개발할 때 어울리는 조직이다.

② 프로젝트 조직은 수평적 정보공유가 활발하게 일어나는 형태의 조직이기 때문에 업무가 줄어든다고 볼 수 없다.

③ 프로젝트 조직은 짧은 시간 동안 조직의 프로젝트가 수행될 때 운용된다.

03 난도 ★★☆   ①

기능식 조직은 조직이 수행하는 기능에 따라 직무를 구조화하는 부문화 조직구조로 하나의 조직 내 유사한 업무를 담당하기 때문에, 분절된 전문지식 및 기술과 같은 자원들을 조금 더 효율적으로 활용할 수 있다.

04 난도 ★★☆   ②

유기적 조직은 개인과 개성이 존중되고 이들의 기능이 횡적 유대관계로써 기업 전체의 목적에 부합하도록 하는 관리체계이고, 기계적 조직은 공식적인 권한 계층이 존재하고 명령계통의 원칙이 적용되는 통제 중심의 조직구조로 과업 분업화와 공식화의 정도가 높으며 권한이 조직 상층부에 집중되어 있다. 따라서 단위생산은 유기적 조직에, 대량생산은 기계적 조직에 해당한다.

05 난도 ★★☆   ④

프로젝트 조직은 특정한 사업목표를 달성하기 위하여 일시적으로 조직 내의 인적 · 물적 자원을 결합하는 조직형태로, 해산을 전제로 하여 임시로 편성된 일시적 조직이며, 혁신적 · 비일상적인 과제의 해결을 위해 형성되는 동태적 조직이다.

[오답 분석] ① 기능별 조직은 생산, 회계, 인사, 영업 등과 같이 기능을 나누고 각 기능을 담당할 부서 단위로 조직된 구조를 말한다.

② 사업부제 조직은 기능별 조직과 달리 사업부 단위를 편성하고 각 사업부 단위에 독자적인 생산, 마케팅, 영업 등의 권한을 부여한다. 따라서 분권화된 의사결정이 특징이다.

③ 매트릭스 조직은 프로젝트 조직과 기능별 조직을 절충한 조직형태로, 구성원 개인을 원래의 종적 계열과 함께 횡적 또는 프로젝트 팀의 일원으로서 임무를 수행하게 하여 한 사람의 구성원이 동시에 두 개 부문에 속하게 된다.

PLUS+ 위원회 조직과 프로젝트 조직의 비교

구분	위원회 조직	프로젝트 조직
지속성	장기	단기
구성원	역할 조직	전문성, 기술
구성원의 안정성	안정적	유동적
업무에 대한 구성원의 태도	수동적	적극적

06 난도 ★★☆ ①

업무몰입의 지원은 직무설계와 관련이 있다.

[오답 분석] ②·③·④는 분업화와 관련이 있다.

07 난도 ★★☆ ①

전통적 직무설계에서는 기술과 생산요건 중심의 기계론적 인간관을 가정한다. 반면에 기술 다양성은 '직무가 다양한 기술을 요구하는 정도'라는 의미로 인간이 중심이 되는 현대적 직무설계 시 고려되는 하나의 요인이다. 따라서 기술 다양성은 전통적 기계적 접근이 아니라 동기부여적 접근법에 해당한다.

08 난도 ★★☆ ③

해크먼(R.Hackman)과 올드햄(G.Oldham)의 직무특성모형은 핵심직무특성을 기술다양성, 과업정체성, 과업중요성, 자율성, 피드백으로 구분하고 있다. 동기부여는 해크먼과 올드햄이 제시한 핵심직무특성 5가지에 포함되지 않는다.

09 난도 ★★☆ ②

직무충실화란 직무의 수직적 확대를 의미하며, 근로자가 직무를 계획, 조직, 실행, 평가하는 정도를 확장시키는 직무설계 방법을 말한다. 즉, 근로자가 현재 수행하고 있는 업무에 책임 및 의사결정 재량권이 추가되는 과업을 더 부여하는 것을 말한다.

[오답 분석] ① 직무확대에 해당하는 내용으로 과업량을 늘리고 권한을 추가 한다.
③ 직무순환에 대한 내용으로 과업을 주기적으로 변경하지 않음으로써 과업의 단조로움을 극복한다.
④ 직무순환에 대한 내용으로 직원들 간에 담당하는 직무를 교환하지 않는다.

10 난도 ★★☆ ③

해크먼(R. Hackman)과 올드햄(G. Oldham)의 직무특성이론에 따르면 동기부여는 직무의 특성이 수행자의 성장 욕구에 부합될 때 강하게 유발된다고 본다. 직무특성이론에서 핵심 직무특성은 기술다양성, 직무정체성, 직무중요성, 자율성, 피드백이 있으며, 직무에 대한 의미감과 관련 있는 요소에는 기술다양성, 직무정체성, 식무중요성이 있다. 자율성은 직무에 대한 책임감, 피드백은 직무수행 결과에 대한 지식과 관련 있다.

11 난도 ★★☆ ②

학습은 맥킨지 7S 모형에 포함되지 않는다.

PLUS+ 맥킨지(Mckinsey)의 7S 모형

공유가치 (Shared Value)	다른 조직문화의 형성에서 가장 중요한 요소
전략 (Strategy)	조직의 장기적인 방향과 기본성격을 결정하고 다른 조직문화 형성에 영향
조직구조 (Structure)	조직의 목표 달성에 요구되는 구성원들의 역할과 상호관계를 지배하는 구성요소
제도 (System)	조직의 의사결정과 운영과 관계되는 모든 시스템
구성원 (Staff)	조직의 인력자원
관리기술 (Skill)	조직의 운영에 활용되는 각종 경영기법
리더십 스타일 (Leadership Style)	조직을 이끌어 나가는 리더의 유형

12 난도 ★★☆ ①

공통된 리더십은 작업집단보다는 작업팀에 해당하는 용어이다.

PLUS+ 작업집단과 작업팀의 비교

구분	작업집단	작업팀
목표	정보 공유	단체 성과
업무시너지	크지 않음	큼
기술	다양함	상호보완적
책임	개인 책임	팀 책임

13 난도 ★★★ ④

정보시스템 구성요소의 소프트웨어(Software)는 컴퓨터의 작업을 지시하는 프로그램으로 컴퓨터 운영을 통제하는 시스템이다.

지식에 대한 투자가 가장 이윤이 많이 남는 법이다.

– 벤자민 프랭클린 –

PART 4

회계학
정답 및 해설

1 회계의 개념 및 거래

문제편 p. 040

01	02	03	04	05					
①	②	①	①	②					

01 난도 ★★☆ ①

관리회계는 경영자가 내부통제 또는 재무예측을 위해 필요로 하는 경제적 정보를 정리하는 일련의 과정을 말한다. 즉, 관리회계는 기업 내부의 의사결정에 사용하기 위한 것이다.

PLUS+ 회계의 분류

구분	재무회계	관리회계
목적	재무제표 작성	경영자의 의사결정
이용자	투자자, 채권자(외부)	내부 경영자
작성기준	기업회계기준 등	내부 작성 기준
보고양식	재무제표	내부 양식 기준
강제성	있음	없음
특성	정확성, 신뢰성, 객관성	적시성, 목적적합성
정보의 특성	과거관련 정보	미래지향 정보

02 난도 ★☆☆ ②

오답 분석 ① · ④ 재무회계는 외부정보이용자의 의사결정에 정보를 제공하는 것을 목적으로 하기 때문에 일정한 회계원칙을 가지고 있지만, 관리회계는 주 대상자가 내부정보이용자이기 때문에 일정한 형식이 존재하지 않는다.

③ 재무회계는 과거관련 정보를 제공하고, 관리회계는 미래지향 정보를 제공한다.

03 난도 ★★☆ ①

채권자는 기업의 성과 여부에 상관없이 일정한 이익을 취하며 주주는 성과에 따른 책임을 진다. 따라서 주주는 채권자가 이자비용을 가져가고 남은 가치를 지분율에 맞게 받는다.

PLUS+ 주주와 채권자의 비교

주주	• 실질적인 기업의 소유자로서 주주총회의 구성원임 • 기업의 성패에 따라 자신이 보유한 지분율만큼의 책임을 짐 • 자신이 보유한 지분 이상의 수익과 손해는 보지 않음
채권자	• 채무자에게 급부를 할 것을 요구할 자격이 있음 • 채무자에게 금전적 가치를 제공하는 대신 정해

04 난도 ★☆☆ ①

회계정보의 질적 특성이란 회계정보가 유용하기 위해 갖춰야 할 주요 특성들을 말한다. 일반기업회계기준에 따른 질적 특성은 크게 목적적합성과 신뢰성으로 나뉜다. 그중 목적적합성에는 예측가치와 피드백가치, 적시성이 있다.

05 난도 ★★☆ ②

분개 시 자산의 증가는 차변, 자산의 감소는 대변에 기입한다. 부채의 증가는 대변, 부채의 감소는 차변에 기입하고, 자본의 증가는 대변, 자본의 감소는 차변, 비용의 발생은 차변, 비용의 소멸은 대변, 수익의 발생은 대변, 수익의 소멸은 차변에 기입한다. 따라서 상품구매 40,000원은 자산의 증가이므로 차변에, 현금 지급 10,000원은 비용의 발생이므로 대변에, 외상 30,000원은 부채의 발생이므로 대변에 분개한다.

2 재무제표

문제편 p. 041

01	02	03	04	05	06	07	08	09
②	②	②	③	③	①	③	③	④

01 난도 ★★☆ ②

수익(매출) 1,000,000원, 총비용 850,000원(임차료＋급여＋운송비＋소모품 및 기타 비용＝300,000＋400,000＋50,000＋100,000)

당기순이익＝매출－비용
  ＝1,000,000－850,000
  ＝150,000
∴ 당기순이익＝150,000(원)

02 난도 ★★★ ②

판매가격에서 판매원가와 판매비용을 차감해야 이익을 계산할 수 있다. 단위변동비는 제품의 총변동원가를 판매량으로 나눈 값을 말하며 이익과는 관련이 없다.

03 난도 ★☆☆ ②

영업순이익＝(총매출액－매출원가)－판매관리비용
  ＝(2,000,000－1,000,000)－400,000
  ＝600,000
∴ 영업순이익＝600,000(원)

> **PLUS+** 재무제표 계산식
>
> • 영업순이익＝매출총이익－판매관리비용
> • 매출총이익＝총매출액－매출원가
> • 법인세차감전순이익＝영업순이익－이자비용
> • 당기순이익＝법인세차감전순이익－법인세

04 난도 ★★☆ ③

$$매출총이익률＝\frac{매출총이익}{매출액}$$

$$0.3＝\frac{x-140}{x}$$
$$0.3x＝x-140$$
$$0.7x＝140$$
$$\therefore x＝200(만\ 원)$$

05 난도 ★★★ ③

자본은 자산에서 부채를 차감한 잔여지분인 자기자본을 의미하며, 이는 자본금, 자본잉여금, 이익잉여금, 자본조정으로 구성된다.

부채＝총자산－자본
  ＝2,800－(1,000＋300)＝1,500
∴ 부채＝1,500(만 원)

06 난도 ★★☆ ①

당기순이익은 경영활동의 결과로써 주주에게 귀속되는 이익으로, 법인세비용 차감 이후의 이익을 말한다.

[오답 분석] ② 매출총이익은 총매출액에서 매출원가를 뺀 값이다.
③ 영업이익은 매출총이익에서 판매비와 관리비를 더한 값을 뺀 값이다.
④ 법인세비용차감전순이익은 영업이익에 영업 외 수익은 더하고 영업 외 비용을 뺀 값이다.

07 난도 ★★☆ ③

일정기간 동안의 경영성과를 나타낸 재무제표는 포괄손익계산서(I/S)이다. 재무상태표는 특정시점의 재무상태를 나타낸다.

> **PLUS+** 재무상태표의 구성
>
> • 자산: 유동자산(당좌자산, 재고자산), 비유동자산(투자자산, 유형자산, 무형자산, 이연자산)
> • 부채: 유동부채, 비유동부채
> • 자본: 자본금, 자본잉여금, 자본조정

PART 4 회계학

08 난도 ★★☆ ③

오답분석 ① 손익계산서는 수익에서 비용을 차감한 순손익을 통해 기업의 경영 성과를 보여준다.

② 기업의 재무 상태를 나타내는 보고서는 재무상태표이다.

④ 기업의 현금이 어떻게 조달되는지 보여주는 것은 현금흐름표이다.

09 난도 ★★☆ ④

현금흐름표는 일정 기간 동안 기업실체의 현금유입과 현금유출에 대한 정보를 제공하는 재무제표로서 특정 보고기간의 현금의 유입과 현금의 유출내용을 영업활동 현금흐름, 투자활동 현금흐름, 재무활동 현금흐름으로 구분한다.

오답분석 ① 재무활동이란 기업의 납입자본과 차입금의 크기 및 구성내용에 변동을 가져오는 활동을 말하며, 이는 영업활동과 관련이 없는 부채 및 자본의 증가·감소거래를 의미한다.

② 영업활동은 주로 기업의 주요 수익창출활동에서 발생한다.

③ 투자활동이란 장기성자산 및 현금성자산에 속하지 않는 기타 투자자산의 취득과 처분활동을 말하며, 이는 영업활동과 관련이 없는 자산의 증가·감소거래를 의미한다.

3 자산·자본·수익과 비용

문제편 p. 043

01	02	03	04	05	06	07	08
④	④	③	③	②	①	③	③

01 난도 ★★★ ④

손익분기점은 총비용과 총수익이 같아지는 것을 말한다. 이를 산출하기 위해서는 다음의 공식을 사용한다.

$$손익분기점(매출액) = \frac{총고정비용}{1 - \dfrac{제품단위당\ 변동비용}{제품가격}}$$

따라서 영업이익은 해당하지 않는다.

02 난도 ★★☆ ④

대상 자산에서 잔존가치를 차감하는 것은 맞지만 매년 동일하게 차감하지 않는다. 잔존가치는 계산에 따라 변경된다.

[오답 분석] ① · ③은 정액법, ②는 연수합계법에 대한 설명이다.

PLUS+ 감가상각결정 요인

- 취득원가(Historical Cost): 기초가치라고도 하며 고정자산을 구입하는 가격, 즉 공정시장가치(Fair Market Value)에 그 고정자산을 가동시키기까지의 제비용과 취득시점 이후에 가산될 수 있는 자본적 지출을 포함한 것까지를 말한다.
- 잔존가치(Residual Value): 처분 시 받을 금액에서 제거 및 판매비용을 차감한 잔존가액이다. 세법에서는 유형고정자산의 잔존가치를 보통 취득원가의 10%로 하고 있다. 무형고정 자산은 그 잔존가치가 없는 것으로 하고 있다.
- 추정내용연수(Estimated Useful Life): 고정자산을 사용할 수 있는 기간으로서 고정자산이 용역 잠재력을 제공하는 기간을 말한다. 내용 연수를 객관적으로 추정하기 위해서는 물리적 요소인 생산능력 또는 조업도, 수선·유지정책과 경제적 요소인 진부화, 부적합화, 경기변동, 기타보험에 의해서 보상될 수 없는 기업외적 요소를 고려해야 한다.

03 난도 ★★☆ ③

감가상각방법은 유형자산의 원가배분방법으로, 우리나라 기업회계기준에서는 정액법, 정률법, 이중체감법, 연수합계법, 생산량비례법을 인정한다. 생산성비율법은 감가상각방법에 포함되지 않는다.

04 난도 ★★★ ③

이동평균법은 구입이 이루어질 때마다 가중평균단가를 구하고 상품출고 시마다 출고단가를 계속 기록하는 방법이다.

- 이동평균법을 적용한 기말재고자산

$$\left\{(10개 \times 200원 + 30개 \times 220원) \times \frac{20}{40}개 + (50개 \times 230원)\right\} \times$$

$$\frac{30}{70}개 ≒ 6,771원$$

구분	재고금액	매출원가	재고(누적)
1월	2,000	–	10개
	↓ (+)6,600		
2월	8,600	–	40개
	↓ (−)4,300		
3월	4,300	4,300	20개
	↓ (+)11,500		
4월	15,800	–	70개
	↓ (−)9,029		
5월	6,771	9,029	30개

05 난도 ★★★ ②

- 매출원가 = 기초재고자산 + 당기상품매입액 − 기말재고자산
  = 150 + 800 − 180 = 770(만 원)
- 판매가능자산
  = 기초재고자산 + 당기상품매입액 = 매출원가 + 기말재고자산
  = 150 + 800 = 770 + 180 = 950(만 원)

06 난도 ★★☆ ①

우선주는 보통주보다 재산적 내용에 있어서 우선권이 인정되는 대신 의결권이 부여되지 않은 주식을 말한다. 참가방법에 따라 참가적 우선주, 비참가적 우선주, 누적적 우선주, 비누적적 우선주로 나뉜다. 또한 통상의 우선주가 분기별로 고정배당이 지급되는 반면, 변동배당우선주는 사전에 결정된 기간마다 배당이 재조정된다.

[오답 분석] ② 이자가 미리 정해져 있는 것은 사채이다.
③ 우선주도 배당에 대한 세금이 부여된다.
④ 우선주라도 비용은 공제 후 우선 배당이 이루어진다.

보통주 (Common Stock)	의결권, 배당권, 신주인수권, 잔여재산 청구권 등이 부여된 주식
우선주 (Preferred Stock)	이익배당과 잔여재산분배 등 재산상 권리가 보통주보다 우위에 있는 반면, 일반적으로 의결권이 없는 주식

07 난도 ★★★ ③

총수익−총비용=순이익, 총비용=변동비+고정비

$1,000x - \{200,000 \times 1,000(변동비)\} - 20,000,000(고정비)$

$= 20,000,000$

$1,000x = 240,000,000$

$\therefore x = \dfrac{240,000,000}{1,000} = 240,000(원)$

08 난도 ★★★ ③

• 단위당 공헌이익=단위당 판매가격−단위당 변동비

  $= 1,000 - 800 = 200$

• 손익분기점(BEP)매출량$= \dfrac{고정비}{단위당공헌이익}$

  $= \dfrac{600,000}{200}$

  $= 3,000(개)$

PART 5

재무관리 정답 및 해설

1 재무관리의 개념

문제편 p. 048

01	02	03							
②	③	②							

01 난도 ★★☆   ②

경영자가 내부통제 또는 재무예측을 위해 필요로 하는 정보를 정리하고, 재무분석은 기업의 외부 이해관계자들이 기업의 재무상태와 경영성과의 적정성 여부를 검토하는 것은 관리회계이다.

02 난도 ★★☆   ③

회계처리는 회계관리자의 역할이다.

> **PLUS+ 재무관리자의 역할**
>
> • 기업 내 재무관리: 제품 및 용역의 생산과 판매를 위해 관련된 자금의 조달과 분배에 대한 결정을 한다.
> • 재무계획: 현금의 유입·유출을 추정하고 재무에 어떤 영향을 미칠지 분석하고 예측한다.
> • 투자결정: 기업이 미래의 경제적 혜택을 위하여 현재의 자금을 사용하는 것이다.
> • 자금조달결정: 기업의 규모가 커질수록 투자의 필요성이 커지고, 여러 가지 다양한 자금 조달 방법을 결정한다.

03 난도 ★★★   ②

$6,050(만 원) = 원금 \times (1+0.1)^2 = 원금 \times 1.21$

$\therefore 원금 = \dfrac{6,050}{1.21} = 5,000(만 원)$

2 자본예산

문제편 p. 049

01	02	03	04	05	06			
②	②	④	④	②	②			

01 난도 ★★☆　　　　　　　　　　②

ⓒ·ⓔ 기업어음 발행과 은행차입은 간접적 자본 조달 방법(간접금
융)에 속한다.

[오답 분석] ⓐ·ⓓ 주식 발행과 회사채 발행은 기업의 직접적 자본
조달 방법(직접금융)에 속한다.

02 난도 ★★☆　　　　　　　　　　②

순현가(NPV)는 투자로 인하여 발생할 미래의 모든 현금흐름을 적
절한 할인율로 할인한 현가로 나타내어 투자결정에 이용하는 방법
이다. 모든 개별 투자안들 간의 상호관계를 고려하지 않아 독자적
평가가 가능하다.

> **PLUS+** 순현재가치법(NPV; Net Present Value method)
>
> • 의의: 투자로 인하여 발생할 미래의 모든 현금흐름을 적절한 할
>   인율로 할인한 현가로 나타내어 투자결정에 이용하는 방법이다.
> • 순현재가치법의 유용성
>   - 화폐의 시간가치를 고려함
>   - 내용연수 동안의 모든 현금흐름을 고려함
>   - 현금흐름과 할인율만으로 투자안을 평가하므로 자의적 요인이
>   배제됨
>   - 투자안에 대한 가치가산의 원칙이 적용됨. 즉, A와 B 두 투자
>   안에 모두 투자할 경우의 순현가는 각 투자안의 순현가를 합한
>   것과 동일함
>   - 선택된 모든 투자안의 순현가의 합으로 해당 기업의 가치를 알
>   수 있음

03 난도 ★★★　　　　　　　　　　④

순현가법은 현금유입의 현재가치에서 현금유출의 현재가치를 뺀
것으로, 매출액이 아닌 순현금흐름의 현재가치를 기준으로 한다.

04 난도 ★★☆　　　　　　　　　　④

선입선출법(FIFO: First-In First-Out Method)은 실제 물량의
흐름과는 관계없이 먼저 취득한 자산이 먼저 판매된 것으로 가정하
여 매출원가와 기말재고로 구분하는 재고자산의 단가결정방법이
다. 매출원가는 오래전에 구입한 상품의 원가로 구성되고, 기말재
고는 최근에 구입한 상품의 원가로 구성된다.

[오답 분석] ①·②·③ 자본예산기법에는 회수기간법, 평균회계이
익률법, 순현가법, 수익성지수법, 내부수익률법 등이 있다.

> **PLUS+** 투자안 평가방법
>
> | 전통적 기법 (화폐의 시간가치를 고려하지 않는 방법) | 회수기간법 | 회수기간을 기준으로 투자를 결정하는 방법 |
> |---|---|---|
> | | 회계적 이익률법 | 연평균 순이익을 연평균 투자액으로 나누어 회계적 이익률을 산출하여 목표 이익률과 비교한 후 투자를 결정하는 방법 |
> | 현금흐름 할인법 (화폐의 시간가치를 고려하는 방법) | 순현재 가치법 | 투자로 인해 발생할 미래의 현금흐름을 적절한 할인율로 할인해 현가를 계산한 후, 투자금액의 현재가치를 차감하여 0 이상이 되면 투자를 결정하는 방법 |
> | | 내부 수익률법 | 투자로 인하여 얻는 연평균 수익률이 내부 수익의 할인율보다 큰 대안을 선택하는 방법 |
> | | 수익성 지수법 | 미래 현금유입의 현재가치를 현금유출의 현재가치로 나눈 값(=수익성지수)이 1 이상이거나 가장 크면 투자를 결정하는 방법 |

05 난도 ★★★　　　　　　　　　　②

회수기간법은 투자시점에서 발생한 비용을 회수하는 데 걸리는 회
수기간을 기준으로 투자를 결정하는 방법이다. 회수기간법에서는
계산된 투자 회수기간이 목표한 회수기간보다 짧으면 투자를 하게
된다.

내부수익률(IRR; Internal Rate of Return)은 투자에 관한 현금유입의 현가와 현금유출을 같게 해 '순현재가치(NPV)=0'이 되게 하는 할인율로서 투자안으로부터 순현금흐름의 현재가치의 합과 기초투자액을 일치시켜 주는 할인율이다.

[오답 분석] ① 평균이익률(Average Rate of Return)은 평균투자액 또는 총투자액에 대한 연평균 순이익의 비율이다.

③ 순현재가치(NPV; Net Present Value)는 투자로부터 기대되는 미래의 현금흐름을 자본비용으로 할인하여 현금유입의 현재가치에서 현금유출의 현재가치를 차감한 값을 말한다. 순현재가치가 0보다 크면 타당성이 있는 사업으로 판단한다.

④ 수익성지수(PI; Profitability Index)는 자본비용으로 할인된 현금유입의 현재가치를 현금유출의 현재가치로 나눈 값으로, 투자액 1원에 의해 창출된 가치를 나타낸다. 지수가 1보다 크면 경제성이 있어 투자할 가치가 있다고 본다.

01	02	03	04						
③	④	①	④						

01 난도 ★★☆   ③

채권에 대한 이자 지급은 사업비용이기 때문에 발행한 기업에 법인세 감면 효과를 가져온다.

[오답분석] ① 타인자본조달은 주식 지분율에 변동을 주지 않기 때문에 소유권을 포기하지 않게 된다.

② 부채 조달 시 타인자본 비용이 발생한다. 따라서 변제 기한 문제와 같은 요소들이 기업의 현금흐름에 악영향을 줄 수 있다.

④ 이율 하락에 따른 이자 비용 감소는 대출을 포기하였을 때의 기회비용을 하락시킨다.

02 난도 ★★☆   ④

영구채권(Perpetual Bond)은 만기 없이 지급하는 고수익 · 고위험 채권이다.

PLUS+ 채권

- 의의: 정부채권, 공공기관, 기업이 일반대중 투자자들로부터 비교적 장기의 자금을 집단적, 대량적으로 조달하기 위하여 부담하는 채무를 표시하는 유가증권이다.
- 채권의 종류
  - 할인채(Discount Bond or Zero-Coupon Bond): 만기까지 이자지급이 전혀 없고 만기에 가서 액면금액을 받는 채권
  - 이표채(Coupon Rate Bond): 이자지급채권으로, 만기까지 매 기간 일정액의 이자를 지급받고 만기에 가서 마지막 이자와 액면금액을 받는 채권으로 이표채의 가격은 액면이자율과 시장이자율 간의 관계에 의해 좌우됨
- 채권의 관계
  - 할인채(Discount Bond): 시장이자율>액면이자율 → 채권가격<액면가
  - 액면채(Par Bond): 시장이자율=액면이자율 → 채권가격=액면가
  - 할증채(Premium Bond): 시장이자율<액면이자율 → 채권가격>액면가

---

03 난도 ★☆☆   ①

[오답분석] ② 가중 효과는 복리 가중 효과 또는 가감효과라고 한다. 매월 일정금액을 지속적으로 이를 투자하고 재투자한다면 복리의 가중 효과가 생겨서 나오는 큰 차이를 말한다.

③ 톱니바퀴 효과는 생산 또는 소비가 일정 수준에 도달하고 나면, 이전으로 돌아가기 힘든 현상을 말한다.

④ 비례 효과는 광고와 판매량이 같은 방향으로 진행하는 것을 의미한다.

04 난도 ★★☆   ④

적대적 M&A란 거래당사자와의 합의에 의하지 않고 어느 일방의 전략과 작전에 의해 시도되는 기업인수합병을 의미한다. 역매수 제의는 역으로 상대기업을 인수하려고 공개매수를 시도하는 것으로 적대적 M&A가 개시된 이후 이를 저지하기 위한 구체적 방어전략 중 하나이다.

[오답분석] ① · ② · ③ 적대적 M&A를 시도하는 측(공격자)은 M&A 대상기업의 주식(지분) 취득을 통하여 경영권을 획득하고자 하며, 이를 위하여 주로 주식공개매수, 공개시장매수, 위임장경쟁의 방안을 활용한다.

4 포트폴리오이론

문제편 p. 051

01	02	03							
④	①	①							

01 난도 ★★★ ④

비체계적 위험은 분산투자를 통해서 제거되는 위험을 말한다. 종업원의 파업, 법적 문제, 판매 부진 등 기업의 특수한 상황과 관련된 것으로 기업 고유의 위험이라고도 하며, 포트폴리오를 구성하여 분산투자를 하여 제거할 수 있는 위험이다.

오답 분석 ① 포트폴리오 효과란 둘 이상의 자산(혹은 주식)을 결합하여 포트폴리오를 구성함으로써 위험이 줄어들어 기대효용이 증가하는 현상을 말한다.

② 체계적 위험이란 분산투자로 제거되지 않는 위험을 말한다. 시장의 전반적인 상황과 관련된 것으로 시장 위험이라고도 하며, 모든 기업에 공통적으로 영향을 미치는 경기변동, 물가변화, 정부정책, 인플레이션이나 이자율의 변화 등과 관련된 요인이다.

③ 변동계수는 표준 편차를 표본 평균이나 모 평균 등 산술 평균으로 나눈 것이다. 측정 단위가 다른 자료를 비교할 때 쓴다.

PLUS+ 체계적 위험과 비체계적 위험

체계적 위험	비체계적 위험
• 분산투자로 제거되지 않는 위험 • 분산 불가능한 위험 • 시장 전반적인 상황과 관련된 시장 위험 • 인플레이션, 이자율의 변화 등	• 분산투자를 통해서 제거되는 위험 • 분산 가능한 위험 • 기업 상황과 관련되 기업 고유의 위험 • 종업원의 파업, 법적 문제, 판매 부진 등

02 난도 ★★☆ ①

분산투자 시 제거할 수 있는 비체계적 위험에는 종업원의 파업, 법적 문제, 판매 부진 등이 있다. 비체계적 위험은 기업의 특수한 상황과 관련된 기업 고유의 위험을 말한다.

오답 분석 ② · ③ · ④ 이자율의 변화, 물가 상승, 정부의 경기 정책 변화는 시장의 전반적인 상황과 관련된 것이며 분산투자로 제거되지 않는 체계적 위험이다.

03 난도 ★★☆ ①

분산투자한 여러 자산들의 모임을 포트폴리오(Portfolio)라고 하며, 포트폴리오의 위험 분산 효과는 상관계수가 작은 주식으로 포트폴리오를 구성할수록 더욱 커지게 된다. 즉 상관계수가 −1일 때 분산 효과가 가장 크며, 상관계수가 1일 때 분산 효과는 발생하지 않는다.

01	02	03	04	05	06	07	08	09
④	①	④	①	①	③	①	①	②

01 난도 ★★★ ④

안전성비율이란 기업의 장기지급능력을 측정하는 지표로 레버리지비율이라고도 부른다. 종류에는 유동비율, 당좌비율, 부채비율, 고정비율, 이자보상비율 등이 있다.

02 난도 ★★☆ ①

부채비율은 총자본을 구성하고 있는 자기자본과 타인자본의 비율을 의미하며, 기업의 부채를 자기자본으로 나누어 계산한다.

03 난도 ★★☆ ④

PER는 주가가 주당순이익의 몇 배가 되는지를 나타내는 것이며 당기순이익을 기준으로 한다. 그러나 당기순이익은 실적 부진으로 본업에서 이익이 나오지 않으면 토지, 유가증권을 매각하거나 적립금을 헐어서 이익을 높이는 경우 등이 발생할 수 있으므로 PER로 투자원금 회수를 예상하고 투자수익률을 평가하기는 어렵다.

[오답 분석] ① 주가수익비율(PER)은 주가를 1주당 순이익(EPS)으로 나눈 것이다.

② 주가가 1주당 순이익의 몇 배인가를 나타내는 지표가 되므로, 기업의 이익 대비 주가가 몇 배인가를 의미한다.

③ $PER = \dfrac{주가}{1주당 순이익}$ 이므로 당기순이익이 커지면 PER는 작아진다.

04 난도 ★★☆ ①

레버리지비율은 기업이 타인자본에 의존하고 있는 정도를 나타내는 비율이다. 부채비율, 이자보상비율이 레버리지비율에 해당한다.

[오답 분석] ② 수익성비율은 기업이 얼마나 효율적으로 관리되고 있는가를 나타내는 종합적 지표이다. 투자수익률이 수익성비율에 해당한다.

③ 활동성비율은 기업이 소유하고 있는 자산들을 얼마나 효율적으로 이용하고 있는가를 측정하는 비율이다. 재고회전율이 활동성비율에 해당한다.

④ 유동성비율은 기업의 단기 지급능력에 해당하는 현금 동원력을 가늠하는 지표로, 재무구조 안정성을 측정하는 비율이다. 당좌비율이 유동성비율에 해당한다.

PLUS+ 주요 재무비율

- 유동성비율: 유동성(Liquidity)은 보통 기업이 단기부채를 상환할 수 있는 능력으로 정의된다. 즉, 유동성이란 기업이 현금을 동원할 수 있는 능력이라 할 수 있는데 이러한 유동성을 보여주는 비율들을 유동성비율이라 하며, 짧은 기간 내에 갚아야 하는 채무를 지급할 수 있는 기업의 능력을 측정해준다.

- 레버리지비율: 부채성비율이라고도 하며, 기업이 타인자본에 의존하고 있는 정도를 나타내는 비율이다. 특히 장기부채의 상환능력을 측정하는 것이다.

- 활동성비율: 기업이 소유하고 있는 자산들을 얼마나 효과적으로 이용하고 있는가를 측정하는 비율이다. 이와 같은 비율들은 매출액에 대한 각 중요 자산의 회전율로 표시되는 것이 보통이며 여기서 회전율이란 자산의 물리적 효율성을 말하는 것이다.

- 수익성비율: 기업의 수익성은 기업의 여러 가지 정책과 의사결정의 종합적 결과로서 나타나는 것이다. 앞에서 설명한 비율들은 기업이 어떻게 운영되고 있는가를 부분적으로 고려하고 있는 데 반하여, 수익성비율은 기업의 모든 활동이 종합적으로 어떤 결과를 나타내는가를 측정한다.

- 시장가치비율: 주식가격과 관련된 여러 가지 비율도 기업을 분석하는 데 있어 매우 중요하다. 시장가치비율은 투자자가 기업의 과거 성과와 미래 전망에 대해 어떻게 평가하고 있는지를 알 수 있게 하는 지표이다.

05 난도 ★★★ ①

① 부채비율은 기업의 자본 구성상의 안정성을 측정하는 데 사용하며, 이 비율이 낮으면 재무 구조가 안정적이라고 본다.

$$부채비율 = \frac{타인자본(부채총계)}{자기자본(자본총계)}$$

오답 분석 ② 총자본순이익률은 기업의 수익성을 대표하는 비율로 경영에 투하된 총자본에 대한 이익률을 나타낸다.

$$총자본순이익률 = \frac{세전순이익}{총자본(총자산)}$$

③ 매출액순이익률은 기업의 경영 활동에 따른 성과를 총괄적으로 파악하는 비율로 매출액 1원에 대한 순이익을 나타낸다.

$$매출액순이익률 = \frac{순이익}{매출액}$$

④ 이자보상비율은 기업의 부채에 따른 이자 비용으로 이 비율이 1보다 커야 이자를 정상적으로 지급할 수 있다.

$$이자보상비율 = \frac{영업이익}{이자비용}$$

06 난도 ★★☆ ③

활동성비율이란 기업에서 소유하고 있는 자산이 얼마나 효율적으로 활용되는가를 나타내는 비율로, 매출액을 각종 주요 자산항목으로 나눈 비율로 측정된다. 대표적 방법으로 매출액을 총자산으로 나누는 총자산회전율이 있다.

오답 분석 ① 수익성비율은 기업이 투자한 자본으로 얼마만큼의 이익을 달성했는지를 측정하는 비율을 의미한다.

② 유동성비율은 유동자산항목과 유동부채항목을 비율로 만들어 기업의 단기채무지급능력을 평가하는 비율을 의미한다.

④ 안전성비율이란 기업의 단기 채무 상환 능력과 장기 부채의 상환능력을 나타내는 비율을 의미한다.

07 난도 ★★☆ ①

㉠ 채권자 소유의 부채가 소유주의 몇 배가 되는지 나타내는 비율이다.

㉢ 기업이 보유한 총자산이 매출액을 창출하는 데 얼마나 효율적으로 이용되는가를 측정하는 비율이다.

㉣ 보통주 1주에 귀속되는 순이익을 표시한 것으로 기업의 경영성과를 나타내는 데 중요한 역할을 한다.

오답 분석 ㉡ 자기자본비율 $= \dfrac{자본}{총자산}$

㉤ 주가수익률 $= \dfrac{보통주\ 1주당\ 주가}{주당\ 순이익}$

08 난도 ★★★ ①

실물옵션 접근법은 시장 환경의 불확실성이 크거나 경영자의 의사결정에 따른 미래 현금흐름 및 투자비용의 변동성이 큰 경우에도 기술의 가치를 보다 합리적으로 평가할 수 있다. 이에 비해 순현재가치법(NPV)은 미래의 유입 현금흐름을 현재가치로 평가한 금액에서 미래의 유출 현금흐름을 현재가치로 평가한 금액을 뺀 값으로 위험 개념을 사용한다.

오답 분석 ② 실물옵션 접근법에는 투자연기옵션, 성장옵션, 유연옵션, 포기옵션, 학습옵션 유형이 있다.

③ 실물옵션 접근법은 불확실한 시장에 반응하기 위한 이론으로 현금흐름이 고정되어 있지 않다고 가정하고, 순현재가치법 또한 화폐 가치의 변화, 물가변동을 고려해야 한다고 가정한다.

④ 실물옵션 접근법과 순현재가치법은 만기를 가정하지 않는다.

09 난도 ★★☆ ②

유럽형은 만기에만 결제가 가능하고 미국형은 언제든지 결제가 가능하다.

PLUS+	옵션계약의 종류
선택권 보유자	• 콜옵션(Call Option): 기초자산을 매입하기로 한 측이 옵션보유자가 되는 경우 • 풋옵션(Put Option): 기초자산을 매도하기로 한 측이 옵션보유자가 되는 경우
권리행사 시기	• 유럽식 옵션(European Option): 옵션의 만기일에만 권리를 행사할 수 있는 형태의 옵션 • 미국식 옵션(American Option): 옵션의 만기일이 될 때까지 언제라도 권리를 행사할 수 있는 형태의 옵션
거래장소	• 장내옵션: 정규 거래소에 상장되어 거래되는 옵션 • 장외옵션: 은행이나 증권사 등 거래당사자끼리 전화나 텔렉스 등을 통해 거래하는 옵션. 장외옵션은 계약당사자들 간에 자유롭게 계약조건을 정한다는 점에서 선도계약과 비슷함

PART 6

생산관리
정답 및 해설

1 생산관리의 기초

문제편 p. 056

01	02	03	04	05					
④	①	④	②	②					

01 난도 ★★☆   ④

생산관리란 생산목표를 달성하기 위하여 유형인 재화의 생산이나 무형인 서비스의 공급을 담당하는 생산시스템을 관리하는 활동을 의미하며, 품질, 납기, 원가, 유연성 향상을 목표로 한다.

> **PLUS+** 생산관리의 목표
>
> • 생산관리의 경쟁요소에 기반하여 낮은 원가, 품질(최고, 일관성), 납품(속도, 정시), 유연성(고객화, 다양성, 수량 유연성, 신제품의 개발 속도) 등 4가지를 말한다.
> • 생산관리의 목표가 설정되면 목표에 따라서 생산과 관련된 생산공정, 생산능력, 재고, 품질에 대한 기준이 순차적으로 설정된다.

02 난도 ★★☆   ①

델파이법은 여러 전문가의 의견을 설문을 통해 반복적으로 집계하여 합의된 아이디어를 도출하도록 유도하는 질적 수요예측기법이다.

[오답 분석] ② 이동평균법은 구입이 이루어질 때마다 가중평균단가를 구하고 상품출고 시마다 출고단가를 계속 기록하는 방법이다.
③ 지수평활법은 현시점에서 가까운 실제치에는 큰 비중을 주고 과거로 거슬러 올라갈수록 비중을 지수적으로 적게 주어 예측하는 방법이다.
④ 추세분석법은 시계열자료가 증가하는 추세인지 감소하는 추세인지 알아보는 방법이다.

> **PLUS+** 시계열분석기법
>
> 과거의 자료로부터 얻은 시계열에 대해 그 추세나 경향을 분석함으로써 장래의 상태를 예측하는 방법이다. 일반적으로 시계열은 추세, 계절적 요소, 주기 등과 같은 패턴을 갖으며 시계열 수요예측기법에는 추세분석, 이동평균법, 지수평활법 등이 있다.

03 난도 ★★★   ④

역사적 유추법은 자료 유추법이라 부르며 과거 자료가 없는 품목의 수요를 예측할 때 신제품과 유사한 기존제품의 과거 자료를 이용하여 신제품의 미래수요를 예측하는 방법이다. 중·장기 수요예측에 적합하다고 알려져 있으며, 비용이 적게 든다는 장점이 있으나, 기존제품을 어떻게 선정하는가에 따라 예측 결과가 큰 차이가 난다는 단점이 있다.

[오답 분석] ① 델파이기법은 조직 내외의 전문가들에게 설문조사를 통해 미래에 관련된 의견을 수집하고, 의견을 종합한 후, 다시 설문하는 과정을 반복하여 일관된 합의를 이끌어냄으로써 예측하는 방법이다.
② 주관적 모형은 2년 이상의 장기적 추세의 확인을 중시하므로 장기 예측을 하고, 인과형 모형은 계절적 요인을 포함하므로 중기 예측을 하며, 시계열 모형은 작업 일정과 재고수준 관련 6개월 이내의 월별, 주별, 일별 예측이 필요하므로 단기 예측을 한다.
③ 주관적 모형의 상호영향분석 기법은 과거에 나타났던 현상이나 거기에 작용했던 힘들이 미래에도 유사하게 나타날 것이라는 가정하에 예측하는 것이다.

04 난도 ★★★   ②

주문생산(Make-to-Order)에서는 소량으로 만들기 때문에 납기관리가 중요하고, 재고생산(Make-to-Stock)에서는 대량으로 만들기 때문에 수요예측이 중요하다.

05 난도 ★☆☆   ②

$$F_{t+1} = F_t + a(D_t - F_t)$$
$$= 100 + 0.6 \times (110 - 100)$$
$$= 100 + 6 = 106$$
∴ 올해의 예측 수요 $= 106$(만 대)

> **PLUS+** 지수평활법
>
> $F_{t+1} = F_t + a(D_t - F_t)$
> ($F_t =$ 예측수요, $D_t =$ 실제수요, $a =$ 지수평활계수)

2 생산시스템의 설계 및 과정

문제편 p. 057

01	02	03	04	05					
①	③	②	④	④					

01 난도 ★★★   ①

⊙ 가치분석은 제품의 기능적인 감소 없이 경제적인 측면을 통해 원가를 절감하여 고객에게 가치 있는 제품을 제공함으로써 기업의 경쟁력을 강화하는 방법이다.
ⓛ 모듈러 설계는 최소 종류의 부품, 즉 호환성이 있는 부품을 통하여 최대 종류의 제품을 생산하는 기법이다.
ⓒ 로버스트 설계는 제품이나 공정을 처음부터 환경변화에 의해 영향을 덜 받도록 설계하는 방법이다.
ⓔ 동시공학은 제품개발 과정에 관련되는 모든 주요부서의 전문가가 동시에 참여하여 제품설계, 생산방법, 공정설계, 생산계획 등을 동시에 수행함으로써 제품개발 시간과 개발 단계를 단축하고자 하는 개발방식이다.

02 난도 ★★★   ③

동시공학은 제품개발 속도를 줄이기 위한 것이 아니라 빨리하기 위한 개발된 제품개발 방식이다. 동시공학을 구현하기 위해서는 각 부서가 독립적으로 운영하던 컴퓨터 지원 설계(CAD)·제조(CAM)·엔지니어링(CAE)·실험(CAT) 등 전산시스템을 하나로 통합, 공유하는 것이 필요하다.

03 난도 ★★☆   ②

생산시스템의 설계과정은 '제품결정 및 설계 – 공정설계 – 생산입지선정 – 설비배치 – 작업측정'의 순서로 이루어진다.
[오답 분석] ① 생산입지선정은 시설의 위치, 개수, 규모의 결정을 총괄적 시스템의 관점에서 총유통비가 최소로 되는 방식으로 접근하는 것이다.
③ 설비배치는 생산공정의 공간적 배열, 즉 공장 내에 필요한 기계설비 등을 공간적으로 적절히 배치하여 생산활동의 최적흐름을 실현하고자 하는 것이다.
④ 제품설계는 개발대상으로 선정된 제품을 공정에서 제조하기 위하여 해당 제품의 기술적 기능을 구체적으로 규정하는 것이다.

04 난도 ★★★   ④

$$생산능력\ 이용률 = \frac{실제생산량}{설계생산능력}$$

생산능력 이용률 공식에 따르면 생산능력 이용률은 설계생산능력에 반비례한다.
따라서 설계생산능력이 증가하면 생산능력 이용률은 감소한다.

05 난도 ★★☆   ④

총괄생산계획은 채용비용과 해고비용, 잔업비용과 유휴시간비용, 재고유지비용과 재고부족비용, 하청비용을 고려해야 하며, 생산입지 선정비용은 해당하지 않는다.

PLUS+ 총괄생산계획 전략과 비용

• 총괄생산계획 전략
  – 노동력 규모의 조정전략[추적전략(Chase Strategy)]: 각 총괄생산계획 기간마다 그 기간중의 수요에 맞추어 노동력의 규모를 조정해 나가는 전략
  – 노동력 이용률의 조정전략: 노동력 규모는 일정하게 유지하되 이용률을 조정하여 수요의 변동에 대비
  – 재고수준의 조정전략: 수요의 변동을 극복하기 위해 완제품의 재고를 유지
  – 하청을 통한 조정전략: 완제품, 중간조립품, 부품 등의 공급을 다른 기업에 의뢰
• 총괄생산계획 비용

채용비용과 해고비용	채용비용	모집비용, 선발비용, 교육훈련비용 등
	해고비용	퇴직수당과 같은 해고와 관련된 제반 비용
잔업비용과 유휴시간 비용	잔업비용	정규작업시간을 초과하여 작업할 때 정규임금이상으로 지불되는 비용
	유휴시간 비용	정규작업시간 이하로 공장을 가동할 때 발생하는 유휴시간에 대해 지불된 임금

재고유지비용		• 재고에 묶여 있는 자본에 대한 기회 비용 • 보관비용, 보험료, 보관 중의 손실, 진부화 비용 등
재고부족 비용	품절비용	이익 상실 기회비용 + 신용 상실로 인한 미래 손실
	추후납품 비용	생산독촉비용, 가격할인, 신용상실비용 등 납품 지연으로 인한 제 비용
하청비용		하청제품의 품질관리

01	02	03	04						
③	①	④	④						

01 난도 ★★★ ③

재고유지비용은 재고자산을 일정수준으로 유지하고 보관하는 데 발생하는 비용을 말한다. 재고자산에 대한 평균 투자액에 비례하여 발생하며, 재고자산에 투자된 자금의 기회원가, 보험료, 보관료, 재고자산 감모손실, 진부화로 인한 재고자산평가손실 등 재고유지와 관련된 모든 비용항목이 해당된다.

PLUS+ **재고관련비용의 유형**

- 재고매입비용: 재고자산을 매입하기 위하여 발생한 매입원가로서 구입수량에 단위당 구입원가를 곱하여 산출하므로 구입수량에 비례하여 발생한다.
- 재고유지비용: 재고자산을 일정수준으로 유지하고 보관하는 데 발생하는 비용으로서 재고자산에 대한 평균 투자액에 비례하여 발생한다.
  예 재고자산에 투자된 자금의 기회원가, 보험료, 보관료, 재고자산 감모손실, 진부화로 인한 재고자산평가손실 등
- 주문비용: 필요한 재고를 주문하여 창고에 입고시켜 이용 가능한 상태에 도달할 때까지 구매와 관련하여 발생한 모든 비용을 말한다.
  예 수송비, 하역비, 통관비 등
- 재고부족비용: 재고가 고갈되어 발생하는 판매 기회의 상실과 이로 인한 고객들의 불신, 생산계획의 차질 등에 의하여 발생하는 기회비용을 말한다.

02 난도 ★☆☆ ①

창고비용은 재고유지비용이므로 재고비용에 해당한다.

03 난도 ★★☆ ④

매출손실비용은 재고비용에 해당하지 않는다.

04 난도 ★★★ ④

고정주문량 모형은 재고수준이 미리 정한 재주문점 시점에 도달하면 미리 정해 놓은 주문량을 발주하는 시스템으로, 주문 주기는 변동적이지만 주문량은 일정하다. 이에 비해 정기주문모형(=고정주문기간모형)은 일정 기간마다 재고 실사를 하여 최대재고와 현재고의 차이만큼 주문하는 시스템을 말하며, 리드타임과 주문간격을 합한 기간 동안 보호할 수 있는 안전재고가 필요하므로 고정주문량 모형보다 더 많은 안전재고를 요구한다.

4 자재소요계획 및 적시생산시스템

문제편 p. 060

01	02	03	04						
④	④	③	①						

01 난도 ★☆☆   ④

생산능력소요계획(CRP)은 자재소요계획(MRP) 운영과는 관계없다.

> **PLUS+** 자재소요계획(MRP)
>
> • 의의: 재고의 종속성을 이용한 일정계획 및 재고통제기법이다.
> • 구성요소: 주일정계획(MPS), 자재명세서(BOM), 재고기록철(IR)
>   등이 있다.

02 난도 ★☆☆   ④

작업일정계획(OP)은 자재소요계획(MRP)의 구성요소가 아니다.

03 난도 ★★☆   ③

MRP는 불확실성에 대비해 안전재고를 저장하는 기법이고, JIT는
재고 최소화를 목적으로 하는 기법으로 재고수준을 0으로 유지
한다.

> **PLUS+** JIT와 MRP 비교

구분	JIT	MRP
재고	부채	자산
로트크기	즉시 필요한 양의 크기	일정계획에 의거한 경제적 로트
납품업자	인간적 관계	기능적 관계
조달기간	짧게 유지	길수록 좋음
생산준비시간	최소	무관심
전략	요구에 의한 풀시스템	계획에 의한 푸쉬시스템
생산계획	안정된 MPS	변경이 잦은 MPS
관리방식	눈으로 보는 관리 (Kanban)	컴퓨터 처리
품질	무결점	불량품 인정
적용	반복생산	비반복생산

04 난도 ★★☆   ①

JIT는 요구에 의한 풀(Pull)시스템, MRP는 계획에 의한 푸시
(Push) 시스템이다.

5 품질관리

문제편 p. 061

01	02	03	04	05	06	07		
③	①	④	②	③	③	②		

01 난도 ★★★ ③

대응성은 고객의 요구에 맞춰 신속하게 응답하는 대응능력으로, 고객을 적극적으로 돕고 신속한 서비스를 제공하는 능력을 의미한다.

오답 분석 ① 신뢰성은 정확하고 믿을 수 있도록 서비스를 정확하게 수행해 내는 능력을 의미한다.

② 공감성은 고객에게 배려를 제공하는 등 고객을 향한 개별적인 주의집중을 의미한다.

④ 확신성은 서비스 제공자의 예의 바름과 지식, 고객에 대한 믿음과 안정성(신뢰)을 줄 수 있는 능력을 의미한다.

02 난도 ★★★ ①

품질의 종류 중 하나인 적합품질에 대한 설명으로, 설계품질이란 설계단계에서 진행된 제품의 설계가 소비자의 욕구를 얼마나 충족시켰는지를 평가하는 것을 말한다.

오답 분석 ② 유연성(Flexibility)경쟁력은 생산시스템이 외적인 환경변화에 유연하게 반응할 수 있는 능력을 말하며, 제품 수량의 유연성과 고객화로 구분할 수 있다. 고객화는 세분화된 고객과 시장의 요구에 맞게 설계를 변경하는 것이고, 수량의 유연성은 시장 수요 변동에 맞춰 탄력적으로 제품을 생산하고 공급하는 것을 말한다.

03 난도 ★★☆ ④

신뢰성은 잘못되거나 실패할 가능성의 정도로, 소비자가 받아들이는 제품에 대한 만족도와는 관련이 없다.

PLUS+ 가빈의 품질 8차원

- 성능(Performance): 제품과 서비스의 기본적 운영특성으로 대개는 측정이 가능하다.
  예 자동차의 최대속도, 가속력, 안전성, 항공사의 정시 도착률 등
- 특징(Feature): 제품이나 서비스가 사용자에게 소구하는 부가적인 특성이다.
  예 자동차의 에어백, 항공사의 기내식, 어둠 속에서 번호를 볼 수 있는 전화기, 눈부심을 줄여주는 전구의 코팅 등

- 성능(Performance): 제품과 서비스의 기본적 운영특성으로 대개는 측정이 가능하다.
  예 자동차의 최대속도, 가속력, 안전성, 항공사의 정시 도착률 등
- 특징(Feature): 제품이나 서비스가 사용자에게 소구하는 부가적인 특성이다.
  예 자동차의 에어백, 항공사의 기내식, 어둠 속에서 번호를 볼 수 있는 전화기, 눈부심을 줄여주는 전구의 코팅 등
- 신뢰성(Reliability): 일정 기간 동안 제품이 고장 없이 작동할 확률이다. 평균고장간격(MTBF; Mean Time Between Failures) 초기고장평균시간(MTTF; Mean Time To Failures) 등은 내구재의 주요 품질요소이다.
- 적합성(Conformance): 제품이나 서비스가 명세서의 규격과 일치하는 정도이다. 일치에 대한 전통적 접근법은 미리 정해진 허용오차 한계에 맞추는 것이다. 제품의 95% 이상이 허용오차 한계 안에 있으면 품질이 높다고 간주하는 식이다.
- 내구성(Durability): 제품의 성능이 제대로 발휘되는 수명의 길이를 측정한다. 예를 들면 전구의 필라멘트가 끊어지거나 자동차 머플러에 구멍이 생겨서 교체되기 전까지 얼마나 오래 쓸 수 있는가를 측정하며, 이 기간을 기술적 수명이라고 한다. 반면 제품이 수리될 수 있을 때 내구성 측정은 더 복잡하다. 수리 가능한 제품은 수리율과 관련 수리비용에 따라 더 이상 사용하지 않는 것이 경제적일 때까지 사용한다. 이 수명을 경제적 수명이라도 한다.
- 편의성(Serviceability): 제품이 고장났을 때 서비스를 받는 속도와 서비스를 수행하는 사람의 능력과 행동이다. 서비스의 속도는 반응시간이나 수리까지 걸리는 평균시간으로 측정한다. 서비스를 수행하는 사람의 행동은 서비스가 이루어지고 난 후에 고객조사, 재수리 요구의 횟수, 서비스 불만 대응 절차 평가 등을 통해 측정이 가능하다.
- 미적감각(Aesthetics): 사용자가 외양, 질감, 색채, 소리, 맛 등 제품의 외형에 대해 반응을 나타내는 주관적인 감각이다. 개인에 따라 다르고 유행에 따라 변한다.
- 품질인식도(Perceived Quality): 소비자는 제품이나 서비스에 대한 완전한 정보를 갖고 있지 못하므로 광고, 상표, 명성 등 간접적인 측정에 기초하여 품질을 지각한다. 항공기 탑승자는 좌석의 청결이나 정돈상태를 보고 그 항공사의 수준을 추정하고 어떤 사람은 상표명으로 품질을 추론한다.

품질관리(QC)란 소비자가 요구하는 품질의 제품이나 서비스를 경제적으로 만들어 내기 위한 모든 수단과 활동의 시스템을 말한다. 그에 반해 전사적 품질경영(TQC)은 고객에게 최대의 만족을 주는 가장 경제적인 품질을 생산하고 서비스할 수 있도록 사내 각 부문의 활동을 품질개발, 품질유지, 품질향상을 위해 최고경영자뿐만 아니라 전 종업원이 참여하여 전사적으로 조정, 통합하는 시스템을 말한다.

오답 분석 ① PDSA(Plan-Do-Study-Act) 싸이클 또는 데밍 싸이클로 불리며 지속적인 품질개선을 위한 모델이다. 월터 슈하트(Walter A. Shewhart), 에드워즈 데밍(W. Edwards Deming) 등에 의해 유명해졌다.

② 싱고 시스템은 오류를 사전에 방지하고 비정상적인 것을 빠른 시간 안에 피드백을 주어 정상적으로 운영할 수 있도록 하는 프로그램이다. 고객지향 상호신뢰, 인간성 존중이 핵심 철학이다.

④ 품질의 집 구축과정은 경영 품질 기능 전개를 수행하는 데 필요한 도구로, 고객의 요구와 기술적 속성을 행렬 형태로 나타낸 표를 말한다.

TQM에서 '원천에서의 품질관리'는 제품의 결함과 오류를 고객에게 넘어가기 전에 검사하는 것을 말한다.

PLUS+	SERVQUAL
• 의의: 파라슈라만 등이 1988년에 기업의 서비스 품질(Service Quality)에 대한 고객의 인식을 측정하기 위해 5개 차원 22개 항목으로 구성하여 제시한 다항척도이다. 서비스는 생산과 소비가 비유형적이고 이질적이며 분리가 불가능하다. 따라서 서비스 품질을 측정함에 있어서는 고객의 품질에 대한 인식을 측정하는 질적 측정방법이 유용하다. • 모형: SERVQUAL은 서비스 인식값(P)과 서비스 기대값(E)의 차이값(Q)으로 측정할 수 있다. $Q=P-E$	

식스 시그마(Six Sigma)는 백만 개의 제품 중 3~4개의 불량만을 허용하는 품질관리 방법이다.

PLUS+	식스 시그마의 방법론
DMAIC	• 기존의 프로세스 향상 • 정의 – 측정 – 분석 – 개선 – 통제(관리)
DMADV	• 새로운 제품, 예측가능하고 결함이 없는 성능을 내는 디자인 제작 • 정의 – 측정 – 분석 – 디자인 – 검증

PART 7

인사관리
정답 및 해설

1 직무평가 및 인적자원 관리

문제편 p. 066

01	02	03	04	05	06	07		
②	③	③	④	②	②	①		

01 난도 ★★☆ ②

점수법은 직무와 관련된 각 요소들을 구분하여 중요도에 따라 특정 값을 매긴 후, 합계 값으로 평가하는 방법이다.

PLUS+	직무평가 방법
점수법	직무와 관련된 각 요소들을 구분하여 중요도에 따라 특정값을 매긴 후, 합계 값으로 평가하는 방법
요소비교법	직무에 대한 평가기준을 순위별 등급으로 구분한 후, 구분된 등급에 평가 요소 항목을 적용하여 평가하는 방법
서열법	직무별 중요도와 난이도 등을 포괄적이고 전체적으로 평가하여 상대적 기준에 따라 순위를 결정하는 방법 (=순위법)
분류법	직무 전체를 종합적으로 판단해 미리 정해 놓은 등급 기준에 따라 분류한 후, 해당 내용을 그 등급에 따라 구분하여 평가하는 방법 (=등급법)

02 난도 ★★☆ ③

델파이기법은 여러 전문가의 의견을 설문을 통해 반복적으로 집계하여 합의된 아이디어를 도출하도록 유도하는 질적예측기법이다. 양적예측기법인 회귀식 분석과는 거리가 멀다.

오답분석 ④ 마코브 분석은 대표적인 공급량 예측 기법으로 일정 기간 동안 하나의 직위에서 다른 직위로 시간의 흐름에 따라 조직 구성원이 이동할 확률을 분석하여 이를 통해 인적 자원의 흐름을 예측하는 모형이다.

03 난도 ★★☆ ③

대체형식법은 유사하고 대등한 2개 이상의 측정도구로 동일한 대상을 검사하는 방법으로 복수양식법과 동일한 방법이다. 각 측정도구별로 결과의 상관계수가 높으면 신뢰성이 높고, 상관계수가 낮으면 신뢰성이 낮다. 같은 시험을 다시 실시하는 방법은 실시-재실시 검사에 해당한다.

오답분석 ① 실시-재실시 검사는 일정 기간을 두고 동일한 대상에게 동일한 시험을 다시 측정하는 방법이다.

② 양분법은 하나의 검사를 양쪽으로 나누어 측정하는 방법으로 홀수와 짝수로 문제를 나누는 것이 이에 해당한다.

04 난도 ★★☆ ④

직속상사가 부하에게 직접적, 개별적으로 지도하고 교육하는 방식으로 많은 종업원들에게 체계적이고 통일된 훈련을 시킬 수 없다.

05 난도 ★★☆ ②

행위기준고과법(BARS)은 인성적인 부분을 중시하는 전통적인 인사평가 방법의 비판에 기초하여 피평가자의 실제 행동을 관찰·평가하는 방식으로 직무수행자와 관리자의 공동 설계 및 개발이 복잡하고 많은 시간과 비용의 투입을 요구하기 때문에 실무에 적용하기 어렵다는 단점이 있다.

06 난도 ★★☆ ②

유사효과에 대한 설명으로 후광효과는 현혹효과라고도 하며, 대상자의 두드러진 하나의 특성이 그 대상자의 다른 세부 특성을 평가하는 데에도 영향을 미쳐 모든 것을 좋거나 나쁘게 평가하는 오류이다. 즉, 하나의 특징적 부분의 인상이 전체를 좌우하는 것을 말한다.

PLUS+	**평가의 오류**	
관대화 오류	평가자가 관대한 평가 기준에 의해 전체적으로 높은 점수를 부여하는 것	
가혹화 오류	전체적으로 낮은 점수를 부여하는 것	
중심화 오류	중간점수대에 평가가 집중되는 것	
논리적 오류	고과 요소 간에 상관관계가 있을 때 하나를 통하여 다른 하나를 미루어 짐작하는 것	
유사효과	자신과 유사한 사람을 후하게 평가하는 것	
대비효과	한 사람에 대한 평가가 다른 사람의 평가에 영향을 주는 것	
후광효과	현혹효과라고도 하며 하나의 특징적 부분의 인상이 전체를 좌우하는 오류	
지각적 방어	자신이 싫어하는 것이나 보고 싶지 않은 것을 외면하고 회피하는 오류	
귀인상의 오류	성공은 내적귀인, 실패는 외적귀인하여 성공은 자신의 기여로, 실패는 외부의 환경 탓으로 돌리는 오류	
초기효과	초기의 업적에 영향을 크게 받는 경향	
최근효과	근무성적의 막바지 실적이나 능력을 중심으로 평가하는 오류	
상동적 태도	상대방을 소속집단으로 평가하는 오류	
상관적 편견	사람의 특질 간에 연관성이 있다는 오류	
선택적 지각	외부적 상황이 모호할 경우 원하는 정보만 선택하여 판단하는 오류	
주관의 객관화	자신과 비슷한 기질을 잘 지적하는 오류	

07 난도 ★☆☆ ①

대비효과는 평정을 절대적 기준에 기초하지 않고 평정대상자를 바로 직전의 피평정자나 평정자 자신과 비교하여 평정함으로써 나타나는 오류이다.

[오답 분석] ② 시간오류는 제공된 정보가 시간의 차이가 날 때 발생하는 오류를 말하며, 이는 초기 및 최근효과가 존재한다. 정보가 차례대로 제시되는 경우 뒤의 내용보다 앞(과거)의 내용을 보다 많이 기억하는 것을 초기효과, 이와 반대로 뒤(최근)의 내용을 많이 기억하는 것을 최근효과라고 한다.

③ 투사효과는 평정자 자신의 감정이나 경향을 피평정자의 능력을 평가하는 데 귀속시키거나 전가하는 오류를 말하며, 주관의 객관화라고도 한다. 예를 들면, 정직하지 못한 사람이 남을 의심하거나 부정직한 의도가 있는 것으로 지각하는 경우를 말한다.

④ 후광효과는 현혹효과라고도 하며, 대상자의 두드러진 하나의 특성이 그 대상자의 다른 세부 특성을 평가하는 데에도 영향을 미쳐 모든 것을 좋거나 나쁘게 평가하는 현상이다.

2 임금·근로 관리 및 노사 관계 관리

문제편 p. 068

01	02	03	04	05	06				
②	①	④	②	①	②				

01 난도 ★★☆ ②

직능급은 직무급과 연공급을 결합한 형태이며 종업원의 직무수행 능력에 따라 임금을 결정하는 제도이다.

오답 분석 ① 직무급은 직무의 중요도, 난이도, 기여도에 따라 직무의 질과 양에 대한 상대적 가치를 평가하고 그 결과에 따라 임금액을 결정하는 제도이다.

③ 연공급은 종업원의 연령, 근속기간, 학력, 성별, 경력 등 인적요소를 중심으로 임금을 결정하는 제도이다.

④ 성과급은 높은 능률의 종업원에게 높은 임금을 지급하여 그들의 생활을 보장하고 생산성을 향상하고자 하는 임금형태이다.

02 난도 ★★★ ①

오답 분석 ② 집단성과급제도는 기업의 생산량을 향상시키기 위한 제도이다.

③ 집단이기주의가 발생하여 조직의 협력을 깨뜨릴 우려가 있다.

④ 집단의 성과를 측정하기 때문에 개인별 성과 측정은 어렵다.

03 난도 ★★☆ ④

성과급은 표준단가결정, 작업량측정 등 계산이 복잡하다.

오답 분석 ① 집단성과급은 집단별 성과평가를 통해 성과급을 차등지급함으로써 임금의 내부공정성을 확보하면서도 개인 간, 부서 간 협업을 통한 기업 경쟁력 강화로 이어질 수 있는 체계를 구축함과 동시에 동반 성장의 기반을 구축할 수 있다는 장점이 있다. 대표적으로 스캔론플랜, 럭커플랜, 임프로쉐어플랜 등이 있다.

②·③ 성과급은 노동의 성과를 측정하여 측정된 성과에 따라 임금을 산정하여 지급하는 방식이다. 합리적이므로 근로자의 수용성이 높으며 생산성 제고, 원가절감, 근로자의 소득증대효과가 있다. 그러나 임금이 확정액이 아니므로 근로자의 수입이 불안정하며 생산량만을 중시하여 제품 품질이 낮아질 수 있다.

04 난도 ★★☆ ②

유연시간근무제는 근로자들이 개인의 여건에 따라 근무 시간과 형태를 조절할 수 있는 제도로, 기업 조직에 유연성을 제공하는 제도이다. 그러나 직원별 시간대가 서로 상이할 경우 일정관리 조정이 어려운 단점이 있다.

05 난도 ★☆☆ ①

오픈 숍(Open Shop)은 노동조합에 가입한 조합원뿐만 아니라 가입하지 않은 비조합원도 채용할 수 있도록 한 제도이다.

오답 분석 ② 클로즈드 숍(Closed Shop)은 사용자가 근로자를 채용할 때 근로자가 노동조합에 가입되어 있는 것을 채용조건으로 하는 제도이다.

③ 유니온 숍(Union Shop)은 사용자가 조합원뿐만 아니라 비조합원도 채용할 수 있으나, 채용이 된 근로자는 일정 기간 내에 반드시 노동조합에 가입하여 조합원 자격을 가져야 하는 제도이다.

④ 에이전시 숍(Agency Shop)은 조합원과 비조합원 모두에게 조합비를 징수하는 제도이다.

PLUS+ 노동조합의 가입 방법	
오픈 숍 (Open Shop)	사용자가 조합원 또는 비조합원의 여부에 상관없이 아무나 채용할 수 있으며, 근로자 또한 노동조합에 대한 가입이나 탈퇴가 자유로운 제도
클로즈드 숍 (Closed Shop)	• 사용자가 조합원만을 종업원으로 신규 채용할 수 있는 제도 • 비조합원은 원칙적으로 신규 채용할 수 없음
유니온 숍 (Union Shop)	• 사용자에게 조합원 또는 비조합원의 여부에 상관없이 종업원을 고용할 자유는 있으나, 일단 고용된 후 일정기간 이내에 종업원은 노동조합에 가입하여야 하는 제도 • 유니온 숍하에서 근로자가 노동조합을 탈퇴하게 되면 원칙적으로 사용자는 해당 근로자를 해고할 의무를 지게 됨
에이전시 숍 (Agency Shop)	종업원들 중에서 조합가입의 의사가 없는 자에게는 조합가입이 강제되지 아니하나 조합가입에 대신하여 조합비를 조합에 납입하여야 하는 제도

노동자의 3가지 기본 권리에 단체협의권은 포함되어 있지 않다.

PLUS+   노동3권

- 의의: 근로자의 인간다운 생활을 보장하기 위해 헌법에 보장된 세 가지의 기본권을 말한다.
- 구분
  - 단결권: 근로자들이 단결할 수 있는 권리로 노동조합 결성 가능
  - 단체교섭권: 근로자를 대표하여 노동조합이 사용자 또는 사용자단체와 교섭할 수 있는 권리로, 사용자가 이에 정당한 이유 없이 응하지 않으면 부당노동행위로 처벌됨
  - 단체행동권: 근로자가 사용자에 대항하여 단체적 행동할 수 있는 권리로 근로자의 요구를 관철하기 위한 수단으로 단체행동에 나서는 것을 보장하며 파업, 태업, 연장근무 거부, 집회 등이 있음
- 특징
  - 「노동조합 및 노동관계조정법」에서 노동3권의 기본 권리를 구체화 함
  - 공무원인 근로자는 법률이 정하는 자에 한하여 노동3권을 향유할 수 있음

PART 7

인사관리

아이들이 답이 있는 질문을 하기 시작하면
그들이 성장하고 있음을 알 수 있다.

- 존 J. 플롬프 -

PART 8

경영정보시스템
정답 및 해설

CHAPTER 1 경영정보시스템 및 e비즈니스 시스템 모델

1 경영정보시스템 및 e비즈니스 시스템 모델

문제편 p. 072

01	02	03	04	05	06	07	08	09	10
③	②	③	③	④	②	④	②	④	②
11									
①									

01 난도 ★★★ ③

폭포수이론은 앞 단계가 종료되어야 다음 단계로 넘어가는 선형 순차 모형으로 각 단계는 이전 단계로 갈 수 없기 때문에 통상 개발에 들어가면 수정하기가 굉장히 어려우며, 수정을 억지로 하면 프로젝트 기간이 지연되는 등 유연성이 낮다.

오답 분석 ②·④ 애자일이론은 지속적으로 요구사항 개발과 변경을 수용하고 변화에 유연하고 신속하게 적응하여 효율적으로 시스템을 개발하는 이론이다. 애자일이론은 이터레이션이라는 일정 기간의 단위를 활용하여 고객에게 1~2주 사이로 계속 피드백을 주면서 결과물을 수정해 나간다.

02 난도 ★★☆ ②

처음에는 정형적인 의사결정에 쓰였으나 현재는 비정형적인 의사결정에도 쓰인다.

PLUS+ **의사결정지원시스템(DSS)**

- 의의: 사업체를 비롯한 조직의 의사 결정을 지원하는 컴퓨터 기반 정보 시스템으로 대량의 데이터를 처리 및 분석하여 의사 결정에 필요한 지식을 추출하고 사용자에게 제공하는 역할을 한다.
- 의사결정지원시스템의 구성

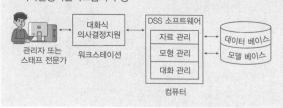

03 난도 ★★☆ ③

차별화된 현지 생산은 특수상황이 반영된 자원관리로 전사적 자원관리(ERP)에 해당하는 내용이 아니다.

PLUS+ **전사적 자원관리(ERP)**

생산관리, 판매관리, 인사관리, 재무관리 등 기업의 기본적 업무를 컴퓨터 시스템을 사용하여 밀접하게 관련시켜 실행하는 것으로서, 인력·생산재·물류·회계 등 기업의 모든 자원을 전체적으로 관리하여 최적화된 기업 활동을 가능하게 하는 전산 시스템을 말한다.

04 난도 ★★☆ ③

균형성과표(BSC; Balanced Score Card)는 기업의 성과를 재무적 관점, 고객 관점, 업무 프로세스 관점, 학습과 성장(학습효과) 관점의 4가지 관점으로 구분하여 평가·관리하고, 측정 결과들을 바탕으로 전체적인 기업의 경영전략 및 사업부조직 단위별 전략을 관리한다.

05 난도 ★★☆ ④

전략적 제휴란 기업 간 상호협력관계를 유지하며 다른 기업에 대한 경쟁우위를 확보하려는 경영전략이다. 기업은 모든 것을 혼자서 실현할 수 없기 때문에 상호협력을 바탕으로 기술·생산·자본 등의 기능에 2개 또는 다수의 기업이 제휴한다.

06 난도 ★★☆ ②

기업은 균형성과표(BSC)를 통해 기업의 성과를 재무, 고객, 내부 프로세스, 학습과 성장 4가지 분야로 구분하여 평가 및 관리할 수 있다. 경영전략 관점은 균형성과표(BSC)에서 고려하지 않는다.

07 난도 ★★☆ ④

균형성과표(BSC)는 조직의 비전과 전략을 달성하기 위해 도입된 개념으로서, 기업성과에 기여하는 네 가지 영역(재무, 고객, 내부 프로세스, 학습과 성장)에 대한 성과측정의 수단이다. 환경 관점은 BSC의 구성요소에 해당하지 않는다.

08 난도 ★★★　　　　　　　　　　　　　②

채찍효과란 수요변동의 폭이 도매점, 소매점, 제조사, 공급자의 순으로 점점 커지고 공급사슬 상류(소비자로부터 생산자)로 갈수록 수요정보가 왜곡됨으로써 제품을 생산하는 기업이 느끼는 시장수요의 변동폭이 최종소비자의 실제 시장수요의 변동폭보다 큰 현상을 말한다.

PLUS+　　채찍효과

- 의의: 공급사슬 상류(소비자로부터 생산자)로 갈수록 수요정보가 왜곡되는 현상이다.
- 원인
  - 수요의 급변동과 예측오류
  - 긴 리드타임: 주문에서 배송까지의 시간이 길면 주문량의 불확실성이 커짐
  - 일괄주문방식: 대량주문하면 저렴하므로 주문을 대량으로 하는 경향
  - 생산업체들의 유동적 가격정책: 가격이 수시로 바뀌므로 저렴할 때 대량주문하는 경향
  - 배급게임: 인기상품의 배분을 두고 구매자들끼리 경쟁
- 대책
  - 공급사슬 참여자들 간에 정보와 협조 강화
  - 리드타임 감축 필요
  - 전자문서교환(EDI), 무선주파수인식과 같은 정보기술을 활용하여 공급사슬망 가시성을 높임
  - 유통업자 및 소매상의 재고를 공급자가 직접 모니터링하고 필요시에 재고를 자동적으로 보충하는 공급자 재고관리(Vendor Managed Inventory)를 도입

---

09 난도 ★★☆　　　　　　　　　　　　　④

공급사슬관리(SCM; Supply Chain Management)는 물류 시스템의 기능을 극대화하기 위해 물자, 정보, 재정 등이 공급자로부터 생산자에게, 도매업자에게, 소매상인에게, 그리고 소비자에게 이동함에 따라 그 진행 과정을 통합적으로 관리하는 것으로, 재고 감소를 통한 비용절감 및 생산성 제고를 목표로 한다.

10 난도 ★★★　　　　　　　　　　　　　②

지연차별화(Delayed Differentiation)는 제품이나 서비스의 생산을 진행하되 고객의 요구나 선호도가 알려지기 전까지는 일부를 완성하지 않고 미루다가 고객의 요구를 안 다음 그것을 반영하여 완성하는 것을 의미한다.

11 난도 ★★☆　　　　　　　　　　　　　①

채찍효과는 고객의 수요가 상부단계 방향으로 전달될수록 각 단계별 수요의 변동성이 증가하는 현상을 말한다. 즉, 최종소비자로부터 소매업, 도매점, 제조업체, 부품업체순으로 공급사슬을 거슬러 올라갈수록 상부단계에서는 최종소비자의 수요를 불확실하게 인식하여 수요의 변동폭이 커지는 현상을 의미한다. 이러한 문제점을 해결하기 위해 공급자로부터 최종소비자까지 이동하는 전 과정을 파악하고 관리하는 작업흐름을 공급사슬관리(SCM)라고 한다.

오답 분석　② ERM(Employee Relationship Management)은 기업과 종업원들 간의 관계를 관리해 나가기 위한 방법론이다.

③ 시그마는 표준편차를 의미한다. 따라서 6시그마란 100만 개의 생산 제품에서 3~4개의 불량품을 허용하는 품질수준을 유지(혁신)시키는 것을 말한다.

④ JIT(Just In Time)는 재고수준을 0으로 유지하여 재고를 쌓아 두지 않고 적기에 제품을 공급하는 방식이다.

우리 인생의 가장 큰 영광은
결코 넘어지지 않는 데 있는 것이 아니라
넘어질 때마다 일어서는 데 있다.

– 넬슨 만델라 –

PART 9

계량의사결정론 &
국제경영과 국제경제
정답 및 해설

1 계량의사결정론 & 국제경영과 국제경제

문제편 p. 078

01	02	03	04	05					
④	②	③	④	③					

01 난도 ★★★   ④

시험효과는 대상자가 시험에 익숙해짐에 따라 변화하는 것을 말한다.

[오답 분석] ① 성숙효과는 시간이 지나감에 따라 자연스럽게 변화하는 것으로 외생변수의 타당성을 저해한다.

② 매개효과에서 매개변인이란 종속변인에 영향을 주는 독립변인 이외의 변인으로, 그 효과가 직접적인 것은 아니지만 연구에서 통제되어야 할 변인이다. 예를 들어 사회·경제적 수준에 따라 학업 성취도에 차이가 있다면 부모의 사회·경제적 지위가 학업 성취도를 예언하는 데 매개변인으로 작용하게 된다.

③ 상호작용효과는 여러 변인들이 서로 영향을 주는 방식으로 두 가지 이상의 변수에 대해 각각의 기준을 조합하였을 때, 그들이 상호 간에 어떤 효과를 나타내는 상태로, 하나의 종속변수에 대한 두 독립변수의 결합효과라고 할 수 있다.

02 난도 ★★☆   ②

지리적 다변화를 통한 위험집중은 글로벌경영의 필요성에 해당하지 않는다.

PLUS+ 글로벌경영의 필요성

- 자유화와 개방화, 해외시장 확보를 통한 매출액 증대
- 규모의 경제의 중요성
- 기술진보와 연구 개발비용의 증대
- 소비자수요의 동질화 현상
- 해외조달을 통한 투입요소 비용의 절감
- 국내 규제의 회피

03 난도 ★★☆   ③

경영참가나 기술제휴를 목적으로 해외에 자회사를 설립하는 것을 말한다. 세계지향적인 국제화 단계로 경영관리를 위한 이슈나 의사결정이 많이 발생한다.

[오답 분석] ① 글로벌 소싱(Global Sourcing)은 활동 범위를 세계적으로 확대하여, 외부조달 비용을 절감하는 구매전략을 말한다.

② 전략적 제휴(Strategic Alliance)는 기업 간의 상호협력을 바탕으로 기술·생산·자본 등의 기업 기능에 2개 또는 그 이상의 기업이 제휴하는 것을 말한다.

④ 프랜차이즈(Franchise)는 가맹점에 일정한 지역 내에서의 독점적 사업권을 부여해 시장을 개척하는 방식을 말한다.

04 난도 ★★★   ④

[오답 분석] ① 라이센싱계약은 해외시장에 이미 진입해 있는 자회사와도 이루어질 수 있다.

② 상대적으로 많은 비용이 드는 것은 프렌차이징이 아니라 해외 직접투자이다. 프렌차이징은 자본을 많이 투자하지 않고도 가맹점을 늘려 시장을 확대하는 방법이다.

③ 계약생산은 외국의 기업과 계약을 맺고 마케팅과 판매를 직접 담당하도록 하는 방법이다.

05 난도 ★★☆   ③

환경오염 문제의 해결을 위해 국제 환경 협약과 관련된 법령을 제·개정하여 적극적으로 국제 협약을 이행하고 환경 정책의 국제화를 도모해야 한다.

[오답 분석] ①·②·④ 인구증가, 도시화, 산업화는 환경오염의 원인에 해당한다.

최종모의고사
정답 및 해설

문제편 p. 080

01	02	03	04	05	06	07	08	09	10
②	③	④	①	③	④	②	②	④	④
11	12	13	14	15	16	17	18	19	20
②	④	①	②	③	④	③	③	②	④
21	22	23	24	25					
①	①	②	④	③					

01 난도 ★★☆ ②

출제 영역 경영학의 기초 > 경영전략

정답 분석 ② S-T상황은 내부에는 강점이 있고, 외부에서는 위협이 있는 상황이므로 내부의 강점을 활용하여 위협을 극복해야 한다.
오답 분석 ① W-T의 상황에 적합한 대처방안이다.
③ W-O의 상황에 적합한 대처방안이다.
④ S-O의 상황에 적합한 대처방안이다.

02 난도 ★☆☆ ③

출제 영역 경영정보시스템 > 경영정보시스템의 기초 개념

정답 분석 ③ 정보시스템의 구성 요소는 하드웨어(Hardware), 소프트웨어(Software), 데이터베이스(Database), 통신 및 네트워크(Telecommunication and Network), 사람(People), 절차(Procedure)가 있다.

03 난도 ★★☆ ④

출제 영역 조직행위 > 조직구조 및 직무설계

정답 분석 ④ 준자율적 작업집단(Semi-autonomous Work Group)은 컨베이어시스템의 집단작업의 인간성 상실을 보완한 작업시스템이다.
오답 분석 ① 직무순환(Job Rotation)은 좌우상하의 흐름이다.
② 직무확대(Job Enlargement)는 좌우의 흐름이다.
③ 직무충실화(Job Enrichment)는 상하의 흐름으로 허츠버그의 2요인과 관련 있다.

04 난도 ★☆☆ ①

출제 영역 조직행위 > 조직행위론의 집단행위

정답 분석 ① 의사소통(Communication) 과정은 집단 의사소통 과정에서 '발신자(송신자) – 메시지 – 경로(매체) – 해독 – 수신자로의 피드백'의 순으로 이루어진다.

05 난도 ★★☆ ③

출제 영역 조직행위 > 조직행위론의 집단행위

정답 분석 ③ 집단사고(Groupthink)는 집단의 응집성이 너무 높을 경우, 의사결정의 합의 욕구가 지나쳐서 잘못된 대안의 선택 가능성이 높아진다. 원인으로 외부로부터 고립, 비민주적 리더십, 토의절차상 합리적 방법의 부재, 구성원 간의 동질성 등이 있다.
오답 분석 ① 집단규범은 조직의 지켜야하는 규칙과 질서이다.
② 집단 간 갈등은 부서별 서로의 이익을 쟁취하기 위한 갈등이다.
④ 집단응집력은 조직원들의 결속력을 의미한다.

06 난도 ★★☆ ④

출제 영역 재무관리 > 효율적 자본시장

정답 분석 ④ 재무레버리지(Financial Leverage)는 타인자본을 이용함으로써 고정재무비용(이자비용)을 부담하는 것을 말한다. 재무레버리지 분석(Financial Leverage Analysis)은 영업이익이 변화함에 따라 고정 재무비가 주당순이익에 미치는 영향을 분석하는 것이다.

07 난도 ★☆☆ ②

출제 영역 조직행위 > 조직행위론의 개인행위

정답 분석 ② 브룸(Vroom)의 기대이론은 개인이 여러 가지 행동대안을 평가하여 가장 중요시되는 결과를 가져올거라 믿어지는 행동대안을 선택하는 것이다.
오답 분석 ① 공정성이론은 조직구성원이 자신의 투입에 대한 결과의 비율을 동일한 직무 상황에 있는 준거인의 투입 대 결과의 비율과 비교해 자신의 행동을 결정하게 된다는 이론이다.
③ 욕구단계이론은 하위 욕구에서부터 상위 욕구까지 5단계로 이루어지며, 인간의 욕구는 위계적으로 조직되어 있으며 하위 단계의 욕구 충족이 상위 계층 욕구의 발현을 위한 조건이 된다는 이론이다.
④ 직무특성이론은 직무특성이론에 따르면 동기부여는 직무의 특성이 수행자의 성장 욕구에 부합될 때 강하게 유발된다고 보는 이론이다.

08 난도 ★★☆ ②

출제 영역 조직행위 > 집단행위의 리더십이론

정답 분석 ② 자산과 원재료, 소모품 등을 구입하는 활동은 구매행위로 지원 활동에 포함된다.

오답 분석 ① 투입요소를 최종제품 형태로 만드는 활동은 운영 활동으로 본원적 활동에 포함된다.

③ 제품을 구매자에게 유통시키기 위한 수집, 저장, 물적 유통과 관련된 활동은 물류산출 활동으로 본원적 활동에 포함된다.

④ 구매자가 제품을 구입할 수 있도록 유도하는 활동은 마케팅 활동으로 본원적 활동에 포함된다.

09 난도 ★★☆ ④

출제 영역 조직행위 > 조직구조와 직무설계

정답 분석 ④ 핵심역량은 기업의 가장 중심적 사업으로 본인이 직접 관여하고 핵심 외에는 아웃소싱으로 다른 기업과 공동운영한다. 아웃소싱은 경비절감을 위해 외부의 인력, 시설, 기술 자원을 잘 활용하는 기법이다.

10 난도 ★★☆ ④

출제 영역 회계학 > 재무제표

정답 분석 ④ 유동성배열의 원칙은 재무상태표에 적용되는 원칙이며 총액표시의 원칙은 포괄손익계산서와 재무상태표 작성의 공통의 원칙이다.

11 난도 ★★☆ ②

출제 영역 재무관리 > 효율적 자본시장

정답 분석

② EVA＝세후영업이익－세후총자본비용
＝(영업이익－법인세비용)－(총자본×가중평균자본비용)
＝{3,000만 원－(3,000만 원×0.2)}－(1억 원×0.1)
＝(3,000만 원－600만 원)－1,000만 원
＝1,400만 원

12 난도 ★★☆ ④

출제 영역 마케팅 > 목표시장의 선정(STP)

정답 분석 ④ 고객규모는 시장세분화 변수에 포함되지 않는다.

13 난도 ★★☆ ①

출제 영역 계량의사결정론 > 확실한 상황하의 의사결정

정답 분석 ① 정형적 의사결정은 반복적으로 발생하는 일상의 의사결정이다. 대표적으로 선형계획법이 있으며, 프로그램화가 가능한 의사결정이다.

오답 분석 ② 비정형적 의사결정은 경영자의 창의력이나 직관에 의존하며, 비반복적으로 발생하므로 프로그램화가 불가능한 의사

결정이다.

③ 전략적 의사결정은 기업의 기본적인 성격에 영향을 주는 의사결정으로 기업의 내부와 외부환경에 관한 의사결정으로 장기적이고 거시적인 성격을 갖는다.

④ 상충적 의사결정은 게임이론으로 서로의 의사결정이 상대에 영향을 주는 의사결정과정이다.

14 난도 ★★☆ ②

출제 영역 인사관리 > 직무평가 및 인적자원 관리

정답 분석 ② 행위관찰평가법은 구체적 행위에 대해 피고과자들의 빈도를 측정하는 방법이다.

오답 분석 ① 직접서열법을 피평가자를 총체적으로 평가하여 서열을 매기는 직무평가방법이다.

③ 분류법은 인사고과방법이 아니라 직무평가방법이다.

④ 쌍대비교법은 구성원들을 둘씩 짝지어 순위를 평가하는 직무평가방법이다.

15 난도 ★★☆ ③

출제 영역 마케팅 > 마케팅 믹스

정답 분석 ③ 경쟁기준 가격결정법(Competition–Oriented Pricing)에서 모방가격결정법(Going–Rate Pricing)은 현행 시장가격을 기준으로 업계의 가격수준에 자사 가격을 일치시키는 방법이나 제품 차별성이 낮고 가격탄력성이 높은 시장(완전경쟁시장)에서 선도기업의 가격에 동조할 수밖에 없는 경우이다.

16 난도 ★★☆ ④

출제 영역 마케팅 > 마케팅의 계획 수립

정답 분석 ④ 다각화는 신시장과 제품의 결합이다.

오답 분석 ① 제품개발(Product Development)은 기존시장에 부응하는 신제품을 개발하거나 제품을 개량한다.

② 시장침투(Market Penetration)는 기존시장에서 기존제품의 판매증대를 도모한다.

③ 시장개척(Market Development)은 기존제품을 가지고 신시장을 개척해서 판매증대를 도모한다.

17 난도 ★★☆ ③

출제 영역 생산관리 > 재고자산관리

정답 분석 ③ 경제적 주문량을 구하는 공식은 다음과 같다.

$$EOQ = \sqrt{\frac{2DO}{C}}$$
$$= \sqrt{\frac{2 \times 10,000 \times 200}{100}} = 200$$

$\therefore EOQ = 200$

18 난도 ★★☆   ③

출제 영역   경영정보시스템 > 전자상거래

정답 분석   ③ C2B(Customer to Business)는 고객-기업 간의 거래이다.

오답 분석   ① 기업이 고객에게 제품 및 서비스를 전달하는 수단으로서 전자상거래를 이용하는 것을 B2C 거래라고 한다.
④ 기업-기업 거래(B2B; Business to Business), 가치 창출이 이루어지는 활동을 기업 간 거래에 초점을 둔 것이다.

19 난도 ★★☆   ②

출제 영역   경영정보시스템 > 비즈니스 리엔지니어링

정답 분석   ② 리엔지니어링은 기존의 업무방식을 근본적으로 고려하여 시스템 전체를 재구성하는 것으로서 업무, 조직, 기업문화까지 전부분에 대하여 대폭적으로 성과를 향상시키는 것이다.

오답 분석   ① 벤치마킹은 조직의 업적 향상을 위해 다른 조직의 제품, 서비스, 업무방식 등을 비교하여 새로운 아이디어를 얻고 경쟁력을 확보해 나가는 체계적이고 지속적인 개선활동 과정을 뜻한다.
③ 리스트럭처링은 구조조정이라고도 하며, 조직을 새로운 방향으로 조정하는 것을 말한다. 사업포트폴리오의 개편, 부채비중감소와 같은 자본구조의 변화, 조직구조의 혁신, 보상과 인센티브제도의 개혁 등 기업경영의 시스템의 변화를 의미한다.
④ 전사적 품질관리(TQC)는 품질 향상을 위해 생산부서만이 아니라 기업의 모든 종업원이 품질을 지속적으로 관리하는 것을 말한다.

20 난도 ★★☆   ④

출제 영역   계량의사결정론 > 확실한 상황하의 의사결정

정답 분석   ④ 의사결정의 성격에 따른 분류는 성격에 따라 정형적 의사결정과 비정형적 의사결정으로 구분하며 정형적 의사결정은 반복적으로 발생하는 일상의 의사결정이고 대표적으로 선형계획법이 있으며, 프로그램화가 가능하다. 비정형적 의사결정은 경영자의 창의력이나 직관에 의존하며 비반복적이어서 프로그램화가 불가능하다.

21 난도 ★★★   ①

출제 영역   회계학 > 기타주제

정답 분석   ① (주)B의 순자산의 공정가치는 40억이고 합병 후 영구적 영업현금 흐름은 $\frac{3억}{0.1}=30억$이므로 (주)B의 전체 순자산의 가치는 70억이고, 60억을 지급하므로 10억의 합병 차익을 산출할 수 있다.

22 난도 ★★☆   ①

출제 영역   회계학 > 부채

정답 분석   ① 할인발행은 액면가액보다 낮은 금액으로 발행한 경우를 말한다(액면가액 > 발행가액).

오답 분석   ③ 액면발행은 액면가액으로 사채를 발행한 경우에 해당한다.
④ 할증발행은 액면가액보다 높은 금액으로 발행한 경우를 말한다(액면가액 < 발행가액).

23 난도 ★★★   ②

출제 영역   조직행위 > 조직행위론의 개인행위

정답 분석   ② 아지리스의 성숙/미성숙이론은 인간에 대한 관점을 설명하는 이론이다.

오답 분석   ① 피들러의 상황모형은 리더의 성향 분류인 과업지향적, 관계지향적 2가지에 상황변수 3가지를 2^3으로 계산해 전체 8가지를 설명했다.
③ 관리격자이론(Managerial Grid)은 블레이크와 모우톤(Blake & Mouton)에 의한 이론으로 생산과 인간에 대한 관심을 변수로 보고 (9, 9)로 계량화한 리더십이다.
④ 리커트(Likert)의 연구는 리더십을 System 1, System 2, System 3, System 4 총 4개의 유형으로 나눈다.

24 난도 ★★☆   ④

출제 영역   인사관리 > 임금 관리

정답 분석   ④ 유급휴가제는 보수를 주면서 휴가가 인정되는 제도이다.

25 난도 ★★☆   ③

출제 영역   마케팅 > 마케팅 믹스

정답 분석   ③ 목표수익 = 총수익 - 변동비용 - 고정비용
$10,000,000 = (500개 \times 판매가격) - 50,000,000 - 10,000,000$
$500개 \times 판매가격 = 70,000,000$
∴ 판매가격 = 140,000(원)

01	02	03	04	05	06	07	08	09	10
②	④	④	②	②	③	④	②	①	②
11	12	13	14	15	16	17	18	19	20
②	②	④	④	②	②	③	④	①	②
21	22	23	24	25					
④	③	④	②	④					

01 난도 ★★☆ ②

출제 영역 조직행위 > 조직구조 및 직무설계

정답 분석 ② 아웃소싱은 비핵심 부분으로 외부에서 핵심 부분 회사 자체 인재양성으로 분리된 이중인재 관리기법이다. 즉, 핵심 역량은 인재를 키우는 것이고 아웃소싱은 외부에서 인재를 영입하는 이론이다.

02 난도 ★★☆ ④

출제 영역 인사관리 > 인적자원 관리

정답 분석 ④ 직무순환은 현대 직무설계 기법으로 사내에서 다른 종류의 일로 옮겨가며 근무하는 제도로써 제너럴리스트 양상이 가능하다.

03 난도 ★★☆ ④

출제 영역 계량의사결정론 > 위험한 상황하의 의사결정

정답 분석 ④ CPM/PERT로 관리할 수 있는 프로젝트의 예는 빌딩, 경기장, 고속도로 등 대형 토목공사, 건축공사, 고급 의료기가 있는 병원 이전, 연구 실험 기자재가 설치된 연구소 이전, 선박 건조, 비행기 조립, 기업의 인수·합병, 슈퍼 컴퓨터의 설치, 월드컵 유치 등이다.

04 난도 ★★☆ ②

출제 영역 경영정보시스템 > 전자상거래

정답 분석 ② 역경매는 '판매자 : 구매자＝n : 1'의 비율로, 구매자가 제품구매 의사를 밝힌다. 다수의 판매자가 저렴한 가격을 제시하고, 판매자가 경쟁하게 된다.

05 난도 ★★☆ ②

출제 영역 인사관리 > 임금 관리

정답 분석 ② 순응임금제는 생계비지수, 판매가격, 이익 등의 여러 조건이 변할 때 그에 순응하여 임금률을 자동적으로 변동 조정되도록 하는 제도이다. 생계비순응임금제는 인플레이션일 때 근로자의 실질임금의 저하를 방지하기 위하여 사용된다.

06 난도 ★★☆ ③

출제 영역 마케팅 > 마케팅 믹스

정답 분석 ③ 소비자의 행동단계에서는 판매촉진과 인적판매가 가장 효과적인 촉진믹스이다. 광고와 PR은 효과가 장기간에 걸쳐 나타나므로 인지단계에서 효과적이다. 구매단계에서는 좀 더 직접적인 자극을 줄 수 있는 판매촉진과 인적판매가 가장 효과적인 수단이다.

07 난도 ★★☆ ④

출제 영역 국제경영과 국제경제 > 무역계약

정답 분석 ④ 무역의존도＝무역액÷국민소득(또는 GNP), 무역액＝수출액＋수입액
($\$5,000 + \$4,000$) ÷ $\$10,000 × 100 = 90\%$

08 난도 ★★☆ ②

출제 영역 재무관리 > 재무비율분석

정답 분석 ② 유동비율(Current Ratio)은 1년 내에 현금화가 가능한 유동자산을 1년 이내에 만기가 도래하는 유동부채로 나눈 비율이다. 유동비율이 높으면 단기 채무에 공사 지급능력이 우수하다고 볼 수 있다.

09 난도 ★★☆　　　　　　　　　　　　　　　①

출제 영역 재무관리 > 효율적 자본 시장

정답 분석 ① 효율적 시장가설(EMH; Efficiency Market Hypothesis)에서 약형 효율적 시장(Weak Form Dfficient Market)은 모든 과거의 정보가 현재 주가에 반영되어 있는 시장을 말한다. 약형 효율적 시장가설에서 말하는 과거 정보는 대부분의 경우 과거 주식가격과 거래량의 움직임을 지칭하나, 주로 주식가격의 변화양상에 초점을 맞추고 있다.

오답 분석 ③ 강형 효율적 시장은 비공개된 내부 정보까지 완전히 반영된 시장을 말한다.
④ 준강형 효율적 시장은 공식적 정보인 공시가 주가에 적용 여부이다.

10 난도 ★★☆　　　　　　　　　　　　　　　②

출제 영역 마케팅 > 가격관리

정답 분석
- 단위당 고정비 $= \dfrac{총고정비}{판매량}$

$$= \frac{400,000,000}{100,000}$$

$$= 4,000(원)$$

- 판매가격 $= \dfrac{단위당 \ 변동비 + 단위당 \ 고정비}{(1 - 가산이익률)}$

$$= \frac{10,000 + 4,000}{1 - 0.2}$$

$$= 17,500(원)$$

11 난도 ★★☆　　　　　　　　　　　　　　　②

출제 영역 회계학 > 부채

<label>오답 분석</label> ① 전환사채를 주식으로 전환하면 사채가 감소하고 주식이 발행된다.
③ 무상증자를 실시하면 자본잉여금 등이 감소하고 발행주식수가 증가한다.
④ 현물출자로 유형자산을 취득하면 유형자산과 발행주식수가 증가한다.

12 난도 ★★☆　　　　　　　　　　　　　　　②

<label>출제 영역</label> 마케팅 > 마케팅의 계획 수립

<label>정답 분석</label> ② BCG 매트릭스는 상대적 시장점유율과 시장성장률을 기초로 사업포트폴리오를 분석하는 모형으로 현금젖소(Cash Cow)는 시장성장률은 낮지만 상대적 시장점유율이 높아서 현금창출이 꾸준한 상황이다.

<label>오답 분석</label> ① 개(Dog)의 상황은 시장성장률과 상대적 시장점유율 둘 다 낮은 상황이므로, 시장에서 철수를 준비하는 것이 바람직하다.

③ 물음표(Question Mark) 상황은 상대적 시장점유율은 낮지만 시장성장률이 높은 상황이므로 별(Star)로 이동하도록 관리하는 것이 바람직하다.
④ 별(Star)은 상대적 시장점유율과 시장성장률 둘 다 높은 상황이므로, 시장확대전략이 필요하다. 현상유지전략은 현금젖소(Cash Cow) 상황에 필요하다.

13 난도 ★★☆　　　　　　　　　　　　　　　④

<label>출제 영역</label> 마케팅 > 마케팅 시장기회 분석

<label>정답 분석</label> ④ 시장 정보에 대한 필요성은 지역마케팅으로부터 국제 마케팅으로 발전하여 과거보다 더 신속히 더 많은 시장정보를 필요로 한다. 구매자의 1차적 욕구로부터 2차적 욕구로 발전되어 소득증가에 따라 선별적으로 변화하는 구매자의 특성, 스타일 및 기타 속성에 대한 반응을 예측할 필요가 있다. 가격으로부터 비가격 경쟁으로 발전되고 상표결정, 제품차별화, 광고 및 판촉의 사용 증가에 따라 이러한 마케팅 도구들의 효과성에 대한 정보가 필요하다.

14 난도 ★☆☆　　　　　　　　　　　　　　　④

출제 영역 마케팅 > 마케팅 믹스

정답 분석 ④ 제품수명주기는 종속변수이므로 재활성화가 가능하다. 즉, 쇠퇴기에 접어든 상품이라도 다시 성장 가능하다.

15 난도 ★★☆　　　　　　　　　　　　　　　④

출제 영역 경영정보시스템 > 경영정보시스템의 기초 개념

<label>정답 분석</label> ④ 접근성은 정보가치에 포함되지 않는다.

<label>오답 분석</label> ①·②·③ 기업경영에서 정보가치는 적합성, 정확성, 적시성, 형태성이다.

16 난도 ★★☆　　　　　　　　　　　　　　　②

<label>출제 영역</label> 경영정보시스템 > e비즈니스 시스템 모델

<label>정답 분석</label> ② 균형성과표는 기업의 성과를 재무, 고객, 내부프로세스, 학습과 성장의 4가지 분야로 구분하여 평가 및 관리하는 것을 말한다.

17 난도 ★★☆　　　　　　　　　　　　　　　③

<label>출제 영역</label> 계량의사결정론 > 확실한 상황하의 의사결정

<label>정답 분석</label> ③ 네트워크는 선형계획법의 구성요소에 포함되지 않는다.

<label>오답 분석</label> ① 목적함수(Objective Function)는 의사결정의 목적을 나타낸 것으로, 1차식으로 표현되는 이익극대화 혹은 비용최소화를 표현한 함수를 말한다.

② 제약조건(Constraints)은 제한된 물적 자원, 노동시간 등의 의사결정변수 상호 간의 제약을 나타낸 것으로, 1차 방정식 혹은 1차 부등식으로 표현된다.

④ 비음조건(Non-negativity)은 모든 의사결정변수와 여유변수, 잉여변수, 인공변수는 0보다 크거나 같아야 한다는 제약조건이다.

18 난도 ★★☆ ④

출제 영역 인사관리 > 인적자원 관리

정답 분석 ④ 직장 내 교육훈련(OJT; On the Job Training)은 직속상관과 부하의 일대일 교육으로 구체적인 직무를 수행하는 과정에서 직속상사가 부하에게 직접적으로 개별지도를 하고 교육훈련을 시키는 라인담당자 중심의 교육훈련방식이다.

19 난도 ★★☆ ①

출제 영역 조직행위 > 조직행위론의 집단행위

정답 분석 ① 델파이기법은 전문가들에게 서면으로 정보를 수집한 후에 지속적인 피드백 과정을 거쳐서 의사결정을 내리는 방법이다.

오답 분석 ② 시뮬레이션은 어떠한 현상을 가상으로 수행하여 실제 상황에서의 결과를 예측하는 방법이다.

③ 브레인스토밍은 문제에 대한 해결방법을 비판 없이 무작위로 내놓으면서 최선책을 찾는 방법이다.

④ 명목집단 기법은 구성원들이 익명으로 종이에 아이디어를 기록하여 제출한 후 구성원들이 아이디어를 평가하고 선택하는 방법이다.

20 난도 ★★★ ②

출제 영역 생산관리 > 생산시스템의 설계 및 과정

정답 분석 ② 판별분석은 성공적인 점포위치와 그렇지 못한 점포위치를 판별하는 변수를 결정하는 기법으로 상권분석이다. 총괄 생산계획은 수량적 요건을 만족시킬 수 있도록 생산시스템의 능력을 생산율, 고용수준, 재고수준으로 조정해 나가는 제도이다.

21 난도 ★★☆ ④

출제 영역 인사관리 > 노사 관계 관리

정답 분석 ④ 사용자 측의 쟁의행위에는 직장 폐쇄(Lock-Out)가 있는데, 이는 노조 측의 쟁의행위에 대한 대항수단이다.

22 난도 ★★☆ ③

출제 영역 경영학의 기초 > 기업의 이해

오답 분석 ① 트러스트(Trust)는 시장독점을 위해 각 기업의 법률적·경제적 독립성을 포기하고 새로운 기업으로 결합한 형태이다.

② 콘체른(Konzern)은 법률상 독립성을 유지하는 기업들이 출자 등의 자본적 연휴를 기초로 하는 지배종속관계에 의해 형성되는 결합 형태이다.

④ 조인트벤처(Joint Venture)는 합작투자라고 하며 투자자금과 위험 등 경제활동을 서로 공유하는 결합 형태이다.

23 난도 ★★☆ ④

출제 영역 인사관리 > 인적자원 관리

정답 분석 ④ 멘토링(Mentoring)은 인간관계중심이고 정서적 측면이 반영되고 개인적 생활을 중시하며 수평적·쌍방적 관계의 교육이다. OJT는 업무중심이고 생산성 향상이 목적이며 업무에 국한되며 수직적일방적 관계의 교육이다.

24 난도 ★★☆ ③

출제 영역 조직행위 > 집단행위의 리더십이론

정답 분석 ③ 서번트 리더십(Servant Leadership)은 부하 섬긴다는 뜻으로 부하 성장을 도와주고 조직목표를 달성한다.

오답 분석 ① 거래적 리더십은 리더가 상황에 따라 즉각적이고 가시적인 보상 체계로 부하들에게 영향을 행사하는 리더십이다.

② 변혁적 리더십은 명확한 역할 및 과업 요건을 제시하여 목표 달성을 위해 동기들을 동기부여하는 리더십이다.

④ 진성 리더십은 진솔한 모습으로 솔선수범하며 조직을 이끌어 가는 리더십이다.

25 난도 ★☆☆ ②

출제 영역 조직행위 > 조직행위론의 개인행위

정답 분석 ② 매슬로우(A. Maslow)는 인간의 욕구는 '생리적 – 안전 – 사회적 – 존경 – 자아실현 욕구'로 계층화되어 있으며 하위욕구가 충족되면 상위욕구가 동기부여의 요인으로 작용한다고 주장하였다. 또한 충족된 하위욕구는 더 이상 동기부여의 역할을 할 수 없다는 '만족 – 진행' 모형을 제시하였다.

오답 분석 ① 맥그리거(D. McGregor)는 X이론과 Y이론을 주장하였다.

③ 페이욜(H. Fayol)은 일반관리론, 경영관리의 5요소(계획, 조직, 지휘, 조정, 통제) 등 관리의 일반원칙을 제시하였다.

④ 사이먼(H. Simon)은 조직의 의사결정이란 제한된 합리성에 의한 의사결정이라고 주장하였다.

01	02	03	04	05	06	07	08	09	10
②	①	④	④	①	①	②	②	①	②
11	12	13	14	15	16	17	18	19	20
①	②	④	①	①	②	②	④	①	③
21	22	23	24	25					
②	②	④	②	③					

01 난도 ★★☆　　②

출제 영역　회계학 > 회계의 거래

정답 분석　② 상품의 매매, 금전의 수입과 지출 등 결과적으로 기업의 자산, 부채, 자본, 수익, 비용의 증감 변화를 일으키는 모든 사실을 회계상의 거래라고 하며, 이를 화폐금액으로 표시할 수 있어야 한다. 따라서 일상생활에서는 거래로 간주되지 않는 일반적인 손실이나 이득에 대해서도 회계상 거래로 인식되어 재무제표에 반영되기도 한다. 사원의 채용, 상품 등의 주문, 단순 계약 등은 회계상의 거래에 포함되지 않는다.

02 난도 ★★☆　　①

출제 영역　경영학의 기초 > 기업의 이해

정답 분석　① 유한회사는 1인 이상의 사원이 출자한 금액만큼만 (유한)책임을 지는 회사를 말한다.

03 난도 ★★☆　　④

출제 영역　경영정보시스템 > e비즈니스 시스템 모델

오답 분석　① CRM(Customer Relationship Management)은 고객관계관리라고 하며, 기업이 고객의 정보를 축적 및 관리하여 필요한 서비스를 제공할 수 있도록 하는 것이다.
② SCM(Supply Chain Management)은 공급망 관리라고 하며, 공급망 전체를 하나의 통합된 개체로 보고 이를 최적화하고자 하는 경영 방식이다.
③ DSS(Decision Support System)는 의사결정지원시스템이라고 하며, ERP를 통해서 수집된 자료를 요약, 분석, 가공하여 경영관리자의 의사결정을 지원하는 시스템이다.

04 난도 ★★☆　　④

출제 영역　인사관리 > 노사 관계 관리

정답 분석　④ 체크오프 시스템은 사용자가 근로자에게 임금을 지급하기 전에 미리 임금에서 조합비를 공제하여 조합에 일괄 납부하는 징수방법을 말한다.

05 난도 ★★★　　①

출제 영역　마케팅 > 가격관리

정답 분석　① JND(Just Noticeable Difference)란 가격변화를 느끼게 만드는 최소의 가격변화폭을 의미한다. JND보다 작은 수준의 가격인상은 소비자 저항 없이 기업 수익을 높일 수 있는 방법이다. 반대로 JND보다 작은 수준의 가격인하는 소비자들에게 저렴해졌다는 인상을 주지 못한다.

오답 분석　② 단수가격(Odd-Number Pricing)이란 가격을 정확히 천 원, 만 원 단위로 끝나는 가격 대신에 끝자리에 약간의 자투리를 두는 가격결정 방법이다.
③ 유보가격(Reservation Price)이란 구매자가 어떤 상품에 대해 지불할 용의가 있는 최고 가격을 말한다.
④ 베버의 법칙(Weber's Law)은 초기 자극의 강도가 작으면 이후에 일어나는 환경 변화를 고객이 잘 알아차리는 반면, 초기 자극 강도가 크면 이후에 일어나는 환경변화에 고객이 둔감해진다. 즉 차이의 인식 가능 여부는 초기 자극의 강도에 달려 있다는 것이다.

06 난도 ★★☆　　①

출제 영역　생산관리 > 자재소요계획

정답 분석　① 자재소요계획은 최종제품 제조에 소요되는 원자재, 부품, 부분품 등과 같이 종속수요 품목의 재고관리를 위한 재고관리기법으로 입력 자료로 주일정계획(MPS), 자재명세서(BOM), 재고기록철(IRF)을 필요로 한다.

07 난도 ★★☆　　②

출제 영역　마케팅 > 목표시장의 선정(STP)

정답 분석　② 다수표적시장에서는 그 시장에 맞는 마케팅 전략을 수립·개발·홍보할 수 있는 차별적 마케팅 전략을 구사한다.

08 난도 ★★☆　　　　　　　　　　　　　　　　②

출제 영역　조직행위론 > 조직행위론의 개인행위

정답 분석　② 공정성이론은 조직구성원이 자신의 투입에 대한 결과의 비율을 동일한 직무 상황에 있는 준거인의 투입 대 결과의 비율과 비교해 자신의 행동을 결정하게 된다는 이론이다.

오답 분석　① 기대이론은 구성원 개인의 모티베이션의 강도를 성과에 대한 기대와 성과의 유의성에 의해 설명하는 이론이다.

③ 욕구단계이론은 인간의 욕구는 위계적으로 조직되어 있으며 하위 단계의 욕구 충족이 상위 계층 욕구의 발현을 위한 조건이 된다는 이론이다.

④ 목표설정이론은 의식적인 목표나 의도가 동기의 기초이며 행동의 지표가 된다고 보는 이론이다.

09 난도 ★★☆　　　　　　　　　　　　　　　　①

출제 영역　마케팅 > 마케팅 믹스

정답 분석　① 기업형 VMS(Vertical Marketing System)는 상품의 판매에 있어서 유통 경로가 서로 다른 수준에 있는 구성원들(공급업자, 제조업자, 유통업자)을 통합해 하나의 기업조직을 이루는 형태이다.

오답 분석　② 관리적 VMS는 유통경로 내의 위치, 지위, 명성, 자원 등에서 타 구성원보다 우월한 경로구성원이 그 방침을 따르도록 하는 형태이다.

③ 계약적 VMS 독립적인 경로구성원들이 계약을 통해 유통시스템의 경제성과 시장에 대한 영향력을 높이려는 형태로, 프랜차이즈, 협동조합 등이 존재한다.

④ 수평적 마케팅 시스템은 유통경로상 동일한 단계에 있는 두 개 이상의 무관한 개별기업들이 자원과 유통프로그램을 결합하는 형태이다.

10 난도 ★★★　　　　　　　　　　　　　　　　②

출제 영역　마케팅 > 마케팅 시장기회 분석

정답 분석　② 할당 표본추출방법에 관한 설명으로 미리 정해진 비율만큼 표본을 추출하는 것이 핵심이다.

오답 분석　① 할당 표본추출방법은 비확률 표본추출방법에 해당한다.

③ 층화 표본추출방법에 관한 설명이다.

④ 군집 표본추출방법에 관한 설명이다.

11 난도 ★☆☆　　　　　　　　　　　　　　　　①

출제 영역　재무관리 > 재무비율분석

정답 분석　① 레버리지비율은 부채성비율이라고도 하며 기업이 타인자본에 의존하고 있는 정도는 나타내는 비율로 이자보상비율, 부채비율, 자기자본비율로 나뉜다.

12 난도 ★☆☆　　　　　　　　　　　　　　　　②

출제 영역　회계학 > 회계의 거래

정답 분석　② '자산의 증가, 부채의 감소, 자본의 감소, 비용의 발생'은 차변의 항목이고 '자산의 감소, 부채의 증가, 자본의 증가, 수익의 발생'은 대변의 항목이다.

13 난도 ★★☆　　　　　　　　　　　　　　　　④

출제 영역　회계학 > 재무제표

정답 분석　④ 매입채무를 x라 할 때, $\frac{200}{x+17} \times 100 = 400$, $x = 33$

∴ 자본금 = 400 − 33 − 17 − 100 − 50 = 200(원)

14 난도 ★★☆　　　　　　　　　　　　　　　　①

출제 영역　마케팅 > 마케팅 계획 수립

정답 분석　① 제품−시장 매트릭스에서 기존 시장에 그대로 머물면서 기존 제품의 매출을 늘리고 시장점유율을 한층 높여가는 성장전략은 시장침투 전략이다.

15 난도 ★★☆　　　　　　　　　　　　　　　　①

출제 영역　생산관리 > 총괄생산계획

정답 분석　① 중기계획은 수요예측, 총괄생산계획, 대일정계획에 의한 개괄적인 설비능력계획 등을 포함한다.

16 난도 ★★☆　　　　　　　　　　　　　　　　②

출제 영역　계량의사결정론 > 확실한 상황하의 의사결정

오답 분석　① 전략적 의사결정은 기업조직의 외부문제와 관련한 것으로, 기업조직이 생산하고자 하는 제품의 믹스 및 제품을 판매하려는 시장의 선택에 대한 의사결정이다. 시장의 상황에 따라 어떤 제품을 어느 정도 생산할지, 어떠한 제품에 어느 정도의 자원을 투하할 것인지에 관한 기본적 의사결정이다.

③ 업무적 의사결정은 기업자원의 전환과정에 있어 효율을 최대로 하기 위한 의사결정으로 현 업무의 수익성을 최대로 하는 것을 목적으로 한다. 각각의 기능 부분 및 제품라인 등에 대한 자원의 분배, 업무의 일정계획화, 통제활동 등이 주요 내용이다.

④ 위험하에서의 의사결정은 어떤 결과가 발생할 가능성이 확률로 주어질 수 있는 상황하에서의 의사결정을 말한다.

17 난도 ★★★　　　　　　　　　　　　　　　　②

출제 영역　인사관리 > 인적자원 관리

정답 분석　② OC(Organization Change)승진제도는 조직변화를 통한 승진 기회의 확대이다.

오답 분석　③ 대용승진제도는 형식적 승진으로, 승진은 시켜야 하나 해당 직책이 없는 경우로, 보수나 지위는 상승하나, 직무 내용은 변화가 없다.

18 난도 ★★☆ ④

출제 영역 | 조직행위 > 조직행위론의 개인행위

정답 분석 | ④ 목표관리(MBO)란 목표를 설정할 때 종업원들을 참여하도록 하여 생산목표를 명확하고 체계적으로 설정·활용하여 공식 목표를 실체화하는 과정이다. 질보다 양을 추구하며 조직 내외의 상황이 안정적이어야만 한다.

19 난도 ★★☆ ①

출제 영역 | 인사관리 > 인적자원 관리

정답 분석 | ① 인사고과 방법 중 강제할당법(Forced Distribution Method)은 미리 정해놓은 비율에 따라 피고과자를 강제로 할당하는 방법이다. 피고과자의 수가 많을 때 타당성이 있다.

오답 분석 | ② 서열법(Ranking Method)은 피고과자의 능력과 업적에 대하여 순위를 매기는 방법으로 동일한 직무에 대해서만 적용 가능하다.

③ 평정척도법(Rating Scale Method)은 피고과자가 실제 직무에서 행하는 행위의 관찰에 근거한 성과평가 방법이다.

④ 자기고과법(Self-rating)은 피고과자가 자신의 능력과 희망을 서술함으로써 고과하는 평가방법이다.

20 난도 ★★☆ ③

출제 영역 | 인사관리 > 인적자원 관리

오답 분석 | ① 모집활동과 관련이 있다.
② 보상활동과 관련이 있다.
④ 유지활동과 관련이 있다.

21 난도 ★★☆ ②

출제 영역 | 마케팅 > 목표시장의 선정(STP)

정답 분석 | ② 소멸 가능성이 아니라 지속 가능성(신뢰성)을 지녀야 시장세분화가 유용해진다.

오답 분석 | ① 측정 가능성이란 세분시장의 규모와 구매력을 측정할 수 있는 정도를 의미한다.

③ 충분한 규모의 시장성이란 세분시장의 규모가 수익을 내기에 충분한가를 나타낸다.

④ 접근 가능성이란 세분시장에 접근할 수 있고 그 시장에서 활동할 수 있는 정도를 의미한다.

22 난도 ★★☆ ②

출제 영역 | 경영정보시스템 > 관계 마케팅

정답 분석 | ② 판매자 중심시장에서 구매자 중심시장으로 전환된 것이 관계마케팅의 등장배경이 되었다.

23 난도 ★★★ ④

출제 영역 | 마케팅 > 가격관리

정답 분석 | ④ 신제품 가격결정법에서 손실유도품(Loss Leader)은 기업 전체의 이익증대 목적으로 특정 품목의 가격을 낮게 설정해 이 제품과 관련이 있는 자사 타품목의 매출액 증가로 기업 전체의 이익을 늘리려는 가격정책이며 교차판매(Cross-Selling)가 가능한 제품계열을 가지고 있을 때에만 사용가능하다. 예를 들면 프린터는 싸게 잉크 카트리지는 비싸게 판매하는 전략이다.

24 난도 ★★☆ ②

출제 영역 | 인사관리 > 인적자원 관리

정답 분석 | ② 상동적 태도는 소속집단에 대한 고정관념을 기초로 해서 이루어지는 오류이다.

오답 분석 | ① 현혹효과는 특정 부분에서 받은 지각으로 전반적인 인상을 평가하려는 오류를 말하는 것으로 후광효과라고도 한다.

③ 주관의 객관화는 자신의 감정이나 관점으로 상대방을 평가하려는 경향으로 투영효과(Projection)라고도 한다.

④ 중심화 경향은 평가 시에 매우 좋음과 매우 나쁨의 판단을 기피하여 중간으로 평가하는 경향을 말한다.

25 난도 ★★☆ ③

출제 영역 | 회계학 > 수익과 비용

정답 분석 | ③ 손익분기점(BEP) 매출량

$$= \frac{\text{고정비용}}{\text{단위당 가격} - \text{단위당 변동비용}}$$

$$= \frac{800,000}{x - 0.6x} = \frac{800,000}{0.4x}$$

매출액 $= \frac{800,000}{0.4x} x = 2,000,000$

∴ 매출액 $= 2,000,000$(원)

교육이란 사람이 학교에서 배운 것을
잊어버린 후에 남은 것을 말한다.

-알버트 아인슈타인-

2024 SD에듀 군무원 단원별 기출문제집 경영학 한권으로 끝내기

개정1판1쇄 발행	2024년 01월 05일 (인쇄 2023년 11월 03일)
초 판 발 행	2023년 05월 10일 (인쇄 2023년 03월 24일)
발 행 인	박영일
책 임 편 집	이해욱
편 저	SD 군무원시험연구소
편 집 진 행	박종옥 · 정유진
표지디자인	김도연
편집디자인	박지은 · 윤준호
발 행 처	(주)시대고시기획
출 판 등 록	제 10-1521호
주 소	서울시 마포구 큰우물로 75 [도화동 538 성지 B/D] 9F
전 화	1600-3600
팩 스	02-701-8823
홈 페 이 지	www.sdedu.co.kr

I S B N	979-11-383-6297-9 (13350)
정 가	21,000원

군무원 채용시험 대비

단원별 기출문제집

경영학

한권으로 끝내기
정답 및 해설

나는 이렇게 합격했다

여러분의 힘든 노력이 기억될 수 있도록
당신의 합격 스토리를 들려주세요.

합격생 인터뷰
상품권 증정

추첨을 통해
선물 증정

베스트 리뷰자 1등
갤럭시탭 S8 증정

베스트 리뷰자 2등
갤럭시 버즈2 증정

SD에듀 합격생이 전하는 합격 노하우

"기초 없는 저도 합격했어요
여러분도 가능해요."

검정고시 합격생 이*주

"불안하시다고요?
시대에듀와 나 자신을 믿으세요."

소방직 합격생 이*화

"강의를 듣다 보니
자연스럽게 합격했어요."

사회복지직 합격생 곽*수

"선생님 감사합니다.
제 인생의 최고의 선생님입니다."

G-TELP 합격생 김*진

"시험에 꼭 필요한 것만 딱딱!
시대에듀 인강 추천합니다."

물류관리사 합격생 이*환

"시작과 끝은 시대에듀와 함께!
시대에듀를 선택한 건 최고의 선택"

경비지도사 합격생 박*익

합격을 진심으로 축하드립니다!

합격수기 작성 / 인터뷰 신청

QR코드 스캔하고 ▷ ▷ ▷ ▶
이벤트 참여하여 푸짐한 경품받자!

합격의 공식
SD에듀